Sucht-, Betrugs-und Kriminalitätsgefährdungspotential von Glücksspielen

Schriftenreihe zur Glücksspielforschung

Herausgegeben von Tilman Becker

Band 13

PL ACADEMIC RESEARCH

Tilman Becker (Hrsg.)

Sucht-, Betrugs-und Kriminalitätsgefährdungspotential von Glücksspielen

Beiträge zum Symposium 2013 der Forschungsstelle Glücksspiel

PL ACADEMIC RESEARCH

Bibliografische Information der Deutschen Nationalbibliothek
Die Deutsche Nationalbibliothek verzeichnet diese Publikation in der Deutschen Nationalbibliografie; detaillierte bibliografische Daten sind im Internet über http://dnb.d-nb.de abrufbar.

ISSN 1861-759X
ISBN 978-3-631-66027-0 (Print)
E-ISBN 978-3-653-05289-3 (E-Book)
DOI 10.3726/ 978-3-653-05289-3

PL Academic Research ist ein Imprint der Peter Lang GmbH.

Peter Lang – Frankfurt am Main · Bern · Bruxelles · New York · Oxford · Warszawa · Wien

Diese Publikation wurde begutachtet.

www.peterlang.com

Prof. Dr. Tilman Becker

Vorwort des Geschäftsführenden Leiters der Forschungsstelle Glücksspiel

In den letzten Jahren haben uns beim Symposium Glücksspiel vor allem der Glückspielstaatsvertrag und seine Auswirkungen beschäftigt. 2013 jedoch lag der Schwerpunkt auf dem Sucht-, Betrugs-, Manipulations- und Kriminalitätsgefährdungspotenzial von Glücksspielen. Der Paragraph 1 des Glücksspieländerungsstaatsvertrages sieht differenzierte Maßnahmen für die einzelnen Glücksspielformen vor, um deren spezifischen Sucht-, Betrugs-, Manipulations- und Kriminalitätsgefährdung Rechnung zu tragen. Die Aktualität und Brisanz dieses Themas wurde durch die kurz vor der Veranstaltung bekannt gewordenen Europol-Untersuchungen zum Wettskandal im Fußball unterstrichen, die ein ganz erstaunliches Ausmaß an Korruption zu Tage gefördert haben. Es war uns gelungen, hierzu die Ausführungen von Friedhelm Althans, Leiter der Dienststelle Organisierte Kriminalität beim Polizeipräsidium Bochum, hören zu können.

Im Eröffnungsvortrag des Symposiums betonte Marion Caspers-Merk, Geschäftsführerin der Staatlichen Toto-Lotto-GmbH Baden-Württemberg, die Bedeutung von Sozialkonzepten für ihr Unternehmen. Alle Toto-Lotto-Annahmestellenmitarbeiter werden in den Ursachen und Auswirkungen problematischen Glücksspiels geschult. Leider liegt von diesem Vortrag keine Dokumentation vor. In ihrem Vortrag „Spielerschutz mit Tradition" stellten Dr. Uwe Kniesel von den Baden-Württembergischen Spielbanken GmbH & Co. KG und Günther Zeltner, tätig bei der Evangelischen Gesellschaft Stuttgart e. V., Maßnahmen zum Spielerschutz und zur Vermittlung gefährdeter Spieler in Hilfsangebote vor. Wesentlich für den Erfolg der Maßnahmen seien die Anbindung an die Geschäftsführung sowie die Schaffung und Verankerung entsprechender Prozesse im Unternehmen. Auch dieser Vortrag ist leider nicht im vorliegenden Sammelband enthalten.

Inhaltlich ähnlich äußert sich André Schmidt von der Unternehmensberatung Hazelnut Consulting GmbH in seinem Beitrag zur „Entwicklung und Umsetzung von Spielerschutzmaßnahmen im gewerblichen Automatenspiel". Die getroffenen Maßnahmen müssten sowohl zum Glücksspiel anbietenden Unternehmen und seinen Mitarbeitern als auch zu den Betroffenen und ihren konkreten Fragen und Problemen passen.

Anschließend stellt Dr. Jens Kalke vom Zentrum für Interdisziplinäre Suchtforschung der Universität Hamburg „Effekte von Präventionsmaßnahmen“ vor. Das Fehlen von Langzeitstudien, die die Auswirkungen einzelner Maßnahmen auf Spieler und ihr Spielverhalten untersuchten, so Kalke, mache sich negativ bemerkbar.

Prof. Dr. Iver Hand und Sarah Kegat vom Spielerzentrum der Verhaltenstherapie Falkenried versuchen sich in ihrem Beitrag „Geldflüsse für Prävention und Therapie“ an einem Überblick, welche Gelder die Bundesländer und Spieleanbieter zur Spielsucht-Prävention und Therapie bereitgestellt haben, wie diese verwendet wurden, und welche Auswirkungen die entsprechenden Aktivitäten auf die Spieler und deren Risikoverhalten hatten.

Im anschließenden Beitrag „Identifikation pathologischer Spieler an Hand ihres Spielverhaltens“ berichtet Ann-Christin Wilcke vom Institut für Recht der Wirtschaft der Universität Hamburg über die Identifikation pathologischer Online-Pokerspieler. Ihre Analyse von Echtzeit-Daten in Hinsicht auf das Spiel-, Biet- und Setzverhalten ergab u. a., dass das Chasing-Verhalten der Spieler stark mit impulsivem Verhalten als auch mit beeinträchtigter Kontrolle/Entscheidungsfindung korreliert.

Prof. Dr. Rüdiger Wulf vom Institut für Kriminologie der Universität Tübingen beschäftigt sich mit „Spielstätten und urbaner Verfall – kriminologisch-kriminalpräventive Aspekte“. Ausgangspunkt seiner Überlegungen war ein 2009 vom Landgericht München I ausgesprochener Unterlassungsanspruch gegen die Nutzung zweier Gastronomieräume als Spielhalle mit Internetcafé. In der Urteilsbegründung war das Gericht davon ausgegangen, dass der Betrieb einer Spielhalle an „sensiblen Standorten“, wie dies ein allgemeines Wohngebiet ist, mit hoher Wahrscheinlichkeit zu einer intensiveren Kriminalitätsbelastung und zu einer Beeinträchtigung des Sicherheitsgefühls der Anwohner führen würde.

Von den anschließenden Ausführungen des Bochumer Kriminalhauptkommissars Friedhelm Althans, der gegen Wettbetrug im Fußball vorgeht, liegt leider kein Beitrag vor.

Der Beitrag von Dr. Dietmar Barth bietet einen umfassenden Überblick über den deutschen Glücksspiel- und Wettmarkt. Die einzelnen Segmente des Marktes werden umfassend beschrieben. Einsätze bzw. Bruttospielerträge der einzelnen Segmente werden vorgestellt und deren Entwicklung seit 2001 dargelegt. Unter Berücksichtigung der jeweiligen Steuer- und Abgabemodelle der einzelnen Segmente werden die staatlichen Einnahmen der Segmente vorgestellt. Auf die Verwendung dieser Einnahmen wird detailliert eingegangen. Der betrachtete Zeitraum erstreckt sich von 2001 bis 2012. Der Beitrag von Dr. Barth ist eine umfassende und detaillierte Darstellung des Marktes für Glücksspiel und Wetten und stellt das Ergebnis umfassender Vorarbeiten dar – ein gelungener Überblick über den legalen Glücksspiel- und Wettmarkt.

Helmut Kafka vom Automatenverband Wien lieferte auf dem Symposium Glücksspiel einen anschaulichen Bericht über Sperren im Internet und wie diese umgangen werden können. Auch hier liegt leider kein Beitrag vor.

Forschungsbedarf bzgl. des Erfolgs therapeutischer Maßnahmen sah auch Michael Auer von der Wiener Firma neccton. In seinem Beitrag „Spielerschutzmaßnahmen im Online-Glücksspiel" zeigt er sich überzeugt, dass selbstbeschränkende Maßnahmen bei Online-Glücksspielern nachhaltige Änderungen bewirken.

Dr. Tobias Wild, Glücksspielreferent beim Senator für Inneres und Sport, Bremen, hält in „Unterbinden der Zahlungsströme für unerlaubte Glücksspiele im Internet" fest, dass das rechtliche Instrumentarium des Glücksspielstaatsvertrags zum Unterbinden von Zahlungsströmen für unerlaubte Glücksspiele verbessert wurde. Mittelfristig, so Wild, führen die zu erwartenden Vollzugserfolge zu einem verbesserten Jugend- und Spielerschutz und einer höheren Normakzeptanz.

Dr. Christina Brugger und Dr. George Häberling beschäftigen sich in „Die Identifizierungsvorgaben für Teilnehmer von Internetglücksspielen im deutschen GwG" mit der Frage, wie eine wirksame Geldwäscheprävention im Bereich der Internetglücksspiele gewährleistet werden kann. Dafür gibt es neue rechtliche Grundlagen: Anfang 2013 trat die Novelle des deutschen Geldwäschegesetzes (GwG) in Kraft, das erstmals spezifische Sorgfaltspflichten für das Onlineglücksspiel vorsieht. Der deutsche Gesetzgeber kam damit sogar der EU mit ihrem Entwurf zur Vierten Geldwäscherichtlinie zuvor.

Von Andreas Frank, Consultant beim Europarat, der auf dem Symposium zu „Online-Glücksspielen und Geldwäsche" referierte, liegt leider kein Beitrag vor. DI Friedrich Stickler, Vorstand der Österreichischen Lotterien und Präsident der European Lotteries, referierte über den „Action Plan der Kommission und die Auswirkungen für Europa"; hier liegt der Folienbeitrag vor.

Abschließend stellte François van der Linde, ehemals Präsident der Eidgenössischen Kommission für Drogenfragen, das „Würfelmodell zur Gesundheitspolitik" vor. Er rief dazu auf, Maßnahmen am Schadenspotenzial einer Substanz oder einer Verhaltensweise auszurichten und nicht jeden Konsum zur Abhängigkeit zu erklären oder jede potenziell schädliche Handlung zu regulieren. Es gehe nicht um den Einzelnen und dessen Gesundheitsverhalten, sondern um Einfluss und Verantwortung der Gemeinschaft, der Wirtschaft und der Politik.

Das Symposium Glücksspiel bot einen umfassenden Überblick über den aktuellen Stand der Sachlage. Dafür möchte ich allen Referenten, Teilnehmern und Mitwirkenden, die zum Gelingen der Veranstaltung und des vorliegenden

Konferenzbandes beigetragen haben, meinen herzlichen Dank aussprechen. Ein besonderer Dank geht an meine Mitarbeiterin Andrea Wöhr für die Organisation des Symposiums Glücksspiel und die Zusammenstellung der Beiträge dieses Bandes sowie an Dr. Tobias Wild für seine engagierte Mithilfe bei der Auswahl der Referenten!

Inhaltsverzeichnis

Andre Schmidt[1]

Entwicklung und Umsetzung von Spielerschutzmaßnahmen im gewerblichen Automatenspiel

Durch den ersten Glücksspieländerungsstaatsvertrag (GlüÄndStV) vom 01.07.12 wurde das gewerbliche Automatenspiel dem Glückspiel untergeordnet. Die Bundesländer wurden in diesem Rahmen angehalten, eine wirksame Suchtprävention sicherzustellen. Die Umsetzung erfolgte über den Erlass entsprechender Landesspielhallengesetze bzw. Ausführungsgesetze zum Ersten Glücksspieländerungsstaatsvertrag. Diese Gesetze verpflichten Anbieter von gewerblichem Automatenspiel im Hinblick auf den Spielerschutz dazu, Sozialkonzepte zu entwickeln, welche Maßnahmen zur Vorbeugung und Behebung von sozialschädlichen Auswirkungen des Glücksspiels beinhalten. Nachhaltig erfolgreichen Spielerschutz erfordert jedoch mehr als nur die Berücksichtigung der gesetzlichen Rahmenbedingungen. Insbesondere gilt es, drei Faktoren zu berücksichtigen und aufeinander abzustimmen: Die Bedürfnisse der betroffenen Kunden, die Erfordernisse der Organisation und die Anforderungen an die einzelnen Mitarbeiter. Die Bedürfnisse der Kunden variieren mit deren Spielverhalten: Gelegenheitsspieler benötigen Wissen über einen angemessenen Umgang mit Glücksspiel, potentielle Gefahren des Spielens und die realistischen Chancen von Gewinn und Verlust. Dies ermöglicht ihnen eine informierte Entscheidung für das Glücksspiel und beugt im Sinne der universellen Prävention der Entwicklung problematischen Spielverhaltens vor. Kunden, die bereits ein problematisches Spielverhalten aufweisen, benötigen darüber hinaus Unterstützung im kompetenten Umgang mit dem Glücksspiel, um die Entwicklung eines pathologischen Spielverhaltens zu verhindern. Kunden mit pathologischem Spielverhalten schließlich brauchen Hilfen zur Unterbrechung des Konsums und psychologisch kompetente Motivierung zur Annahme professioneller Hilfe. Diesen vielfältigen Kundenbedürfnissen gerecht zu werden erfordert ebenso vielfältige, auf das jeweilige Bedürfnis zugeschnittene Spielerschutzmaßnahmen: Etwa die Bereitstellung von geeignetem Informationsmaterial zur Aufklärung der Gelegenheitsspieler,

---

1 Dipl.-Psychologe Andre Schmidt ist Geschäftsführer der Psychologischen Unternehmensberatung Hazelnut Consulting GmbH und approbierter Psychotherapeut in eigener Praxis.

Gesprächsangebote mit Rückmeldung zur Unterstützung der Selbstregulation für Problemspieler und das Bereitstellen von Sperrsystemen und Gesprächsangebote durch psychologisch umfangreich geschultes Personal für pathologische Spieler. Eine sowohl effektive als auch effiziente Implementierung dieser Maßnahmen kann nur gelingen, wenn eine Einbettung in die bestehenden Strukturen und Prozesse der einzelnen Organisation erfolgt und dies die beteiligten Mitarbeiter nicht überfordert. Dem lässt sich Rechnung tragen, indem jede Hierarchieebene nur jene Spielerschutzaufgaben erhält, die sie nach entsprechender Schulung wirksam umsetzen kann und die mit ihren übrigen Aufgaben im Unternehmen möglichst optimal vereinbar sind. Die unterste Hierarchieebene eines typischen Automatenaufstellers sind die Servicekräfte, die oberste Hierarchieebene bildet die Geschäftsleitung. Dazwischen befinden sich die Führungskräfte, wobei die Anzahl der entsprechenden Ebenen von der Unternehmensgröße abhängt. Die Servicemitarbeiter sind in direktem Kundenkontakt und dadurch prädestiniert für die Bereitstellung von Informationen über Glückspiel im Sinne der universellen Prävention und eine „Lotsenfunktion" für Kunden mit problematischen sowie pathologischen Spielverhalten. Sie müssen somit in die Lage versetzt werden, problematisches Spielverhalten zu erkennen und mit dem Gast auf angemessene Weise in Erstkontakt zu treten. Dazu benötigen sie Wissen über Anzeichen von problematischem Spielverhalten und Grundkenntnisse in Kontaktaufbau und Gesprächsführung. Die Durchführung weitergehender Spielerschutzmaßnahmen würde die Servicemitarbeiter überfordern: Der richtige Umgang mit Problemspielern bzw. pathologischen Spielern erfordert zum einen mehr Zeit, als mit ihren übrigen Aufgaben (Service am Gast, Jugendschutz, Überwachung des Spielbereichs, Anlaufstelle für technische Reklamation) vereinbar wäre. Zum anderen setzt er umfangreichere Kenntnisse aus den Bereichen der Kommunikations- und Persönlichkeitspsychologie, der Motivationspsychologie und nicht zuletzt der klinischen Psychologie voraussetzt. Unverzichtbar sind insbesondere Kenntnisse über Motivationsstadien bei Suchterkrankungen[2], deren Implikation für die Gesprächsführung[3] und über komplementäre Beziehungsgestaltung zum Umgang mit schwierigen Interaktionssituationen[4]. Die für den Umgang mit Problemspielern bzw. pathologischen Spielern zuständigen Mitarbeiter müssen kurz gesagt in die Lage versetzt werden, jeden Gast dort abzuholen, wo er steht.

2 Küfner, H./Metzner, C., Drogenmissbrauch und -abhängigkeit. In: H.-U. Wittchen & J. Hoyer (Hrsg.): Klinische Psychologie & Psychotherapie, Heidelberg 2011, S. 715–742.

3 Miller, W. R./Rollnick, S., Motivierende Gesprächsführung, Freiburg im Breisgau 2004.

4 Sachse, R., Klärungsorientierte Psychotherapie, Göttingen 2003.

Hierzu bietet sich eine Fortbildung von ausgewählten Mitarbeitern der operativen Führungsebene zu Präventionsbeauftragten an. Die Mitarbeiter dieser Ebene weisen gleichzeitig eine geringere Fluktuationsrate als das Servicepersonal auf, so dass die Investition in eine umfangreichere Weiterqualifizierung gleichzeitig wirtschaftlich nachhaltig und im Sinne des Spielerschutzes effektiv ist. Alternativ können für den Umgang mit problematischen und pathologischen Spielern interne oder externe Psychologen eingesetzt werden. Unverzichtbar für wirksamen Spielerschutz sind schließlich die weiteren Führungsebenen bis zur Geschäftsleitung. Das Unternehmensführungskonzept des Total-Quality-Managements verdeutlicht, dass insbesondere das Top-Management erheblichen Einfluss auf die wirkungsvolle Umsetzung, die Weiterentwicklung sowie den Erfolg einer Maßnahme wie dem Spielerschutz hat. Neben der Breitstellung der nötigen Ressourcen zur Implementierung und kontinuierlichen Verbesserung eines ineinander greifenden Prozesses mit klaren Verantwortlichkeiten über alle Ebenen haben auch die Einstellung, das Selbstverständnis und das Verhalten der Führungskräfte Signalfunktion: Macht die Leitung ihr Commitment zum Thema Spielerschutz durch Vorleben der definierten Regeln deutlich, dient dies allen Mitarbeitern als Modell für das eigene Handeln[5]. Auf diese Weise kann der Umgang mit der Maßnahme Spielerschutz zu einem Teil der Unternehmenskultur werden[6]. Den Mitarbeitern wird so bewusst, dass Spielerschutz innerhalb des Unternehmens offen angesprochen werden kann. Die Beteiligung der Mitarbeiter an der Implementierung und Weiterentwicklung der Maßnahme Spielerschutz sowie die Bestärkung für gewünschtes Verhalten erhöhen die Identifikation mit der Maßnahme sowie die Motivation, maßnahmenkonformes Verhalten zu zeigen[7]. Sanktionen bei Zuwiderhandlungen unterstreichen die Ernsthaftigkeit, mit der sich ein Unternehmen dem Spielerschutz verpflichtet. Der Umgang der Führungsebene mit dem Spielerschutz wirkt jedoch nicht nur nach innen, sondern – stellvertretend für das gesamte Unternehmen – auch nach außen. Die Selbstverpflichtung gegenüber der Maßnahme sowie die täglich gelebte Verantwortungsübernahme zur Verhinderung problematischen Spielens verdeutlichen den Stellenwert des Spielerschutzes, wodurch andere Unternehmen ermutigt werden, sich ebenfalls verantwortungsvoll dem Spielerschutz zuzuwenden und diesbezügliche Bedenken abzubauen. Spielerschutz ist demnach ein maßgeblicher Beitrag zur Corporate Social Responsibility (CSR), also zur unternehmerischen Sozialverantwortung.

---

5 Friczewski, F., Stimmig Führen. In: Lernende Organisation 25, 2005, S. 50–57.

6 Neubauer, W., Organisationskultur, Stuttgart 2003.

7 Wunderer, W., Führung und Zusammenarbeit, Neuwied 2000.

Dieser Begriff umschreibt den freiwilligen Beitrag der Wirtschaft zu einer nachhaltigen Entwicklung, die über die gesetzlichen Forderungen (Compliance) hinausgeht. Damit werden Unternehmen nicht nur ihren gesetzlichen Pflichten, sondern auch ihrer ethischen Verantwortung gerecht[8]. Die hier skizzierte Integration der Faktoren Kunden, Organisation und Mitarbeiter ermöglicht es somit, den gesetzlichen Maßgaben des Spielerschutzes effizient und verantwortungsvoll gerecht zu werden, ohne dabei die Wirtschaftlichkeit des Unternehmens zu beeinträchtigen. Professioneller Spielerschutz zeigt also, dass gesellschaftliches Verantwortung und wirtschaftliches Handeln keine Gegensätze darstellen müssen.

Literaturverzeichnis

FRICZEWSKI, F. (2005): Stimmig Führen. In: Lernende Organisation 25, S. 50–57.

KÜFNER, H. & METZNER, C. (2011): Drogenmissbrauch und -abhängigkeit. In: H.-U. WITTCHEN & J. HOYER (Hrsg.): Klinische Psychologie & Psychotherapie. Heidelberg: Springer.

MILLER, W. R. & ROLLNICK, S. (2004): Motivierende Gesprächsführung. Freiburg im Breisgau: Lambertus.

NEUBAUER, W. (2003): Organisationskultur. Stuttgart: Kohlhammer.

SACHSE, R. (2003): Klärungsorientierte Psychotherapie. Göttingen: Hogrefe.

SCHNEIDER, A. & SCHMIDPETER, R. (2012): Corporate Social Responsibility – Standardwerk für verantwortungsvolle Unternehmensführung in Theorie und Praxis. Berlin: Schmalenbach-Gesellschaft.

WUNDERER, W. (2000): Führung und Zusammenarbeit. Neuwied: Luchterhand.

8 Schneider, A./Schmidpeter, R., Corporate Social Responsibility, Berlin 2012.

Jens Kalke[1]

Effekte von Präventionsmaßnahmen

1 Einleitung

In diesem Beitrag werden insgesamt vier verschiedene verhaltens- und verhältnisbezogene Maßnahmen der Glücksspielsucht-Prävention vorgestellt, für die Evaluationsergebnisse vorliegen und die somit (vorsichtige) Aussagen zu ihrer Wirksamkeit zulassen. Da der weit überwiegende Teil dieser Studien aus dem nordamerikanischen Raum (Kanada, USA) oder aus Australien stammt und daher in der bundesdeutschen Fachöffentlichkeit weniger bekannt sein dürfte, soll mit ihrer Vorstellung ein Beitrag zur laufenden Diskussion über eine bedarfsgerechte und evidenzbasierte Glücksspielsucht-Prävention in Deutschland geleistet werden.

Es wurden Evaluationen (Originalarbeiten) in diese Literaturauswertung mit eingeschlossen, in denen die Wirkung der entsprechenden Maßnahme auf Wissen, Einstellung und Verhalten der jeweiligen Zielgruppe untersucht worden ist. Wissenschaftliche Arbeiten, in denen mit empirischen Befunden aus anderen Bereichen der Suchtforschung (Alkohol- und Nikotinforschung) präventive Maßnahmen für den Glücksspielbereich hergeleitet werden, wurden nicht berücksichtigt. So liegen beispielsweise aus der Alkoholforschung Erkenntnisse vor, dass die Anhebung des Mindestkonsumalters eine wirksame Methode sein kann, um den Alkoholkonsum von Jugendlichen zu verringern.[2] Ob diese Ergebnisse aber so einfach auf das Glücksspielen übertragen werden können, ist unklar.

Die Literaturanalyse basiert auf Artikeln aus Peer-Reviewed Journals, aber auch auf einigen Buchveröffentlichungen. In die Recherche wurden Beiträge aus den Jahren 2003 bis 2013 einbezogen. Es ist einschränkend anzumerken, dass es sich bei der folgenden Darstellung nicht um einen vollständigen Überblick

---

1 Dr. Jens Kalke ist wissenschaftlicher Mitarbeiter am Zentrum für Interdisziplinäre Suchtforschung der Universität Hamburg. Glücksspielsucht und Suchtprävention bilden Forschungsschwerpunkte seiner Tätigkeit.

2 Wagenaar, A. C./Toomey, T. L., Effects of minimum drinking age laws: review and analyses of the literature from 1960 to 2000. In: Journal of Studies on Alcohol, Supplement 14, 2002, S. 206–225.

des Forschungsstandes zu den genannten Maßnahmen handelt. Dieses war aus arbeitsökonomischen Gründen nicht möglich.

Im Folgenden werden Forschungsbefunde zu folgenden Bereichen der Glücksspielsucht-Prävention präsentiert:

- Schulisches Setting,
- Personalschulungen,
- Spielerschutz im Internet,
- Technischer Spielerschutz beim Automatenspiel.

Diese Maßnahmen spielen in der Diskussion über eine bedarfsgerechte und effektive Glücksspielsucht-Prävention eine wichtige Rolle und sind teilweise – je nach politischen Vorgaben eines Landes bzw. einer Region und freiwilliger Selbstverpflichtung der Glücksspielanbieter – auch schon realisiert. Darüber hinaus gibt es noch weitere Präventionsmaßnahmen im Glücksspielbereich – z. B. Aufklärungskampagnen, Spielersperren, Früherkennungsinstrumente, Selbsttests –, auf die hier aber nicht weiter eingegangen werden kann, weil dies den Rahmen der vorliegenden Ausarbeitung sprengen würde.[3]

2 Schulisches Setting

International existieren einige Evaluationen glücksspielbezogener Präventionsmaßnahmen im schulischen Bereich. Diese kommen v. a. aus Kanada, das in diesem Bereich mit Abstand führend ist. In Quebec (Kanada) angesiedelt ist ein französischsprachiges Projekt. Mit Hilfe des 20-minütigen Videos „Lucky" sollen falsche Vorstellungen von Jugendlichen über das Glücksspiel korrigiert werden. Die Effektivität des Projekts wurde bei Siebt- und Achtklässlern (11- bis 15-Jährige) in vier verschiedenen Experimentalgruppen evaluiert. Es konnte gezeigt werden, dass das Wissen über Glücksspiel gesteigert wird und die falschen Vorstellungen über Gewinnmöglichkeiten korrigiert werden.[4] Eine weitere Evaluation unter

---

3 Ausführlichere Informationen zum internationalen Kenntnisstand zu den Effekten weiterer präventiver Interventionen im Glücksspielbereich finden sich in: Kalke, J./Buth, S./Hayer, T., Indizierte Prävention im Glücksspielbereich. Wissenschaftlicher Kenntnisstand und zukünftige Herausforderungen. In: Sucht. Zeitschrift für Wissenschaft und Praxis 6, 2012, S. 359–368. Buth, S./Kalke, J., Effekte von universellen und selektiven Präventionsmaßnahmen im Glücksspielbereich: Eine internationale Literaturübersicht. In: Prävention und Gesundheitsförderung 7, 2012, S. 142–147.

4 Ladouceur, R./Ferland, F./Vitaro, F./Pelletier, O., (2005) Modifying youths' perception toward pathological gamblers. In: Addict Behav 30, 2005, S. 351–354.

Schülern[5] im Alter von 12 bis 15 Jahren ergab ähnliche Resultate für die englische Version des Videos. Die Autoren betonen aber auch, dass das Video in einen größeren Rahmen eingebettet werden sollte, da 20 Minuten zu kurz seien, um längerfristige Ergebnisse zu erzielen.[6]

Ein weiteres Pilotprojekt der gleichen Forschungsgruppe beinhaltet drei 60-minütige Einheiten zu den Themen Wissensvermittlung, Problemlösungsstrategien („coping skills") und Konsequenzen von problematischem Spiel, wobei auch das Video „Lucky" gezeigt wird. Über 1.000 Schüler nahmen an einer Evaluation dieses Programms teil, die beteiligten Schulen lagen alle im urbanen Raum. Die Teilnehmer der Experimentalgruppe wiesen bezogen auf das Ziel der Wissenszunahme und Einstellungsveränderung signifikante Unterschiede zur Kontrollgruppe auf, während der Unterschied für das Ziel der Problemlösungsfähigkeiten nicht signifikant war. Ob das Ziel der Reduktion der Spielhäufigkeit erreicht wurde, kann aufgrund des hohen Anteils von Nichtspielern nicht gesagt werden.

Ein anderes Präventionsprogramm wurde von Turner et al. ebenfalls in Kanada entwickelt.[7] Als theoretische Grundlage dienten kognitiv-behaviorale Theorieansätze zur Selbstwirksamkeit sowie Erziehungsmodelle. Die Maßnahme wurde in den schulischen Lehrplan integriert und beinhaltet drei Bereiche: a.) Wissen über Wahrscheinlichkeiten, b.) „coping-skills-trainings" sowie c.) die Vermeidung von problematischem Spielverhalten durch Selbstbeobachtung. Bei allen drei Aspekten schnitt die Experimentalgruppe gegenüber der Kontrollgruppe signifikant besser ab.

In Australien wurde das schulische Präventionsprogramm „dicey dealings" konzipiert, welches an freiwillig teilnehmenden Pilotschulen durchgeführt wird. Die Strategie umfasst fünf Bausteine: Materialien für das integrierte Curriculum, professionelles Lernprogramm für Lehrer und Schülerberater, Informationsforen für Eltern, regionale Innovationsprojekte sowie Unterstützungsangebote für Schüler. Die Durchführung des Programms in den Schulen wurde in der

---

5 Bei allem Bemühen um eine Sprache, die beide Geschlechter gleichermaßen berücksichtigt, wird aus redaktionellen Gründen nur die männliche Ausdrucksweise gewählt. Diese schließt natürlich immer auch die weiblichen Personen mit ein.

6 Ladouceur, R./Ferland, F./Vitaro, F., Prevention of problem gambling: modifying misconceptions and increasing knowledge among Canadian Youths. In: J Prim Prev 25, 2004, S. 329–335.

7 Turner, N. E./Macdonald, J./Somerset, M., Life skills, mathematical reasoning and critical thinking: a curriculum for the prevention of problem gambling. In: J Gambl Stud 24, 2008, S. 367–380.

Regel von Teams aus Lehrkräften, Beratern und Elternvertretern organisiert.[8] Die Evaluation des Pilotprojekts im Rahmen einer Kontrollgruppenstudie ergab bei den Experimentalschülern ein geringeres Ausmaß von Aberglauben gegenüber Glücksspielen, ein besseres Verständnis des Zufallscharakters von Gewinnen bei Glücksspielen, eine höhere kritische Aufmerksamkeit gegenüber der Glücksspielwerbung sowie ein besseres Erkennen der Anzeichen problematischen Spielens.

Aus dem deutschsprachigen Raum lag für lange Zeit nur die Evaluation über das Schweizer Projekt „1 × 1 des Glücksspiels" vor, welches als ein fächerübergreifendes Projekt an Schulen konzipiert worden ist.[9] Dabei wurden Bausteine für den Mathematik- und naturwissenschaftlichen Unterricht in Oberstufen evaluiert. Der glücksspielbezogene Mathematikunterricht befasst sich vorrangig mit wahrscheinlichkeitstheoretischen Übungen. Die Materialien für den naturwissenschaftlichen Unterricht beinhalten sowohl Arbeitsblätter für die Schüler als auch Arbeitshilfen für das Lehrpersonal. Sie sind in vier Kapitel gegliedert: Spiele generell, Glücksspiel, Glücksspielsucht und Geschäft mit dem Glücksspiel. Die Ergebnisse der Evaluation zeigen, dass mit diesem Projekt der Wissenszuwachs bei den Schülern signifikant gesteigert werden konnte. Zudem reflektieren die Jugendlichen mehr als vorher ihr eigenes Spielverhalten. Langzeiteffekte wurden jedoch nicht gemessen.

Seit kurzer Zeit liegen auch zwei Evaluationen zu schulbasierten Maßnahmen aus Deutschland vor. Auf die eine, an der der Autor selbst beteiligt war, wird im folgenden Abschnitt etwas ausführlicher eingegangen, die andere soll hier kurz vorgestellt werden. Walter et al. haben ein medienpädagogisches Unterrichtsprogramm für die 6. und 7. Klassenstufe evaluiert.[10] Dieses enthält auch eine 90-minütige Einheit zum Thema Glücksspiel. Eine randomisierte Kontrollgruppenstudie zeigt, dass diese Einheit kurzfristige positive Effekte auf das Wissen, die Einstellung und das aktuelle Spielverhalten der Schüler hat.

---

8 Glass, L./Williams, M., Dicey Dealings. Responsible gambling education. A strategy for South Australian schools: Government of South Australia. Department of Education and Children's Services. 2007.

9 Mezzera, M., „1 × 1 des Glücksspiels" – Glücksspielprävention für die Schule. In: Suchtmagazin 30, 2004, S. 23–28.

10 Walther, B./Hanewinkel, R./Morgenstern, M., Short-Term effects of a school-based program on gambling prevention in adolescents. In: Journal of Adolescent Health. Online-Version, 2013.

Entwicklung und Evaluation eines schulischen Stationenparcours

Ausgehend von dem internationalen Kenntnisstand wurden in einem von der Freien und Hansestadt geförderten Forschungsprojekt Maßnahmen der Glücksspielsucht-Prävention für das schulische Setting entwickelt (2008–2012). Damit sollte eine Lücke in der Praxis der bundesdeutschen Suchtprävention geschlossen werden.

Die Maßnahmen wurden in Form von Unterrichtsprogrammen für die Sekundarstufe I (8.–10. Klassen) und die Sekundarstufe II (Oberstufe, Berufliche Schulen) konzipiert. Das Herzstück stellt jeweils ein Parcours zum Thema Glücksspiel dar, der aus verschiedenen interaktiven Stationen besteht. Es gibt beispielsweise interaktive Übungen zu den Themen Glück, Gefährdungspotentiale einzelner Glücksspiele, Gewinnwahrscheinlichkeiten und Schutzfaktoren. In der Sekundarstufe I wird zusätzlich die Problematik des Computer-Onlinespieles mit Übungen zur Stärkung der Medienkompetenz behandelt.[11]

Die Unterrichtsprogramme – so die Zielsetzungen – sollen Schüler in ihrer Glücksspiel-Abstinenz bestärken und erste Spielerfahrungen hinauszögern (vor allem Sek. I) sowie auf einen reflektierten, kontrollierten Umgang mit Glücksspielen hinwirken (letzteres vor allem in Bezug auf Sek. II).

Die Evaluation der beiden Maßnahmen erfolgte im Rahmen einer Follow-up-Untersuchung (Befragungen vor und acht Monate nach der Intervention) mit jeweils zwei Experimental- und Kontrollgruppen. Es wurden die Akzeptanz sowie die Wirkungen (Wissen, Einstellung, Verhalten) der beiden Interventionen erhoben. Die Effektmessung erfolgte in Form einer mulitvariaten Analyse – der logistischen Regression. Als Hauptzielkriterien gelten – neben der Akzeptanz der Maßnahmen – das glücksspielbezogene Wissen und die glücksspielbezogenen Einstellungen. Anhand dieser Kriterien wird der Erfolg der Unterrichtsprogramme bewertet. Da bisher international kaum Erkenntnisse über die Verhaltenseffekte von schulbasierter Glücksspielsucht-Prävention vorliegen und diesbezüglich eher niedrige Prävalenzen bei der zum größten Teil minderjährigen Schülerschaft zu erwarten sind, stellen mögliche Veränderungen im Glücksspielverhalten ein sekundäres Kriterium der Evaluation dar. Die Grundlage der Analyse für die Sekundarstufe I und II bilden insgesamt 1.090 Schüler (Abschlussbefragung).

---

11 Die Unterrichtsmaterialien und die Manuale können beim SuchtPräventionsZentrum Hamburg bezogen werden (http://li.hamburg.de/spz).

Im Folgenden werden die wichtigsten Evaluationsergebnisse und die daraus abgeleiteten Empfehlungen dargestellt.[12]

Sekundarstufe I

Das Unterrichtsprogramm für die Sekundarstufe I besitzt eine mittlere bis hohe Akzeptanz bei den Schülern (Ø-Note: 2,7; bei klassischer Notenskala von 1 „sehr gut" bis 6 „ungenügend"). Die Experimentalgruppe schneidet nach der Intervention beim glücksspielspezifischen Wissen und den Einstellungen gegenüber Glücksspielen (rationale Annahmen) signifikant besser ab als die Kontrollgruppe. So besitzen die Personen der Experimentalgruppe eine 1,9-fach erhöhte Wahrscheinlichkeit, über ein sehr gutes präventionsbezogenes Wissen zu verfügen, als die Personen der Kontrollgruppe. Bei den erwünschten Einstellungen ist die Wahrscheinlichkeit bei der Experimentalgruppe um das 1,6-Fache erhöht. Beim Glücksspiel- und Computerspielverhalten zeigen sich hingegen zwischen beiden Untersuchungsgruppen keine Unterschiede. Ferner besteht auch noch nach der Intervention bei einem Teil der Schüler Unkenntnis über das Gefährdungspotential einzelner Glücksspielformen, insbesondere das der Rubbellose wird unterschätzt.

Sekundarstufe II

In der Sekundarstufe II, in der die Teilnahme an Glücksspielen um Geld wesentlich verbreiteter ist als bei der jüngeren Schülerschaft, kommt das Unterrichtsprogramm ebenfalls auf eine befriedigende bis gute Beurteilung (Ø-Note: 2,7). Auch hier schneidet die Experimentalgruppe beim Wissen und den Einstellungen besser als die Kontrollgruppe ab: Die Personen der Experimentalgruppe haben jeweils eine 2,0-fach erhöhte Wahrscheinlichkeit, über ein sehr gutes Wissen zu verfügen bzw. die intendierten Einstellungen zu besitzen, als die Personen der Kontrollgruppe. In der Sekundarstufe II ergeben sich sogar signifikante Unterschiede zugunsten der Experimentalgruppe in Bezug auf die monatliche Teilnahme an Glücksspielen. Hier besitzt die Schülerschaft der Kontrollgruppe gegenüber derjenigen der Experimentalgruppe eine 1,8-fach höhere Wahrscheinlichkeit, mindestens monatlich Glücksspiele um Geld zu spielen.

---

12 Siehe hierzu auch: Kalke, J./Buth, S./Hiller, P., Glücksspielsucht-Prävention an Schulen. Entwicklung und Evaluation eines Stationenparcours. In: Abhängigkeiten. Forschung und Praxis der Prävention und Behandlung 18, 2012, S. 27–44. Buth, S./Kalke, J./ Reimer, J. (Hrsg.), Glücksspielsuchtforschung in Deutschland. Wissenschaftliche Erkenntnis für Prävention, Hilfe, Politik. Freiburg im Breisgau 2013.

Analog zur Sekundarstufe I bestehen auch bei den älteren Schülern noch nach der Durchführung der Maßnahme Wissensdefizite über das Gefährdungspotenzial einzelner Glücksspielformen. So wird das Gefährdungspotential von Lotto zu hoch, das der Rubbellose zu niedrig bewertet.

Die Evaluation ergibt – wie gezeigt – bei einigen Aspekten der Unterrichtsprogramme einen Nachbesserungsbedarf. Das betrifft insbesondere das Gefährdungspotential bestimmter Glücksspielformen. Die entsprechenden interaktiven Übungen wurden deshalb noch einmal überprüft und nachjustiert. Gemessen an den Bewertungskriterien und unter Berücksichtigung der Korrekturvorschläge kann insgesamt aus wissenschaftlicher Sicht die Durchführung der Unterrichtsprogramme für die Sekundarstufe I und II empfohlen werden.

3 Personalschulungen

Es existieren inzwischen einige Evaluationen zu den Effekten von Personalschulungen. Aus der Provinz Quebec (Kanada) wird berichtet, dass geschultes Aufsichtspersonal von Spielstätten mit Video Lottery Terminals gegenüber einer Kontrollgruppe ein besseres Verständnis von glücksspielbezogenen Problemen inklusive Kenntnissen über die wichtigsten Symptome besitzt und bei Problemspielern häufiger interveniert.[13] Befragt wurden hier jeweils etwa 500 geschulte und nicht geschulte Personen. Eine 8-Monats-Follow-Up-Erhebung nach Durchführung eines neuen Programms verweist allerdings darauf, dass derartige Effekte teilweise wieder verschwinden.[14] Deshalb ist nach Ansicht der Autoren dieser Studie eine Schulungsstrategie erforderlich, mit der die Erfolge langfristig abgesichert werden, etwa über regelmäßige Auffrischungssitzungen.

LaPlante et al. haben ebenfalls ein Trainingsprogramm für Mitarbeiter eines Glücksspielanbieters (Casinos) evaluiert und dabei festgestellt, dass seine (kurzfristigen) Effekte auf das glücksspielbezogene Wissen stärker sind als in Bezug auf die Einstellungen („mistaken beliefs").[15] Nicht zuletzt deuten qualitative Befunde von Hing und Nuske (2011) an, dass sich Spielstättenmitarbeiter zwar

---

13 Ladouceur, R./Boutin, C./Doucet, C. et al., Awareness promotion about excessive gambling among video lottery retailers. In: Journal of Gambling Studies 20, 2004, S. 181–185.

14 Dufour, J./Ladouceur, R./Giroux, I., Training program on responsible gambling among video lottery employees. In: International Gambling Studies 10, 2010, S. 61–80.

15 LaPlante, D. A./Gray, H. M./LaBrie, R. A. et al., Gaming industry employees' responses to responsible gambling training: a public health imperative, In: J Gambling Stud, Online-Version, 2011.

subjektiv sicher in der Erkennung problematischer Spielverhaltensweisen fühlen, es ihnen jedoch nach wie vor schwer fällt, von sich aus zu intervenieren.[16]

Erste Evaluationsergebnisse aus Deutschland legen nahe, dass durch die suchtpräventive Schulung des Personals von Lotto-Annahmestellen zum einen eine Verbesserung des Kenntnisstandes erreicht werden kann, vor allem bei den Themen „Glücksspielsucht" und „Hilfeangebot".[17] Zum anderen scheint das geschulte Personal bei Auffälligkeiten im Spielverhalten eher zu handeln: So geben 58 % der Schulungsgruppe (N=4.410) an, Problemspieler schon einmal angesprochen (Vergleichsgruppe: 47 %, N=781) bzw. 42 % schon einmal ein Faltblatt zur Glücksspielsucht mit Hilfeadressen ausgeteilt zu haben (Vergleichsgruppe: 32 %).

4 Spielerschutz im Internet

Bei dem staatlichen schwedischen Onlineanbieter „Svenska Spel" wurde vor ein paar Jahren die elektronische Kundenkarte Playscan für verantwortungsvolles Spielen eingeführt. Sie besteht aus mehreren Modulen: individuelle Budgetverwaltung (Festsetzung von Limits), Darstellung des eigenen Spielerprofils, Selbsttest und die Möglichkeit zur Selbstsperre. Mit Hilfe einer Befragung der Onlinespieler wurden Akzeptanz und Nutzung der Playscan untersucht.[18] Danach benutzt etwa ein Viertel aller Onlinespieler von Svenska Spel die Playscan. Sie wird als „einfach zu bedienen" eingestuft und die verschiedenen Module werden als nützlich beurteilt. Von den Nutzern der Karte haben sich weit über die Hälfte Spiellimits gesetzt und 40 % haben schon einmal einen Selbsttest gemacht.

Zum Spielerschutzkonzept des weltweit operierenden Onlineglücksspielanbieters „bwin" gehört die Möglichkeit der Selbstlimitierung. Dabei vereinbart der Kunde einen bestimmten Betrag, der innerhalb eines bestimmten Zeitraumes maximal verspielt werden kann. Eine Erhöhung des Limits wird erst 72 Stunden nach deren Beantragung frei geschaltet. Eine Evaluierung der Selbstlimitierung

---

16 Hing, N./Nuske, E., Assisting problems gamblers in the gaming venue: An assessment of practices and procedures followed by frontline hospitality staff. In: International Journal of Hospitality Management 30, 2011, S. 459–467.

17 Kalke, J./Verthein, U./Buth, S./Hiller, P., Glücksspielsucht-Prävention bei den staatlichen Lotterien: Evaluation der Schulungen des Annahmestellenpersonals. In: Suchttherapie 12, 2011, S. 178–185.

18 Griffiths, M.D./Wood, R.T./Parke, J., Social responsibility tools in online gambling: a survey of attitudes and behavior among Internet gamblers. CyberPsychology & Behavior 12, 2009, S. 413–421.

zeigt, dass 1,2 % aller Kunden von dieser Möglichkeit Gebrauch gemacht haben.[19] In dem Auswertungszeitraum von 18 Monaten wurden bei diesem Personenkreis verminderte Spielaktivitäten (Häufigkeit) festgestellt, der eingesetzte Betrag pro Wette blieb dabei gleich hoch. Die Forscher bewerten diese Ergebnisse – dass weniger Zeit mit und weniger Geld für das Spielen ausgegeben wird – als einen Erfolg der Selbstlimitierung und schließen daraus, dass diese eine wichtige Option für (gefährdete) Onlinespieler darstellt.

In einer weiteren Studie wurden die festgesetzten Verlustgrenzen („deposit limits") bei bwin als Spielerschutzmaßnahme untersucht.[20] Die Verlustgrenzen betragen 5.000 Euro im Monat bzw. 1.000 Euro am Tag. Die ausgewerteten Datensätze zum Spielverhalten von 47.000 Kunden über zwei Jahre zeigen, dass 0,3 % von ihnen versucht haben, mehr Geld zu verspielen als es die festgesetzten Limitierungen erlauben. Diese Personen haben darauf hin ein Schreiben mit Hinweisen zum verantwortungsvollen Spielen von bwin erhalten. Der betroffene Personenkreis zeichnet sich durch ein besonders riskantes Spielverhalten aus – das ergibt die Auswertung der Datensätze. Aus den Ergebnissen der Untersuchung schlussfolgern die Forscher, dass solche festgelegten Verlustgrenzen (zusammen mit der Möglichkeit der Selbstlimitierung) eine sinnvolle Maßnahme des Spielerschutzes beim Onlinespielen darstellen.

Eine jüngst erstellte Studie hat den Einfluss von Pop-Up-Messages auf das Spielverhalten von Personen, die Online-Geldspielautomaten benutzen, untersucht.[21] Die Pop-Up-Messages geben den Spielern eine Rückmeldung über ihre Spielzeit und das eingesetzte Geld. In dieser randomisierten Untersuchung wurde festgestellt, dass 9mal mehr Spieler in der Pop-Up-Gruppe ihr Spiel nach 1.000 aufeinander folgenden Spielsessions beenden als dies der Fall in der Kontrollgruppe ist. Auch wenn die untersuchte Maßnahme insgesamt nur wenige Spieler beeinflusst, schlussfolgern die Autoren, dass Pop-Up-Messages ein nützliches Element des Spielerschutzes im Internet sein können.

---

19 Nelson, S.E./Laplante, D.A./Peller, A.J. et al., Real limits in the virtual world: self-limiting behavior of Internet gamblers. In: Journal of Gambling Studies 24, 2008, S. 463–477.

20 Broda, A./Laplante, D.A./Nelson, S.E. et al., Virtual harm reduction efforts for Internet gambling: Effects of deposit limits on actual Internet sports gambling behavior. In: Harm Reduction Journal 5, 2008.

21 Auer, M./Malischnig, D./Griffiths M. D., Is 'pop-up' messaging in online slot machine gambling effective as a responsible gambling strategy? An empirical research note. In: Journal of Gambling Issues, 2014 (in press).

5 Technischer Spielerschutz beim Automatenspiel

Spielautomaten bergen im Vergleich zu vielen anderen Glücksspielformen ein besonders hohes Risiko, dass die daran teilnehmenden Personen eine Spielsucht entwickeln. Als Ursache hierfür werden bestimmte Charakteristika der Automatenspiele angesehen (z. B. die hohe Ereignisfrequenz oder Fast-Gewinne). Um das Suchtpotential der Automatenspiele zu reduzieren, müssten demnach dessen Spielparameter präventiv verändert werden. Hierzu sind verschiedene Studien mit meist experimentellen Designs durchgeführt worden.

In einer Untersuchung ging Choliz der Frage nach, ob die Verlängerung des Auszahlungsintervalls bei Geldspielautomaten zu einer veränderten Spielweise der Spieler führt.[22] Spieler mit pathologischem Spielverhalten wurden gebeten, an einem am Computer simulierten Spielautomaten zweimal (im Abstand von einer Woche) zu spielen. Beim ersten Spielen betrug die Zeitspanne zwischen Gewinn und dessen (fiktiver) Auszahlung zwei Sekunden. In der zweiten Spieleinheit war diese Zeitspanne zehn Sekunden lang. Die Spieler wurden aufgefordert, jeweils so lange zu spielen, wie sie Lust dazu hatten. Die Veränderung des Spielverhaltens durch die Verschiebung des Auszahlungsintervalls wurde anhand der Anzahl der gespielten Spiele bis zum Verlassen der Spielsituation gemessen. Im 1. Teil der Studie (zwei Sekunden Auszahlungsintervall) spielten die Spieler im Mittel 56 Spiele. Nachdem das Auszahlungsintervall auf zehn Sekunden ausgedehnt wurde, ging die durchschnittliche Anzahl der Spiele auf 38,5 zurück. In seinen Schlussfolgerungen führt Choliz daher aus, dass die Verlängerung des Auszahlungsintervalls zu einer deutlichen Verringerung der getätigten Spiele führt und somit ein geeignetes Instrument zum Spielerschutz darstellt.

Ladouceur und Sévigny untersuchten, ob die Länge des Spiels an einem Video-Lottery-Terminal (VLT) Einfluss auf das Spielverhalten, die Konzentration und einen möglichen Kontrollverlust der Spieler hat. Im Rahmen eines experimentellen Designs wurden VLT-Spieler per Zufall den beiden Gruppen „Spieldauer= 5 s“ und „Spieldauer =15 s“ zugeteilt.[23] Sie erhielten 10 $ und wurden aufgefordert so lange zu spielen, wie sie dazu Lust hätten. Erzielte Gewinne konnten bis zu einem Betrag von 50 $ nach Beendigung des Experiments ausgezahlt werden. Die VLTs sind so programmiert worden, dass die Reihenfolge des

22 Choliz, M., Experimental analysis of the game in pathological gamblers: effect of the immediacy of the reward in slot machines. In: J Gambl Stud 26, 2010, S. 249–256.

23 Ladouceur, R./Sévigny, S., The impact of video lottery game speed on gamblers. In: J Gambl Issue 17, 2006.

Auftretens von gewonnenen und verlorenen Spielen in beiden Spielergruppen identisch war. Bei annähernd gleicher Gesamtspielzeit spielten die Spieler in der Gruppe mit kurzer Spieldauer insgesamt 2,5-mal mehr Spiele als die Spieler der Gruppe mit langer Spieldauer. Dementsprechend setzte diese erstgenannte Gruppe auch mehr Geld für das Glücksspiel ein. Deutlich wurde des Weiteren, dass eine verkürzte Spieldauer zu einer erheblichen Unterschätzung der Anzahl der getätigten Spiele führt.

Falsche Kontrollüberzeugungen, wie z. B. der Glaube, den Ausgang eines Glücksspiels kontrollieren zu können, werden mit Spielproblemen in Verbindung gebracht. Ladouceur und Sevigny gingen der Frage nach, ob das Vorhandensein einer Stopptaste bei VLTs zu einer verstärkten Ausbildung von solchen falschen Kontrollüberzeugungen führen kann.[24] Im Rahmen einer experimentellen Studie wurden 38 Spieler den zwei Gruppen „mit Stopptaste" und „ohne Stopptaste" per Zufall zugeteilt und gebeten, so lange zu spielen, wie sie wollten. Erfasst wurden die Zahl der gespielten Spiele sowie die Zustimmung/Ablehnung zu Aussagen, die auf falsche Kontrollüberzeugungen verweisen. Als Ergebnis stellten sie fest, dass Spieler an Automaten mit einer Stopptaste doppelt so viele Spiele spielten wie die an Automaten ohne Stopptaste. Zudem stimmten die „Stopptasten-Teilnehmer" zu erheblichen Anteilen den verschiedenen Formen falscher Kontrollüberzeugungen zu. In der Kontrollgruppe gab es keine einzige solche Nennung. Die Forscher ziehen daraus den Schluss, dass das Vorhandensein einer Stopptaste die Neigung zum „Nicht-Loskommen vom Automaten" deutlich erhöht. Sie empfehlen deshalb, ein Verbot von Stopptasten einzuführen, um Spielprobleme zu minimieren.

Cote et al. haben versucht, sich dem Phänomen der „Fast-Gewinne" empirisch anzunähern.[25] Konkret gingen sie der Frage nach, ob Fast-Gewinne an VLTs zu einer Verlängerung des Spielens an solchen Geräten führen. Hierzu wurden 59 Spieler von VLTs per Zufall einer Experimental- und einer Kontrollgruppe zugeteilt. In einer Aufwärmphase von 48 Spielen gab es an den für die Studie manipulierten VLTs insgesamt 12 Fast-Gewinne und neun Gewinne für beide Gruppen. Ab dem neunundvierzigsten Spiel hörten in der Kontrollgruppe die Fast-Gewinne auf, in der Experimentalgruppe waren hingegen ein

---

24 Ladouceur, R./Sevigny, S., Structural characteristics of video lotteries: effects of a stopping device on illusion of control and gambling persistence. In: J Gambl Stud 21, 2005, S. 117–131.

25 Cote, D./Caron, A./Aubert, J. et al., Near wins prolong gambling on a video lottery terminal. J Gambl Stud 19, 2003, S. 433–438.

Viertel aller Ergebnisse Fast-Gewinne. Sowohl in der Kontrollgruppe als auch in der Experimentalgruppe gab es in Phase 2 keine wirklichen Gewinne mehr. Die Spieler wurden aufgefordert, so lange zu spielen, wie sie Lust dazu hatten. Es zeigte sich, dass die Spieler der Experimentalgruppe mit durchschnittlich 72 Spielen signifikant häufiger spielten als die der Kontrollgruppe (54 Spiele). Die Autoren schlussfolgern daraus, dass Fast-Gewinne dafür sorgen, Spieler länger am Automaten zu halten, was in der Regel mit einem erhöhten Geldeinsatz verbunden ist.

6 Fazit

Der vorgestellte wissenschaftliche Kenntnisstand enthält einige Ansatzpunkte für eine Erfolg versprechende Präventionsarbeit im Glücksspielbereich in Deutschland. Das betrifft die konzeptionelle Gestaltung von schulbasierten Programmen, die nachhaltige Schulung des Personals von Glücksspielanbietern sowie den umfassenden technischen Spielerschutz beim Automaten- und Internetspiel (z. B. festgeschriebene Einsatzlimits). Diese empirischen Erkenntnisse sollten bei der weiteren Ausarbeitung von Präventionsmaßnahmen im Glücksspielbereich berücksichtigt werden.

Es sollte dabei geprüft werden, inwieweit die schulische Glücksspielsucht-Prävention als Regelangebot verankert werden könnte. Die Personalschulungen, die mit dem Glücksspielstaatsvertrag von 2012 (GlüStV) für alle Glücksspielarten verbindlich geworden sind, müssten qualitativ hochwertig evaluiert und die Ergebnisse offengelegt werden, damit weitere Erkenntnisse über die Wirksamkeit dieser präventiven Maßnahme gesammelt werden können. Dies war bis Anfang 2014 nicht der Fall. Das Gleiche gilt für den technischen Spielerschutz im Internet. Auch hier schreibt der GlüStV (§ 4) eine Evaluierung der Sozialkonzepte für das Internetspiel vor. Bis zur Fertigstellung des vorliegenden Beitrages (Februar 2014) waren hierzu keine Ergebnisse veröffentlicht worden.

Es ist also – trotz vorliegender internationaler Erkenntnisse – für Deutschland noch ein erheblicher Evaluationsbedarf zu konstatieren. Das gilt insbesondere auch für Maßnahmen, über deren Effektivität noch gar nichts bekannt ist, beispielsweise über Selbsttests. Des Weiteren fehlen Langzeitstudien, die langfristige Auswirkungen von präventiven Interventionen auf das Spielverhalten der jeweiligen Zielgruppe untersuchen. Der GlüStV mit seiner Forschungsklausel – die Länder stellen die wissenschaftliche Forschung zur Vermeidung und Abwehr von Suchtgefahren durch Glücksspiele sicher (§11) – bietet einen guten Rahmen, um die Präventionsforschung im Glücksspielbereich weiter voranzubringen.

Literaturverzeichnis

AUER, M./MALISCHNIG, D./GRIFFITHS M. D., Is 'pop-up' messaging in online slot machine gambling effective as a responsible gambling strategy? An empirical research note. In: Journal of Gambling Issues, 2014 (in press).

BRODA, A./LAPLANTE, D.A./NELSON, S.E. et al., Virtual harm reduction efforts for Internet gambling: Effects of deposit limits on actual Internet sports gambling behavior. In: Harm Reduction Journal 5, 2008.

BUTH, S./KALKE, J./REIMER, J. (Hrsg.), Glücksspielsuchtforschung in Deutschland. Wissenschaftliche Erkenntnis für Prävention, Hilfe, Politik. Freiburg im Breisgau 2013.

BUTH, S./KALKE, J., Effekte von universellen und selektiven Präventionsmaßnahmen im Glücksspielbereich: Eine internationale Literaturübersicht. In: Prävention und Gesundheitsförderung 7, 2012, S. 142–147.

CHOLIZ, M., Experimental analysis of the game in pathological gamblers: effect of the immediacy of the reward in slot machines. In: J Gambl Stud 26, 2010, S. 249–256.

COTE, D./CARON, A./AUBERT, J. et al., Near wins prolong gambling on a video lottery terminal. J Gambl Stud 19, 2003, S. 433–438.

HING, N./NUSKE, E., Assisting problems gamblers in the gaming venue: An assessment of practices and procedures followed by frontline hospitality staff. In: International Journal of Hospitality Management 30, 2011, S. 459–467.

GRIFFITHS, M.D./WOOD, R.T./PARKE, J., Social responsibility tools in online gambling: a survey of attitudes and behavior among Internet gamblers. CyberPsychology & Behavior 12, 2009, S. 413–421.

KALKE, J./BUTH, S./HAYER, T., Indizierte Prävention im Glücksspielbereich. Wissenschaftlicher Kenntnisstand und zukünftige Herausforderungen. In: Sucht. Zeitschrift für Wissenschaft und Praxis 6, 2012, S. 359–368.

KALKE, J./BUTH, S./HILLER, P., Glücksspielsucht-Prävention an Schulen. Entwicklung und Evaluation eines Stationenparcours. In: Abhängigkeiten. Forschung und Praxis der Prävention und Behandlung 18, 2012, S. 27–44.

KALKE, J./VERTHEIN, U./BUTH, S./HILLER, P., Glücksspielsucht-Prävention bei den staatlichen Lotterien: Evaluation der Schulungen des Annahmestellenpersonals. In: Suchttherapie 12, 2011, S. 178–185.

LADOUCEUR, R./SÉVIGNY, S., The impact of video lottery game speed on gamblers. In: J Gambl Issue 17, 2006.

Ladouceur, R./Sevigny, S., Structural characteristics of video lotteries: effects of a stopping device on illusion of control and gambling persistence. In: J Gambl Stud 21, 2005, S. 117–131.

Ladouceur, R./Ferland, F./ Vitaro, F./Pelletier, O., Modifying youths' perception toward pathological gamblers. In: Addict Behav 30, 2005, S. 351–354.

Ladouceur, R./Ferland, F./Vitaro, F., Prevention of problem gambling: modifying misconceptions and increasing knowledge among Canadian Youths. In: J Prim Prev 25, 2004, S. 329–335.

Ladouceur, R./Boutin, C./Doucet, C. et al., Awareness promotion about excessive gambling among video lottery retailers. In: Journal of Gambling Studies 20, 2004, S. 181–185.

LaPlante, D. A./Gray, H. M./LaBrie, R. A. et al., Gaming industry employees' responses to responsible gambling training: a public health imperative, In: J Gambling Stud, Online-Version, 2011.

Mezzera M., „1 × 1 des Glücksspiels" - Glücksspielprävention für die Schule. In: Suchtmagazin 30, 2004, S. 23–28.

Nelson, S.E./Laplante, D.A./Peller, A.J. et al., Real limits in the virtual world: self-limiting behavior of Internet gamblers. In: Journal of Gambling Studies 24, 2008, S. 463–477.

Turner, N. E./Macdonald, J./Somerset, M., Life skills, mathematical reasoning and critical thinking: a curriculum for the prevention of problem gambling. In: J Gambl Stud 24, 2008, S. 367–380.

Wagenaar, A. C./Toomey, T. L., Effects of minimum drinking age laws: review and analyses of the literature from 1960 to 2000. In: Journal of Studies on Alcohol, Supplement 14, 2002, S. 206–225.

Walther, B./Hanewinkel, R./Morgenstern, M., Short-Term effects of a school-based program on gambling prevention in adolescents. In: Journal of Adolescent Health, Onlineversion, 2013.

Iver Hand und Sarah Kegat[1]

Geldflüsse für Prävention und Therapie[2]

Das Bundesverfassungsgericht hat den Lotteriegesellschaften der Bundesländer zur Aufrechterhaltung eines staatlichen Wettmonopols im Urteil vom März 2006 die Auflage erteilt, „Spielsucht"-Prävention und -Therapie sicher zu stellen. Dies führte zum Glücksspielstaatsvertrag (GlüStV) der 16 Bundesländer, der im Januar 2008 in Kraft trat. Damit war der Schutz der Spieler vor Schaden intendiert. Implizit hat dieses Gesetz aber auch eine Konkurrenz unter den Spieleanbietern im Wettbewerb um den legalen Zugang zum Multimilliarden-Markt „Glücksspiele", auf der Basis der vorgegebenen neuen „Spielregeln" ausgelöst – es konkurrieren neben dem Lotto- und Totoblock u. a. Casinos und die Verbände der Deutschen Automatenindustrie (im modifizierten GlüÄndStV von 2012 sind gewerbliche Geldspielautomaten ausdrücklich einbezogen).

In einem ähnlichen Wettbewerb konkurrieren auch die Anbieter von Prävention, Therapie und Forschung (z. B. Sucht- versus psychotherapeutische/psychosomatische Einrichtungen) um diese – für die genannten Einrichtungen vielfach neue, ungewohnte – Klientel. Es ist hilfreich, sich dies bei der Bewertung von Aktivitäten im Rahmen des GlüStV immer wieder bewusst zu machen – ohne Emotionen, denn das Gesundheitssystem ist längst zu privatwirtschaftlichem Konkurrieren gezwungen.

Die Autoren versuchen seit Anfang 2012, einen Überblick darüber zu erhalten, welche Gelder die Bundesländer und Spieleanbieter vertragsentsprechend bereitgestellt haben, wie diese verwendet wurden, und welche Auswirkungen die entsprechenden Aktivitäten auf die Spieler und deren Risikoverhalten hatten. Es wird dabei unterschieden zwischen Präventionsmaßnahmen und Beratung/Therapie. Bewertungsgrundlage ist die Jahrzehnte lange Erfahrung des Erstautors mit dem Team der früheren Verhaltenstherapie-Ambulanz am Universitätsklinikum Hamburg in der Therapie und Therapieforschung vor allem bei

---

1 Prof. Dr. Iver Hand leitet seit 1984 die erste Spezialambulanz für pathologische Glücksspieler in Deutschland. Dipl.-Psych. Sarah Kegat arbeitet seit 2012 im Spieler-Projekt.

2 Dieser Artikel ist unter dem Titel „Geldflüsse und Aktivitäten seit dem ersten Glücksspielstaatsvertrag – Wie viel, wohin, wofür und mit welchem Ergebnis?" in der Zeitschrift KONTUREN 5/2013 erschienen. Der Nachdruck im vorliegenden Konferenzband erfolgt mit freundlicher Genehmigung des Verlags.

Angst- und Zwangserkrankungen, sowie bei Impulskontrollstörungen. Dazu gehört eine 30-jährige Erfahrung mit Problem- und pathologischen Glücksspielern, einschließlich der Beforschung der Langzeiteffekte von Kurzzeit-Verhaltenstherapien. Daraus resultiert eine sehr kritische Grundhaltung gegenüber der seit 2006 üblich gewordenen Pauschaldiagnose „Glücksspielsucht“[3]. Vor diesem Hintergrund wird bei der Darstellung der einzelnen Maßnahmen – abweichend von Publikationen in wissenschaftlichen Zeitschriften – eine Stellungnahmen dazu gleich anschließend und z. T. in einer abschließenden Diskussion abgeben. Daraus resultieren einige Empfehlungen für ein weiteres Vorgehen.

1 Ausgaben der Bundesländer von 2008 bis 2011

In Folge des ersten GlüStV begannen, in vorher nie da gewesenem Ausmaß, Gelder in die Prävention, Therapie und Beforschung von problematischem und pathologischem Glücksspielen bzw. „Glücksspielsucht“ zu fließen. Ziel der Autoren war es bereits 2012, konkrete Informationen bezüglich der eingesetzten Mittel, deren Verwendung und Effekte zu gewinnen. Entsprechende Anfragen wurden an die im Jahrbuch Sucht[4] angegebenen Ministerien der einzelnen Bundesländer gerichtet, wobei es nicht ganz einfach war, jeweils die Referate bzw. Personen zu ermitteln, die Auskunft geben konnten. Pro Bundesland wurden bis zu zwei schriftliche und, falls erforderlich, eine oder mehrere telefonische Anfragen an die zuständigen Stellen gerichtet.

Abb. 1: Ausgaben der Bundesländer (geplant vs. getätigt) 2008–2011

Bundesland	**Geplante Ausgaben**	**Getätigte Ausgaben**	**Förderungsschwerpunkte**
Baden-Württemberg	4.800.000 €	keine Angaben	Forschung, Schulungen für Fachkräfte und Multiplikatoren, Bildung Arbeitskreis Glücksspielsucht, Aufklärungskampagne „Spielverderber“ mit Homepage www.spass-statt-sucht.de
Bayern	7.500.000 €	7.500.000 €	Finanzierung der Landesstelle Glücksspielsucht zuständig für Prävention, Behandlung und Forschung

3 Vgl. Hand, I. (2004), Impulskontrollstörungen – Nichtstoffgebundene Abhängigkeiten – Zwangsspektrumsstörungen und Hand, I. (2010), Die „Sucht-Sucht“ bei Verhaltensexzessen.

4 Deutsche Hauptstelle für Suchtfragen (DHS) 2012.

Bundesland	Geplante Ausgaben	Getätigte Ausgaben	Förderungsschwerpunkte
Berlin	1.600.000 €	1.355.858 €	Prävention, Hilfe und Forschung
Brandenburg	1.995.000 €	1.380.269 €	Einrichtung Zentralstelle Glücksspielsucht, Einrichtung Koordinierungsstelle, Prävention, Behandlung
Bremen	480.000 €	480.000 €	Bremer Fachstelle Glücksspielsucht (Forschung, Beratung)
Hamburg*	6.000.000 €	1.497.314 €	Forschung und Prävention (Kosten für Beratung: anderer Haushaltstitel)
Hessen	4.000.000 €	keine Angaben	Beratung (13,5 neue Stellen) und Präventionsprojekte
Nordrhein-Westfalen	5.000.000 €	keine Angaben	Landeskoordinierungsstelle, Telefonhotline, 3 Schwerpunktberatungsstellen, 20 Suchtberatungsstellen mit Angeboten für Pathologisches Glücksspiel, Forschung
Rheinland-Pfalz	3.405.000 €	3.405.000 €	Fachstelle „Prävention der Glücksspielsucht“, 14,5 Fachpersonalstellen zur Beratung und Prävention, Forschung
Sachsen	0 €	0 €	Anteilige Finanzierung der PAGE-Studie, Beteiligung am Bundesmodellprojekt „Frühintervention bei Pathologischem Glücksspiel“
Sachsen-Anhalt	800.000 €	296.900 €	Beteiligung an Bund-Länder-Modellprojekt „Frühintervention“, Präventionsprojekt „Prävention des pathologischen Glücksspielsens“ (PPGS)
Schleswig-Holstein	607.000 €	607.000 €	Beteiligung am Bundesmodellprojekt „Frühintervention“, Einrichtung Landeskoordinierungsstelle (Beratung, Forschung)
*Quelle: Drucksache 20/5772 der Bürgerschaft der Freien und Hansestadt Hamburg			

Von den zwölf Bundesländern, die im Verlaufe von sieben Monaten Auskünfte erteilten, machten lediglich neun auch Angaben über die tatsächlich aufgewandten Fördermittel (vgl. Abb. 1). Als Erklärung für die Nichtbeantwortung wurde oft der nicht zumutbare Aufwand für eine Beantwortung genannt. Vereinzelt wurden auch Unbehagen über eine Veröffentlichung dieser Zahlen oder Zweifel an der Fähigkeit, diese angemessen zu interpretieren, angeführt. Und in der Tat gestaltet sich eine Interpretation dieser Rückmeldungen schwierig: Augenscheinlich variierten die Höhe und Schwerpunkte der Förderung in den einzelnen Bundesländern mitunter recht stark: Einige (z. B. Hamburg) finanzierten schwerpunktmäßig Forschungsvorhaben während andere (z. B. Hessen) hauptsächlich Beratungsangebote installierten. Die Höhe der Ausgaben reichte von 0 Euro zusätzlicher Förderung in Sachsen bis hin zu 7,5 Millionen Euro in Bayern. Bei der Beurteilung der Angemessenheit der jeweiligen Förderung ist zu bedenken, dass zum Zeitpunkt des Inkrafttretens des GlüStV die Ausgangssituation in den 16 Bundesländern sehr unterschiedlich war. Den Ländern, wie z. B. Hamburg, die bereits vor dem GLüStV Beratungs- und Präventionsprojekte für Glücksspieler in ihren Haushaltsplänen vorgesehen hatten, kann sie dementsprechend nicht ganz gerecht werden. Des Weiteren kann nicht ausgeschlossen werden, dass die Anfragen in den verschiedenen Bundesländern unterschiedlich aufgefasst und dementsprechend auch unterschiedlich beantwortet wurden. Während Sachsen beispielsweise die anteilige Beteiligung an Bundesprojekten (z. B. Bundesmodellprojekt „Frühe Intervention beim Pathologischem Glücksspiel") nicht in seine Aufstellung einbezog, rechneten andere Bundesländer diese durchaus ein. Die vorliegende Intransparenz – nur Folge der föderalistischen Struktur der Bundesrepublik? – hat erhebliche negative Auswirkungen für die Zielgruppe der Problemspieler (s. „Diskussion"). Festhalten kann man, dass in Folge des GlüStV nicht unbeträchtliche Summen ausgegeben wurden. Eine kritische Betrachtung des daraus entstandenen Nutzens für die von Glücksspielproblemen Betroffenen soll im Folgenden versucht werden.

Vorsorglich sei darauf hingewisen, dass die nachfolgend zitierten Studien meist nicht aus den o. a. Länder-Budgets finanziert wurden. Soweit die jeweiligen Sponsoren uns bekannt waren, sind sie genannt.

2 Prävention – Wurde sie wirksamer?

Präventionsmaßnahmen können u. a. über allgemeine Aufklärung in den Medien, spezifische Informationen für potentiell Betroffene via Internet- oder Telefonangebote und über Schulung des Personals der Spieleanbieter erfolgen. Welche Informationen konnten dazu gefunden werden? „Die Wahrnehmung des Themas ‚Glücksspielsucht' in der Bevölkerung hat signifikant zugenommen … über zwei Drittel [der Befragten] halten sich … 2011 tendenziell für gut informiert", ergab bereits ein Ergebnisbericht Bundeszentrale für gesundheitliche Aufklärung (BZgA) vom Januar 2011. Dies ist grundsätzlich ein sehr zufriedenstellendes Ergebnis – wenn die Informationen „richtig" und hilfreich, insbesondere aber nicht abschreckend sind. Die potentiellen Risiken und Gefahren einer Glücksspielteilnahme sind sicher sehr viel bekannter geworden. Nicht nur die Autoren haben aber Zweifel, dass das pauschale Sucht-Etikett gerade Problemspieler zur Hilfe-Suche und -Annahme motiviert!

Personalschulung der Anbieter

Personalschulung ist eine der Auflagen zur Erfüllung der Verpflichtungen aus dem GlüStV. Sie wurden und werden seither vom Deutschen Lotto- und Totoblock, vom Verband der Deutschen Automatenindustrie und von einigen Casinos durchgeführt. Der Verband der Deutschen Automatenindustrie e.V. (VDAI) gibt an, dass von 2010 bis Mitte 2013 etwa 6.000 Führungskräfte und Mitarbeiter erfolgreich geschult wurden („Erfolg" nicht präzisiert), in Kooperation mit der Caritas, vor allem im Erzbistum Berlin und in Kooperation mit dem Erzbistum Freiburg.

Bisher liegt aber nur eine Studie zum Nutzen einer solchen Schulung, nämlich des Personals in Lotto- und Toto-Annahmestellen, vor.[5] An dieser Erhebung nahmen nur die Lotteriegesellschaften von sechs Bundesländern teil, und die Trainingsformen und -inhalte variierten extrem zwischen den einzelnen Ländern! Erfasst wurden in der Studie 5.191 Angestellte (75 Prozent mit, 25 Prozent ohne vorherige Schulungsmaßnahme). Von den anderen zehn Lotteriegesellschaften standen nach Angaben der Autoren „entweder keine Evaluationsdaten zur Verfügung oder diese passten nicht in die Auswertungssystematik". Die Studie von Kalke et al. untersucht vor allem, ob das Wissen über Glücksspiele und die Kompetenz im Umgang mit Problemspielern beim Personal durch das Training verbessert wurde. Dazu wurden ausschließlich anonym abgegebene, subjektiv-willkürliche Selbstratings (Selbsteinschätzungen) zum Wissensstand von Angestellten nach der Schulung mit dem des Personals ohne Schulung verglichen. In der Originalarbeit werden „sehr gut"- und „gut"-Ratings zusammengefasst. Die Autoren haben – da die Angaben ohnehin sehr vage erfasst sind und so erhaltene Daten eigentlich gar keiner Vergleichsstatistik unterzogen werden dürften (!) – noch die „mittelmäßig"-Ratings mit hinzugefügt. In Abb. 2 lässt die „eyeball analysis" (Augenscheinvalidität) – im Gegensatz zum Statistikergebnis der Originalautoren kaum einen relevanten, schulungsspezifischen Effekt erkennen.

---

5 Kalke, J. et al. (2011), Glücksspielsucht-Prävention bei den staatlichen Lotterien.

Abb. 2: Effekte der Personalschulung bei Lotto/Toto

Wissensbereiche (Σ sehr gut/gut/mittelmäßig)	**mit Schulung (n=1.385)**	**ohne Schulung (n=253)**
„Wissen Glücksspielsucht“	99,1%	95,2%
„Wissen Hilfesystem“	98,3%	92,3%
„Erkennen von Problemspielern“	92,7%	86,9%
„Umgang mit Problemspielern“	93,1%	88,9%

92,7 Prozent der geschulten und 86,9 Prozent der nicht geschulten Mitarbeiter gaben an, (sehr gut, gut oder mittelmäßig) in der Lage zu sein, Problemspieler zu erkennen. Aber: Von den nicht geschulten Mitarbeitern gaben nur 38 Prozent, von den Geschulten sogar nur 37 Prozent an, überhaupt Problemspieler unter ihren Kunden bemerkt zu haben. 94 Prozent in beiden Gruppen erinnerten sich, lediglich einen bis fünf Problemkunden erkannt zu haben und nur sechs Prozent zwischen sechs und zehn Kunden. 92 Prozent dieser Mitarbeiter gaben an „schon einmal konkret gehandelt“ zu haben. Hinsichtlich der erinnerten Anzahl der angesprochenen Kunden unterscheiden sich die Angestellten also nicht, hinsichtlich der – erinnerten – Maßnahmen, beurteilen sich die Geschulten als aktiver im 10-Prozent-Bereich: Ansprechen von Problemspielern 57,5 Prozent versus 46,8 Prozent; Empfehlung professioneller Hilfe 13,1 Prozent versus 4,7 Prozent; Mitgabe des Faltblatts 42,2 Prozent versus 31,9 Prozent (Zum Statistikproblem s. o.!). Aus Sicht der Autoren kann aus dieser Studie kein relevanter Nutzen für gefährdete Lotteriespieler abgeleitet werden – allerdings lässt sich auch nicht daraus schließen, dass diese Personalschulungen sinnlos waren, da sich nur eine Minderheit der Lotteriegesellschaften beteiligt hat und die Daten über die Beteiligten eigentlich nicht aussagekräftig sind.

Das Info-Telefon der BZgA – Ergebnisse von 2010 und 2011

Das Info-Telefon (Info-Hotline) wird seit Mai 2000 von der BZgA angeboten (0180–1372700; Citytarif; die Telefonnummer ist auf einem Piktogramm auf jedem Geldspielgerät). Die Finanzierung erfolgt durch den Verband der Deutschen Automatenindustrie e.V. (VDAI), den Deutschen-Automaten-Großhandels-Verband e.V. (DAGV) und den Bundesverband Automatenunternehmer e.V. (BA) (an den gewerblichen Geldspielgeräten wurde auf ein ähnliches Info-Telefon bereits seit 1989 hingewiesen). 2006 beteiligten sich vorübergehend auch einige Lotteriegesellschaften und einige Casinos. Lotto/Toto hat inzwischen – im Rahmen eines deutlich umfassenderen Kooperationsvertrages mit der BZgA – ein eigenes, kostenfreies Info-Telefon geschaltet; 0800–1372700.

Die Rufnummer ist auf den Lottoscheinen angebracht und/oder wird auf andere Weise in der Annahmestelle mitgeteilt. Es handelt sich also um die gleiche Telefonnummer, nur mit unterschiedlichen Vorwahlen. Die Nutzung der an den Geldspielgeräten angebrachten Telefonnummer in den Jahren 2010 und 2011 (entsprechende Daten zur Nutzung der Telefonnummer der Lotteriegesellschaften liegen uns nicht vor) ergibt sich aus einer Aufstellung der BZgA (2011) wie folgt: Von insgesamt 2.800 Anrufen (ca. 350 pro Quartal, bei mehr als 200.000 aufgestellten Geldspielgeräten mit einem Piktogramm der Telefonnummer) bezogen sich lediglich sechs Prozent auf Glücksspielprobleme, 62 Prozent waren technische und 31 Prozent generelle Fragen; neun Prozent hatten sich verwählt (Mehrfachnennungen möglich?). Pro Jahr haben also maximal 84 Glücksspieler spezifische Fragen zum Pathologischen Glücksspiel gestellt – von, nach Meinung mancher Autoren, bis zu 165.000 Betroffenen in der Gesamtbevölkerung. Verhaltenskonsequenzen sind nicht bekannt. In der PAGE-Studie (s. u.) wurde von den Probanden keine relevante Inanspruchnahme angegeben! Warum dieses, als ausgesprochen sinnvoll einzustufende Angebot, nur minimal genutzt wurde, sollten die Leistungserbringer möglichst bald klären – vielleicht lässt es sich daraus zielgruppenspezifisch attraktiver gestalten.

„Check Dein Spiel" – das Online- und Telefon-Beratungsprogramm der BZgA – Ergebnisse 2007 bis 2011

Als Teil der bundesweiten Kampagne zur Prävention der Glücksspielsucht wurde 2007 in Kooperation von BZgA und dem Deutschen Lotto und Totoblock (DLTB) das internetbasierte Informations- und Beratungsangebot „Check Dein Spiel" eingerichtet. Das aus einem Selbsteinschätzungstest und einer Mischung aus Online- und Telefonberatung bestehende Programm ist vor allem psychotherapeutisch, insbesondere verhaltenstherapeutisch, ausgerichtet (alle Expertinnen bei der Telefonberatung sind Psychologische Psychotherapeutinnen, mit Suchtberatungserfahrung). Als Präventions- bzw. Frühinterventionsprogramm richtet es sich vor allen an die Personen, die noch an der Schwelle zum problematischen oder pathologischen Glücksspielen stehen. Die Inanspruchnahme dieses Programms und deren Auswirkungen auf das Spielverhalten Betroffener über einen Zeitraum von fünf Jahren (2007–2011) ergibt sich aus einer Darstellung der BZgA[6] wie folgt (vgl. Abb. 3):

6 Jonas, B. et al. (2012), Check dein Spiel: Internetbasierte Prävention von problematischem Glücksspiel.

Abb. 3: „Check Dein Spiel": Teilnehmer und Ergebnisse (2007–2011)

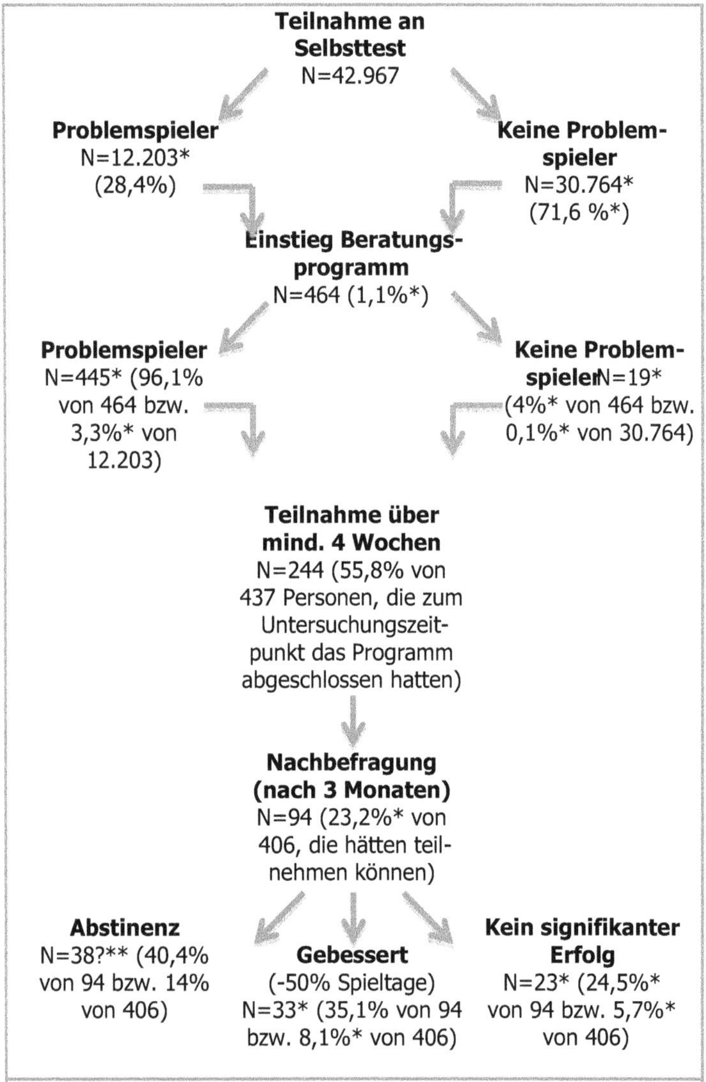

* Diese Werte wurden von den Autoren dieses Artikels aus den Angaben von Jonas et al., 2012 errechnet.

** Eine Berechnung, wie viele Personen nach 3 Monaten abstinent waren, war den Autoren dieses Artikels leider nicht mit letzter Sicherheit möglich, da es im Originalartikel widersprüchliche Angaben darüber gibt: 40,4% der Teilnehmer an der Nachbefragung (N=94) wären 38 Personen, 14% von 406 Personen, die an der Nachbefragung hätten teilnehmen können, 57 Personen.

Der auf der Internetseite zu findende „Selbsttest“ wurde von etwa 80 Prozent der Nutzer (42.967 Personen) bis zum Ende durchgeführt. Von den rund 12.000 Nutzern, die eine Rückmeldung darüber erhielten, dass ihr Spielverhalten als problematisch einzustufen sei, begannen rund drei Prozent (445 Personen) das Beratungsprogramm. Im Vergleich mit den Patienten der Suchtberatungsstellen (weit überwiegend Automatenspieler) wiesen die Programmteilnehmer ein höheres Bildungsniveau und auch schwerpunktmäßig etwas andere Glücksspielpräferenzen auf (Lotto 58,2 Prozent; Geldspielautomaten 23,3 Prozent; Online Poker 17,1 Prozent), was darauf schließen lässt dass das Programm eine neue Subgruppe der Problemspieler erreichen konnte. 244 Personen (das entspricht 61 Personen pro Jahr) nahmen mindestens vier Wochen am Programm teil, womit sich die Haltequote mit 55,8 Prozent vergleichbar (gering) wie in den Suchtberatungsstellen darstellt. Um den Nutzen für Betroffene zu beurteilen, ist aber vor allem die Nachbefragung (drei Monate nach Programmende), relevant, an der sich (allerdings nur noch) 23,2 Prozent der Programmteilnehmer beteiligten. Die Besserung bei rund 76 Prozent dieser „Restgruppe“ ist unserer Auffassung nach kein ausreichendes Gütekriterium. Insbesondere ist die 14-prozentige Abstinenzquote der Programmteilnehmer nur auf die letzten vier Wochen vor der Befragung bezogen – und damit, bei den bekannten starken Schwankungen im Spielverhaltens bei problematischem Glücksspielen, kaum aussagekräftig. Anders als die Autoren des Newsletters Sucht[7] schätzen die Autoren dieses Artikels die Akzeptanz und Wirksamkeit von „Check Dein Spiel“ daher als unzureichend ein.

3 Wurde die Beratung/Therapie verfügbarer und attraktiver?

Die Mehrzahl der Bundesländer (siehe auch Abb. 1) erweiterten in Folge des GlüStV ihr Hilfenetz für pathologische Glücksspieler in Form von Fortbildung bestehender Fachkräfte und Schaffung neuer Stellen im Suchthilfesystem, so dass Hilfe tatsächlich verfügbarer wurde. Erfreulicherweise lässt sich in diversen Statistiken auch eine deutliche Zunahme der Inanspruchnahme von ambulanter Hilfe durch pathologische Glücksspieler zeigen: In Thüringen[8] stieg die Zahl der behandelten Glücksspieler in der ambulanten Suchthilfe von 103 pathologischen Glücksspielern im Jahr 2008 auf 678 pathologische Glücksspieler in 2011 um das

7 Newsletter im Journal SUCHT, 01.2012.
8 Landesdoku, 2012.

Sechsfache; in Hamburg[9] zwischen 2005 und 2011 um das Dreifache; in Bayern[10] konnte ein Anstieg der behandelten pathologischen Glücksspieler pro Einrichtung von 3,5 auf 19,2 beobachtet werden, und auch aus der, auf Gesamtdeutschland bezogenen, Suchthilfestatistik entnahmen Steppan et al.[11] einen Anstieg der behandelten pathologischen Glücksspieler im ambulanten Bereich von 108 Prozent. Insgesamt scheint die Inanspruchnahme von Hilfen bei Problemspielern aber immer noch sehr gering zu sein.

In einer aktuellen, sehr umfangreichen Untersuchung zur Inanspruchnahme des Hilfesystems zwischen 2009 und 2011[12] gaben von 105 zu diesem Thema in vertiefenden klinischen Interviews befragten pathologischen Glücksspielern 80 Prozent an, in ihrem bisherigen Leben noch keinerlei Kontakt zum Hilfesystem gehabt zu haben. Lediglich 10,5 Prozent der Teilnehmer hatten mehr als drei problemspezifische Beratungsgespräche in Anspruch genommen. Suchtberatungsstellen, Selbsthilfegruppen und ambulante Psychotherapeuten stellten in dieser Befragung die am häufigsten in Anspruch genommenen Hilfeformen dar. Glücksspielspezifische ambulante oder stationäre Rehabilitation und die Glücksspiel-Hotline waren kaum in Anspruch genommen worden. Diese Studie unterscheidet sich hinsichtlich der untersuchten Klientel stark von den Studien, die die Klientel von Beratungsstellen beschreiben: Die Teilnehmer wurden aus 15.023 Personen der Normalbevölkerung einerseits und. 303 Besuchern von Spielhallen andererseits rekrutiert!

Die Art der Inanspruchnahme, d. h. die Behandlungsdauer und regelhafte Beendigung der Behandlung, hat sich indes scheinbar nicht verändert: Steppan und Kollegen[13] beschreiben eine im ambulanten Bereich vorliegende Abbruchquote von 43 Prozent, sowie eine kürzere Behandlungsdauer im Vergleich mit Substanzabhängigkeiten. Auch im Bundesland Bayern, welches in Folge des GlüStV sein Suchthilfesystem deutlich ausbaute, sehen die diesbezüglichen Zahlen unbefriedigend aus: Die 36 speziell für die Behandlung von pathologischen Spielern ausgestatten Beratungsstellen wurden zwischen 2009 und 2010

---

9 Buth, S.; Kalke, J. (2012), Effekte von universellen und selektiven Präventionsmaßnahmen im Glücksspielbereich.

10 Braun, B.; Ludwig M. (2012), Versorgungsangebot für pathologische Glücksspieler in Bayern sowie Kraus, L.; Braun, B. (2012), Ambulante Suchthilfe für pathologische Glücksspieler.

11 Steppan, M. et al. (2012), Suchtkrankenhilfe in Deutschland 2011.

12 PAGE-Studie; Bischof, A. et al. (2012), Inanspruchnahme von Hilfen bei pathologischem Glücksspielen.

13 Steppan, M. et al. (2012), Suchtkrankenhilfe in Deutschland 2011.

von durchschnittlich 8,5 Spielern pro Einrichtung und Jahr aufgesucht, von denen 52 Prozent an höchstens fünf Gesprächen teilnahmen und 70 Prozent die Beratung vorzeitig abbrachen.[14] Diesbezüglich hat sich gegenüber den BADO Statistiken, z. B. von 2004 bis 2006[15] nichts geändert. Die Beratung nach dem Erstkontakt wurde leider nicht attraktiver. Mehrere Autoren beschreiben eine deutliche Diskrepanz zwischen dem von ihnen vermuteten Behandlungsbedarf und der tatsächlichen Inanspruchnahme. Das Hilfsangebot erreiche die Betroffenen nicht in ausreichendem Maße. Somit ist die Hypothese, dass größerem „Sucht-Schaden" durch zunehmende Glücksspielangebote mittels intensivierter Beratungsangebote entgegen gesteuert werden könnte, bisher kaum zu halten. Die Autoren folgen der Feststellung von Braun und Kollegen, dass „für ein umfassendes Verständnis des Störungsbildes und des Behandlungsbedarfs … insbesondere psychopathologische Merkmale berücksichtigt werden" sollten (s. dazu auch „Diskussion").

Im Modellprojekt „Frühe Intervention beim Pathologischen Glücksspiel" des Bundesministeriums für Gesundheit (BMG; 2007–2010; Umsetzung durch DHS) wurden an 17 bestehenden Suchtberatungsstellen in 15 Bundesländern jeweils eine halbe zusätzliche Fachkraft (SozialarbeiterInnen oder SozialpädagogInnen) eingestellt und von 2008 bis 2010 projektspezifisch geschult. Während dieses Zeitraumes wurden Daten von 1.422 Klienten (301 kamen nur zum Erstkontakt) und 232 Angehörigen erfasst.[16] Nur 49 Prozent beendeten die Kurzzeitberatung regulär. Für 67 Prozent der Spieler wurde, nach nur wenigen Beratungssitzungen, ein Erfolg angegeben. Erstmals wurden hier bundesweit typische Suchtberater in Suchtberatungsstellen glücksspielspezifisch einheitlich nachqualifiziert. Die Ergebnisse bedürfen noch eingehender Überprüfung und Diskussion. Bisher liegen sie im Rahmen der früheren Statistiken aus Suchtberatungsstellen. Von besonderem Interesse ist auch die weitere Entwicklung nach Ablauf der Förderung.

Psychotherapie, insbesondere Verhaltenstherapie, wurde in einigen Bundesländern im Rahmen der Psychotherapie-Richtlinien der Krankenversicherungen scheinbar zunehmend in Anspruch genommen. Eine entsprechende Studie aus Bayern (www.lsgbayern.de) „schätzt", dass 2009 etwa 1.400 Problemspieler von niedergelassenen Psychologischen Psychotherapeuten behandelt wurden – der angewendeten Hochrechnung, die auch von den Autoren kritisch gesehen

14 Braun, B. et al. (2013), Ambulante Suchthilfe für pathologische Glücksspieler in Bayern.

15 S. Zeitschrift SUCHT.

16 Details bei Görgen, W.; Hartmann, R. (2010), Frühe Intervention beim Pathologischen Glücksspielen.

wird, können wir allerdings nicht folgen. Korrekt ist aber die Schlussfolgerung, dass zukünftig, die „Behandlung durch PPT [Psychologische Psychotherapeuten] nicht vernachlässigt" werden dürfe. Warum nachhaltig nicht zur Kenntnis genommen wird, dass in der Verhaltenstherapie-Ambulanz des UKE schon vor Jahrzehnten in Langzeit-Nachfolgeuntersuchungen (bis zu vier Jahre nach Therapieende[17]) von behandelten Problemspielern eine Erfolgsquote von 66 Prozent belegt wurde, darüber sei hier nicht spekuliert.

4 Hat sich die Glücksspielprävalenz in Deutschland seit dem GlüStV geändert?

Angesichts der seit dem GlüStV intensivierten Präventivmaßnahmen und Beratungsangebote stellt sich die Frage, ob über den ersten Vierjahreszeitraum bereits eine Auswirkung auf die Glücksspielteilnahme in Deutschland nachweisbar ist. Auch dazu ist bereits geforscht worden.

Repräsentativbefragungen der BZgA

Die BZgA hat in drei Repräsentativbefragungen 2007, 2009 und 2011 (zuletzt 10.002 Personen) festgestellt, dass die Lebenszeitprävalenz der meisten Glücksspiele (Ausnahmen: signifikante Zunahme bei Sofortlotterien, Casinospielen im Internet und privatem Glücksspielen) gegenüber den beiden Vorerhebungen abgenommen hat. Die Jahresprävalenz der „Teilnahme an irgendeinem Glücksspiel" fiel von 55 Prozent in 2007 über 53,8 Prozent in 2009 auf 50,7 Prozent in 2011. Gleichzeitig kam es aber, trotz ständiger Warnungen vor den besonderen Risiken des Spielens an Geldspielautomaten, dort zu einer leichten Zunahme der Spielteilnahme, von 2,2 Prozent (2007) auf 2,9 Prozent (2011). Ein massive Steigerung ergab sich aber für die Altersgruppe der 18- bis 20-Jährigen: Von 4,3 Prozent auf 12,8 Prozent (2011). Bei den männlichen Teilnehmern hatte sich die Quote sogar mehr als verdreifacht, auf 19,5 Prozent (bei den weiblichen auf 5,5 Prozent verdoppelt). Diese Entwicklung bei den 18- bis 20-Jährigen scheint ein hoch spezifischer Altersgruppeneffekt zu sein, da schon bei den 21–25-Jährigen in 2011 nur noch 7,2 Prozent und bei den 45–65-Jährigen 0,7 Prozent an diesen Geräten spielten. Unter den Problemspielern zeigte sich die Subgruppe der 21- bis 25-jährigen Männer als am stärksten problembelastet – eine Feststellung,

17 Wlazlo, Z. et al. (1987), Langzeiteffekte multimodaler Verhaltenstherapie bei krankhaftem Glücksspielen sowie Klepsch, R. et al. (1989), Langzeiteffekte multimodaler Verhaltenstherapie bei krankhaftem Glücksspielen.

die offen lässt, ob Glücksspielen zu den Problemen oder die Probleme zum Glücksspielen führten!

Die überproportionale Zunahme des Automatenspielens bei den 18- bis 20-Jährigen lässt sich nicht hauptursächlich mit der Zunahme von Geldspielgeräten im Markt erklären, da die höheren Altersgruppen darauf ja ganz anders reagiert haben. In dieser postpubertären Altersgruppe suchen vulnerable Personen besonders häufig nach Bestätigung (die sie im täglichen Leben noch nicht bekommen haben) und fühlen sich durch „Drohungen" provoziert, sich provozierend zu verhalten. Diese Personen könnten sich durch die massive Betonung der Suchtgefahren beim Automatenspielen provoziert fühlen, „nun erst recht" („Reaktanz") zu spielen. Diese Hypothese lässt sich auch aus anderen Lebensbereichen stützen: In einer aktuellen Studie über die Effekte von „Todeswarnungen" an Rauchern („Smoking kills") wurde ein vielleicht überraschendes Ergebnis gefunden:[18] Raucher mit eher geringem Verlangen nach Zigaretten reduzierten den Konsum – solche mit hohem Verlangen erhöhten ihn dagegen. Aus unserer Sicht ein plausibles Ergebnis: Starke Raucher benutzen Nikotin meist zur „Selbstmedikation" um negative Gedanken und Emotionen (Depression, Angst, Aggression) zu dämpfen („Vermeidungsraucher"). Erhöht man ihr Angstniveau, dann erhöht man den Druck zu höherer Selbstmedikation. Wir sehen darin eine mögliche Analogie zum massiven Anstieg der Spielteilnahme an Automaten unter 18- bis 20-Jährigen seit Beginn der „Präventions"-Kampagnen. Die für diese Kampagnen zuständigen Stellen sollten diese Hypothese vor weiteren Aktionen zumindest überprüfen, denn Motivationsversuche zu Verhaltensänderungen müssen empfängerspezifisch ausgerichtet werden!

Ludwig et al.[19] haben die Glücksspieldaten im Epidemiological Survey of Substance Abuse (ESA) aus den Jahren 2006 und 2009 verglichen. Es ergab sich ein Rückgang der Teilnahme an Lotto (einschließlich Fernsehlotterie), dagegen nahm die Beteiligung an (illegalen!) Internet-Kartenspielen ebenso wie die an mehreren Glücksspielformen im gleichen Zeitraum zu. Ludwig und Kollegen sehen in der Summe der Veränderungen keinen Fortschritt, sondern beobachten eher eine Verlagerung des Problems. Sie folgern, dass Verbote spezifischer Glücksspiele unwirksam zu sein scheinen und fragen, ob „Früh-Interventionen" etwas daran ändern könnten. Welche sollten das dann aber sein?

---

18 Arndt, J. et al. (2013), The interactive effect of mortality reminders and tobacco craving on smoking topography.

19 Ludwig, M. et al. (2012), Has gambling changed after major amendments of gambling regulations in Germany?

5 Diskussion und Empfehlungen

Die Ausgaben der Bundesländer

Für die ersten vier Jahre seit Inkrafttreten des GlüStV waren die Ausgaben von zwölf Ländern zu ermitteln. Eine vergleichende Bewertung ist – aufgrund der inhaltlichen Heterogenität (vor allem Verwendungszwecke), der z. T. hohen Diskrepanz zwischen geplanten und getätigten Ausgaben, der z. T. schwer nachvollziehbaren haushalterischen Verbuchungen der Mittel und der sehr unterschiedlichen Vorleistungen der einzelnen Länder bezüglich Prävention und Beratung beim Pathologischen Glücksspiel – nicht möglich. Die föderalistische Struktur der Bundesrepublik erweist sich für die Beurteilung der Frage, ob oder wie die einzelnen Länder ihren Verpflichtungen aus dem GlüStV angemessen nachgekommen sind, als Hemmfaktor.

Der Versuch, länderübergreifend gemeinsame Vorgehensweisen zu etablieren, hat für das erste Vierjahresintervall also keine erkennbaren Ergebnisse erbracht. Vielmehr kann der Eindruck entstehen, dass einerseits mitunter relativ viel Geld zur Verfügung gestellt wurde, um „guten Willen" zur Erfüllung der Auflagen zu zeigen, und dass andererseits Gelder vielleicht nur zögerlich eingesetzt wurden, weil man nicht so recht wusste, wofür eigentlich konkret. Der gesetzlich ausgelöste „Ausgabendruck" im Wettbewerb um die zukünftige Zulassung im Multimilliarden-Markt „Glücksspiele" hat mitunter scheinbar dazu geführt, dass regelrecht nach geeigneten Abnehmern und Verwendungszwecken für die Erfüllung der Auflagen zur „Sucht"-Prävention und -Therapie gesucht wurde. Das ist auch nicht verwunderlich, da mit der Gerichtsentscheidung 2006 die Länder praktisch „über Nacht" mit einem Aufgabenbündel belastet wurden, auf das viele überhaupt nicht vorbereitet waren! Zudem gab es bis dahin in Deutschland nur wenige Experten für eine therapierelevante Diagnostik, Beratung und Therapie von Problem- oder pathologischen Glücksspielern. Seit der Verpflichtung auf die „Glücksspielsucht"-Diagnose hat die Zahl der Experten dafür erstaunlich zugenommen. Dennoch gab und gibt es national und international Kritik an dieser Entwicklung – die die Autoren durch diesen Überblick unterstützen möchten! Es bleibt zu hoffen, dass die Länder auf der Grundlage der Erfahrungen aus den ersten vier Jahre nach dem ersten GlüStV zukünftig die zur Verfügung gestellten Mittel koordinierter, gezielter und effektiver einsetzen können! Aus diesem Überblick ist auch deutlich geworden, dass Bedarfs- und Personalplanung für eine Schadensbegrenzung bei Problemspielern aus epidemiologischen Prävalenzstudien nicht praxisrelevant abgeleitet werden kann.

Auswirkungen auf die zu schützenden Problemspieler

Die **Effekte von Personalschulungen in Lotto/Toto-Annahmestellen** konnten nach Ansicht der Autoren in der Studie von Kalke et al. nicht hinreichend nachgewiesen werden. Auch hier erwies sich der föderalistische Aufbau der Bundesrepublik als hinderlich: Zu viele Alleingänge der Landeslotteriegesellschaften, viel zu viele Nicht-Beteiligungen an der Studie. Die Tatsache, dass die Autoren dieses Artikels der Studie – im Gegensatz zu Kalke et al. – keinen nennenswerten Nutzen für die Problemspieler entnehmen können, mag hypothetisch auch zusätzliche, andere Gründe haben: Problemspieler sind selten in Lotto/Toto-Annahmestellen, aufgrund der kurzen Kontaktzeit sind sie schwer erkennbar und das Personal ist nicht spezifisch genug trainiert worden. Es ist auch möglich, dass den Autoren dieses Artikels überzeugendere Daten nicht zugänglich waren, da Kalke et al. angeben, „dass in vielen Bundesländern die Schulungskonzepte im Sinne einer Qualitätssicherung extern evaluiert worden sind" (wann werden die publiziert?). „Qualität" muss in diesem Zusammenhang aber entscheidend an den Auswirkungen auf die Spieler, nicht auf das Personal (!), definiert werden. Grundsätzlich müsste das Erkennen von Problemspielern in Spielhallen mit Geldgewinnautomaten und Casinos aufgrund der wesentlich längeren Beobachtungszeiträume leichter fallen. Das könnten zukünftige diesbezügliche Studien, z. B. aus dem Schulungsprogramm der Caritas bei Spielhallenbetreibern, überprüfen. Es ist ungewiss, wann eine dazu angelaufene Feldstudie[20] erste Ergebnisse vorlegen wird. Allerdings scheint das Erkennen von Problemspielern selbst beim „großen Casino-Spiel" unerwartet schwierig zu sein, wie eine Studie in den USA[21] zeigt.

Wie können die Gelder für die Personalschulung – bezogen auf den Nutzen für die Spieler – besser eingesetzt werden? Es sollten erst einmal kleinere, qualitativ hochwertige Studien zu den Inhalten von Personalschulungen bei den unterschiedlichen Spielangeboten durchgeführt und hinsichtlich ihrer Spielerspezifischen Effekte untersucht werden. Bei positiven Ergebnissen müsste eine länderübergreifende Verbindlichkeit hergestellt werden.

Das **Info-Telefon zum Glücksspielen** wurde nach Angaben der BZgA in den Jahren 2010 und 2011 von maximal 84 Anrufern pro Jahr zu spezifischen Nachfragen zum Glücksspielverhalten genutzt. Angesichts des mittlerweile

---

20 Hayer, T. et al. (2013), Die Früherkennung von Problemspielerinnen und Problemspielern in Spielhallen.

21 Delfabbro, P. et al. (2012), Venue staff knowledge of their patrons' gambling and problem gambling.

erreichten Bekanntheitsgrades der Warnungen vor der Gefahr von „Glücksspielsucht“, besonders bei Geldspielgeräten, und bei angeblich bis zu 165.000 Betroffenen, ist dieses Ergebnis nicht ermutigend. Oder ist etwa das Problem geringer als vermutet?

Das **Online- und Telefon-Beratungsprogramm der BZgA „Check dein Spiel“** erreichte ebenfalls nur einen kleinen Teil der Zielgruppe: Unter 12.000 Problemspielern kam es nur zu einer geringen Programmteilnahme, und drei Monate nach dessen Ende waren dann lediglich 38 Personen im letzten Monat vor Befragung abstinent und weitere 33 deutlich gebessert. Diese Ergebnisse sind nicht aussagekräftig. Nachuntersuchungen müssen mindestens ein Jahre nach Beratungsende erfolgen, da das Spielverhalten der meisten Spieler über die Zeit spontan sehr stark fluktuiert.

Die beiden anonymen, kostenfreien und daher als „niederschwellig“ eingestuften Angebote sind also bisher nicht überzeugend attraktiv für die Betroffenen. Nach Ansicht der Autoren liegt das nicht an deren Inhalten. Allerdings ist „Check Dein Spiel“ wohl auch kein niederschwelliges Angebot: Es scheint sehr stark psychotherapeutisch geprägt zu sein, erreicht überwiegend höhere Bildungsschichten, möchte tägliche, dokumentierte Selbstbeobachtung und wöchentliche schriftliche und telefonische Rückmeldung an die Therapeuten. Wie kann dieses Angebot attraktiver gestaltet werden?

Hat sich das Spielverhalten der Bevölkerung durch die multiplen Präventivmaßnahmen geändert?

Die Studie von Ludwig et al.[22] ergab zwar einen leichten Rückgang der Spielteilnahme an Lotto/Toto, aber eine Zunahme bei anderen Glücksspielformen. Eine Studie der BZgA, zum Spielen an den besonders risikoreich eingestuften Geldspielgeräten, mit einem Vergleich der Entwicklung von 2007 bis 2011, fand wiederum keine wesentliche Veränderung des Spielverhaltens – mit einer Ausnahme: Bei den 18- bis 20-Jährigen stieg die Anzahl der Personen, die Spielautomaten nutzten, von 4,3 Prozent auf 12,8 Prozent. Die Autoren stellen zur Diskussion (s. o.), dass bei dieser vulnerablen Jungmännergruppe die „Drohung“ mit der gefährlichen Sucht gerade das Verhalten provoziert, das man reduzieren möchte. Hier muss wohl dringlichst motivationspsychologisch nachgebessert werden!

---

22 Ludwig, M. et al. (2012), Has gambling changed after major amendments of gambling regulations in Germany?

Wurde die Beratung/Therapie verfügbarer und wirksamer?

Wenn sich anscheinend trotz massiv zunehmender Glücksspielangebote die Anzahl der Problem- und pathologischen Spieler – mit Ausnahme der jungen Erwachsenen – nicht wesentlich erhöht hat, liegt dies möglicherweise daran, dass vermehrte Therapie- oder Beratungsangebote entsprechend gegensteuern konnten? Die bisher dazu durchgeführten Studien unterstützen diese Hypothese nach Einschätzung der Autoren nicht. Die Beratungsangebote wurden vielerorts zwar massiv erhöht und dadurch auch die Inanspruchnahme von Erstkontakten. Der weitere Verlauf ist dann enttäuschend, viel zu wenige Problemspieler „beißen an". Die Beratungsergebnisse für die Betroffenen sind aus methodischen und anderen Gründen nicht wirklich beurteilbar. So folgen die Autoren dieses Artikels Braun et al.[23] in deren Feststellungen, dass zwischen vermutetem Behandlungsbedarf und tatsächlicher Inanspruchnahme eine hohe Diskrepanz besteht und für ein umfassendes Verständnis des Störungsbildes und die Art des Behandlungsbedarfes insbesondere psychopathologische Merkmale berücksichtigt werden sollten. Für Bedarfsanalyse und Strukturplanung des Spieler-Versorgungssystems müssten Richtlinien erstellt werden. Oder sollen die Ergebnisse z. B. der Studien des IFT aus der bundesweiten Suchthilfestatistik zwischen 2004 und 2007 als realitätsgerecht eingestuft werden, nämlich dass anscheinend mit vier bis zehn Beratungsgesprächen (so viele nahmen aber nur 25 Prozent der Teilnehmer am Erstgespräch wahr!) in Suchtberatungsstellen bei etwa zwei Drittel der Teilnehmer eine hinreichende Besserung erreichbar war? Die gleiche Frage ergibt sich aus dem Projekt „Frühe Intervention beim Pathologischen Glücksspiel" der DHS. Das wirft die grundsätzliche Frage auf, wie eine – gemeinhin als chronische Erkrankung eingestufte „Sucht" – mit so wenigen und inhaltlich nicht näher spezifizierten Beratungssitzungen erfolgreich behandelt werden kann! Oder blieben nur die leicht Gestörten in den Programmen? Oder wurde zu leichtfertig mit dem Begriff „gebessert" umgegangen? Viele offene Fragen, die in den Beratungsstellen adäquat untersucht werden sollten.

Hypothesen und Empfehlungen im Überblick

- Ist „Suchtberatung" in der aktuell praktizierten Form (noch?) für einen Großteil der Problemspieler kein ausreichendes Angebot? Bundesweit erscheint die Akzeptanz von „Suchtberatung" bei den Pathologischen Glücksspielern eher schlecht.

---

23 Braun, B. et al. (2013), Ambulante Suchthilfe für pathologische Glücksspieler in Bayern.

- Ohne qualifizierte, psychopathologische Differenzialdiagnostik sind weder eine verlässliche Diagnostik noch die angemessene Behandlungsform abzuleiten. Wer ist aber dazu in den Suchtberatungsstellen qualifiziert? Es ist vielleicht gar nicht im Interesse etlicher Suchtberater, diese Klientel beraten zu müssen. Es ist inhaltlich zu unklar, was spezifisch Interventionen für „Spielsüchtige" von denen bei der üblichen Suchtbehandlung unterscheidet. Ansätze dazu sind im Projekt „Frühe Intervention ..." der DHS beschrieben.
- Es besteht möglicherweise ein „gravierendes Fehlangebot" statt einer „gravierenden Unterversorgung".

Problematisches und pathologisches Glücksspielen ist ein Symptomverhalten mit äußerst vielschichtigen unterschiedlichen Ursachen. Die Pauschaldiagnose „Glücksspielsucht" ist irreführend und für einen Großteil der Betroffenen nach Einschätzung der Autoren schädlich. Dementsprechend gibt es keine einheitliche Behandlungsform, sondern eine aus differenzierter psychopathologischer Diagnostik abgeleitete psychotherapeutisch-psychiatrische individuumspezifische Therapie (wobei der Therapeut über die unterschiedlichen Glücksspielformen gut informiert sein sollte!), deren Dauer von sehr kurz bis zu Langzeittherapie begründet abgeleitet werden muss. Dazu gibt es seit vielen Jahren die Hamburger Verhaltenstherapie-Studien[24] und eine große Anzahl internationaler Therapiestudien bzw. Beschreibungen. Längst hat Psychotherapie auch in Deutschland Eingang in die Suchtbehandlung, in die ambulante Versorgung bei „Glücksspielsucht" und stoffgebundenen Süchten gefunden – aber noch soll sie da wohl unter dem Schutzdach „Sucht" erfolgen. Das ist – bezogen auf das Wissen der Autoren und den internationalen Wissensstand – ein Rückschritt fast um Jahrzehnte.

Es bleibt zu hoffen, dass in Zukunft wieder wissenschaftsbezogen psychotherapeutisch qualifizierte Psychologen und Psychiater mit erfahrenen Suchtberatern gemeinsam nach individuell angemessenen Lösungen für Betroffene und deren Angehörige suchen. Dazu wäre eine vergleichende Studie „Frühe Intervention ..."[25] mit z. B. der Hamburger Verhaltenstherapie-Studie hilfreich. Die Autoren sind keineswegs dafür, jetzt alle Problemspieler in Psychotherapeuten-Praxen zu empfehlen – dort sind die üblichen Wartezeiten meist viel

24 Wlazlo, Z. et al. (1987), Langzeiteffekte multimodaler Verhaltenstherapie bei krankhaftem Glücksspielen sowie Klepsch, R. et al. (1989), Langzeiteffekte multimodaler Verhaltenstherapie bei krankhaftem Glücksspielen.

25 Vgl. DHS-Studie.

zu lang, und die Bereitschaft und Ausbildung, mit Glücksspielern zu arbeiten, ist längst nicht immer vorhanden. Die Autoren haben die Erfahrung gemacht, dass regionale Kooperation von Suchtberatung und Verhaltenstherapie gut möglich ist.

Literaturverzeichnis

ARNDT, J.; VAIL KE 3rd; COX, C.R.; GOLDENBERG, J.L.; PIASECKI, T.M.; GIBBONS, F.X. (2013). The interactive effect of mortality reminders and tobacco craving on smoking topography. Health Psychology; 32 (5): 525–532.

BADO e.V. (2012). Statusbericht 2011. Presseerklärung, Hamburg. (http://www.bado.de/dokumente/2011/BADO-Statusbericht-2011_www.pdf).

BISCHOF, A.; MEYER, C.; BISCHOF, G.; KASTIRKE, N.; JOHN, U.; RUMPF, H.-J. (2012). Inanspruchnahme von Hilfen bei pathologischem Glücksspielen. Befunde der PAGE-Studie. SUCHT; 58 (6): 369–377.

BRAUN, B.; LUDWIG M. (2012). Versorgungsangebot für pathologische Glücksspieler in Bayern. Kurzbericht des Instituts für Therapieforschung (IFT), München.

BRAUN, B.; LUDWIG M.; KRAUS L.; KROHER, M.; BÜHRINGER, G. (2013). Ambulante Suchthilfe für pathologische Glücksspieler in Bayern: Passung wischen Behandlungsbedarf und -angebot. Suchttherapie; 14: 37–45.

ABGEORDNETENHAUS BERLIN – 17. Wahlperiode. (2013). Spielhallen-Flut zerstört Kiez und Menschen III: Wie dramatisch ist die Lage im Jahr 2012? Drucksache 17/10306 vom 25.04.2013. Kleine Anfrage und Antwort.

ABGEORDNETENHAUS BERLIN – 17. Wahlperiode. (2013). Spielhallen-Flut zerstört Kiez und Menschen VII: Wie dramatisch ist die Lage? Drucksache 17/11847 vom 25.04.2013. Kleine Anfrage und Antwort.

BÜRGERSCHAFT DER FREIEN UND HANSESTADT HAMBURG – 20. Wahlperiode. (2012). Verwendung der Mittel aus dem Glücksspielvertrag. Drucksache 20/5772 vom 13.11.2012. Schriftliche kleine Anfrage und Antwort des Senats.

BUNDESZENTRALE FÜR GESUNDHEITLICHE AUFKLÄRUNG (2012). Glücksspielverhalten und Glücksspielsucht in Deutschland. Ergebnisse aus drei repräsentativen Bevölkerungsbefragungen 2007, 2009 und 2011. Bundeszentrale für gesundheitliche Aufklärung, Köln.

BUTH, S.; KALKE, J. (2012). Effekte von universellen und selektiven Präventionsmaßnahmen im Glücksspielbereich. Prävention und Gesundheitsförderung; 7 (2): 142–147.

Delfabbro, P.; Borgas, M.; King, D. (2012). Venue staff knowledge of their patrons' gambling and problem gambling. Journal of Gambling Studies; 28 (2): 155–169.

Dyckmans, M. (2013). Prävention der Glücksspielsucht. Artikel der Drogenbeauftragten der Bundesregierung. (http://drogenbeauftragte.de/drogen-und-sucht/gluecksspiel/praevention-der-gluecksspielsucht.html).

Erbas, B.; Buchner, U.G. (2012). Pathological gambling, prevalence, diagnosis, comorbidity, and intervention. Deutsches Ärzteblatt; 109 (10): 173–9.

Games und Business online (2011). BZgA wertet Spielerschutz-Hotline aus. Artikel auf www.gamesundbusiness.de. (http://www.gamesundbusiness.de/news/details/bzga-wertet-spielerschutz-hotline-aus-3469/).

Görgen, W.; Hartmann, R. (2010). Frühe Intervention beim Pathologischen Glücksspielen – Abschlussbericht. Gesellschaft für Forschung und Beratung im Gesundheits- und Sozialbereich, Köln.

Hand, I. (2004a). Negative und positive Verstärkung bei pathologischen Glücksspielen: Ihre mögliche Bedeutung für die Theorie und Therapie von Zwangsspektrumsstörungen. Verhaltenstherapie; 14 (2): 133–144.

Hand, I. (2004). Impulskontrollstörungen – Nichtstoffgebundene Abhängigkeiten – Zwangsspektrumsstörungen. Verhaltenstherapie; 14 (2).

Hand, I. (2010). Die „Sucht-Sucht" bei Verhaltensexzessen. Warum Verhaltensexzesse nicht den Süchten zugerechnet werden sollten – Beispiel: Pathologisches Glücksspiel. Konturen, 3: 8–13.

Hayer, T.; Buth, S.; Meyer, G. (2013). Die Früherkennung von Problemspielerinnen und Problemspielern in Spielhallen: Ein Werkstattbericht. In Buth, S.; Kalke, J.; Reimer, J. (Hrsg.) Glücksspielsuchtforschung in Deutschland (pp. 117–128). Freiburg: Lambertus.

Jonas, B.; Tossmann, P.; Pauly, A.; Bender-Roth, H.; Brand, T.; Lang, P.; Leuschner, F. (2012). Check dein Spiel: Internetbasierte Prävention von problematischem Glücksspiel. SUCHT; 58 (1): 63–68.

Kalke, J.; Verthein, U.; Buth, S.; Hiller, P. (2011). Glücksspielsucht-Prävention bei den staatlichen Lotterien: Evaluation der Schulungen des Annahmestellenpersonals. Suchttherapie; 12: 178–185.

Klepsch, R.; Hand, I.; Wlazlo, Z. (1987). Langzeiteffekte multimodaler Verhaltenstherapie bei krankhaftem Glücksspielen, 1: Retrospektive Katamnese der Hamburger Pilot-Studie. Suchtgefahren; 33: 137–147.

Klepsch, R.; Hand, I.; Wlazlo, Z.; Friedrich, B.; Fischer, M.; Bodek, D. (1989) Langzeiteffekte multimodaler Verhaltenstherapie bei krankhaftem

Glücksspielen, 3: Zweite prospektive Katamnese der Hamburger Projekt-Studie. Suchtgefahren; 35: 35.

KRAUS, L.; BRAUN, B. (2012). Ambulante Suchthilfe für pathologische Glücksspieler: Passung zwischen Behandlungsbedarf und -angebot. Vortrag Fachtagung Glücksspielsucht-Forschung der Bundesländer am 03.02.2012, Institut für Therapieforschung, München.

LUDWIG, M.; KRAUS, L.; MÜLLER, S.; BRAUN, B.; BÜHRINGER, G. (2012). Has gambling changed after major amendments of gambling regulations in Germany? A propensity score analysis. Journal of Behavioral Addictions; 1 (4): 151–161.

THÜRINGER FACHSTELLE GLÜCKSSPIELSUCHT (2012). Pathologische Glücksspieler in Thüringen haben durchschnittlich 40.711 Euro Schulden. Pressemitteilung der Fachstelle GlücksSpielsuchtSucht, Erfurt.

SASSEN, M; TAQI, Z.; KRAUS, L.; BÜHRINGER, G. (2010). Studie zur Behandlung pathologischer Glücksspieler durch Psychologische Psychotherapeuten in Bayern. Kurzbericht des Instituts für Therapieforschung (IFT), München.

SLECZKA, P.; BRAUN, B.; LUDWIG, M.; KRAUS, L. (2012). Ambulante und stationäre Behandlung pathologischer Glücksspieler: Entwicklung in Bayern. Kurzbericht des Instituts für Therapieforschung (IFT), München.

SONNTAG, D.; BAUER, C.; HELLWICH, A.-K. (2007). Deutsche Suchthilfestatistik 2006 für ambulante Einrichtungen. SUCHT; 53 (Sonderheft 1): 7–41.

SONNTAG, D.; BAUER, C.; HELLWICH, A.-K. (2006). Deutsche Suchthilfestatistik 2005 für ambulante Einrichtungen. SUCHT; 52 (Sonderheft 1): 7–43.

SONNTAG, D.; WELSCH, K. (2004). Deutsche Suchthilfestatistik 2003 für ambulante Einrichtungen. SUCHT; 50 (Sonderheft 1): 6–31.

STEPPAN, M.; KÜNZEL, J.; PFEIFFER-GERSCHEL, T. (2012). Suchtkrankenhilfe in Deutschland 2011. Jahresbericht der deutschen Suchthilfestatistik (DHS). (http://www.suchthilfestatistik.de/cms/images/dshs%20jahresbericht%20 2011.pdf).

STÖVER, H. (2011). Modell zur Suchtprävention bei Online-Glücksspiel durch Zahlungsabwicklung.

WLAZLO, Z.; HAND, I.; KLEPSCH, R.; FISCHER, M. (1987). Langzeiteffekte multimodaler Verhaltenstherapie bei krankhaftem Glücksspielen, II.: Prospektive Katamnese der Hamburger Projekt-Studie. Suchtgefahren; 33: 148–161.

Ann-Christin Wilcke[1]

Identifikation pathologischer Spieler an Hand ihres Spielverhaltens[2]

1 Einleitung

Laut der von den Bundesländern in Auftrag gegebenen PAGE-Studie hat sich bei 14,8 % der Personen mit 10 oder mehr Spieltagen ein pathologisches Spielverhalten herausgebildet. Onlineglücksspiele bergen demnach ein besonders hohes Suchtpotential. Allerdings ist das exakte Ausmaß der Sucht bei Onlineglücksspielen umstritten. Bisherige Instrumente zur Erfassung einer Glücksspielsucht beruhen auf Selbstauskünften, mit denen etliche Limitationen einhergehen. In dem vorliegenden Beitrag wird ein neuer komplementärer Ansatz zur Identifizierung von problematischem und pathologischem Spielverhalten vorgestellt.

Informationen zum tatsächlichen Spielverhalten anhand von elektronisch aufgezeichneten Daten erlauben eine objektive, detaillierte und verlässliche Auswertung von Spiel-, Biet- und Setzverhalten. Inkonsistenzen resultierend aus Selbstauskünften, die das tatsächliche Spielverhalten über- oder unterschätzen, können infolgedessen vermieden werden.

Bislang ist die Anzahl der Studien mit solchen Daten überschaubar. Wissenschaftler der Harvard Medical School waren die ersten, die sich mit dieser Thematik befassten. Auch wenn diese Vorgehensweise im Vergleich zu den bisher üblichen Ansätzen basierend auf Befragungen ein wichtiger Schritt in die Richtung darstellt, weisen die Studien einige Limitationen auf.[3] Generell fehlt es den Studien – wie allen Screening- oder Assessmentinstrumenten – an einer allgemein einheitlich verwendeten Definition des problematischen und pathologischen Spielens.[4] Es kann daher nicht ohne Bedenken festgestellt werden, dass die

1 Dr. Ann-Christin Wilcke ist seit Februar 2010 Mitarbeiterin am Institut für Recht der Wirtschaft der Universität Hamburg.

2 Für eine detaillierte Darstellung der folgenden Ausführung: siehe Wilcke, A.-C. (2013), Dissertationsschrift zu Identifikation pathologischer Spieler an Hand ihres Spielverhaltens.

3 Vgl. Wilcke, A.-C./Fiedler, I. (2011), Zur Aussagekraft der Glücksspielstudien der Harvard Medical School, S. 247.

4 Vgl. z. B. Battersby, M.W./Thomas, L.J./Tolchard, B./Esterman, A. (2002), The South Oaks Gambling Screen: A review with reference to Australian use.

vorgenommenen Messungen die Größe und Richtung aller relevanten Dimensionen von Spielproblemen abbildet und die Messung nicht durch systematische Messfehler beeinträchtigt wird.[5]

Die Untersuchung des Spielverhaltens von Onlinespielern bisheriger Untersuchungen offenbart, dass die Vielzahl an Spielern ein moderates Spielverhalten und eine kleine Gruppe an Spielern ein überproportional hohes Spielvolumen aufweist. Das exzessive Spielverhalten der Vielspieler wirft die Frage auf, ob es sich bei diesen Spielern um pathologische Spieler handelt bzw. ob diese Spieler gefährdet sind, ein problematisches Spielverhalten oder eine Spielsucht zu entwickeln. Ein hohes Spielvolumen kann jedoch auch – vor allem beim Onlinepoker – auf professionelle Spieler hindeuten, denn professionelle Spieler haben den finanziellen Anreiz, intensiv zu spielen. Entsprechend finden sich professionelle Spieler in der Gruppe der Intensivspieler wieder.[6] Nach Weinstock/Massura/Petry unterscheiden sich pathologische von professionellen Spielern hinsichtlich ihrer Impulsivität; diese ist bei pathologischen Spielern deutlich ausgeprägter als bei professionellen Spielern.[7] Impulsivität kann jedoch nicht oder nur unzureichend im Spielverhalten nachgewiesen werden. Daher konnte im Rahmen der untersuchten Studie zum Spielverhalten auf diese Frage keine Antwort gefunden werden. Dennoch können solche Analysen Hinweise bei der Früherkennung einer Gefährdung liefern. Die bisherigen Analysen des Spielverhaltens eignen sich daher sehr gut, um zwischen Viel- und Normalspielern unterscheiden zu können, sagen jedoch wenig über ein problematisches/pathologisches Spielverhalten aus. Dafür dient die Analyse des Setz- und Bietverhaltens.

Vor diesem Hintergrund ist die Zielsetzung der vorliegenden Untersuchung, diese bestehende Lücke zu schließen und Schlüsselfaktoren des Spielverhaltens von Online-Pokerspielern, die zu einem problematischen bzw. süchtigen Verhalten führen können, mit Hilfe des tatsächlichen Spiel-, Biet- und Setzverhaltens zu überprüfen. Besteht somit die Möglichkeit, aus dem tatsächlichen Verhalten von Glücksspielern eine komplementäre/alternative Identifikationsmöglichkeit von Spielproblemen zu entwickeln, so ließen sich mit Hilfe der elektronisch aufgezeichneten Daten bei Onlineglücksspielen verschiedene Probleme der herkömmlich

---

5 Vgl. Peter, J.P. (1981), Reliability: construct validity: A review of basic issues and marketing practices.

6 Vgl. Fiedler, I./Wilcke, A.-C. (2011), Der Markt für Onlinepoker: Spielerherkunft und Spielerverhalten, S. 85.

7 Vgl. Weinstock, J./Massura, C.E./Petry, N.M. (2012), Professional and pathological gamblers: similarities and differences.

herangezogenen Ansätze überwinden.[8] Im Idealfall können solche Verfahren zur Analyse des tatsächlichen Spielverhaltens genutzt werden, um die herkömmlichen auf Befragungen basierenden Screening-Instrumente durch kostengünstige, im besten Fall automatisch ablaufende Systeme zu ergänzen.

Weiterführend können die identifizierten Indikatoren ein besseres Verständnis über das hinter pathologischem Glücksspiel stehende Konstrukt vermitteln. Auf diese Weise könnte ebenso eine allgemein einheitliche Verwendung des Konstrukts - auch für Screening-Instrumente - und somit auch ein besseres Verständnis, das mit exzessivem Internet-Spielverhalten assoziiert wird, gewährleistet werden.

2 Methodik

„Chasing", d. h. das Verhalten, „hinter seinen Verlusten herzujagen", was als der bedeutendste Schritt bei der Entwicklung zu einem pathologischen Spieler angesehen wird,[9] dient als das ausschlaggebende Unterscheidungsmerkmal zwischen problematischen bzw. pathologischen und nichtproblematischen Spielern. Ausgangspunkt sind wichtige kognitive-emotionale Prozesse, die für Substanzsüchte ebenso wie für eine Glücksspielsucht relevant sind: Sowohl Impulsivität[10] als auch Kontrollverlust[11] korrelieren mit „Chasing", so dass es auf diese Weise möglich ist, Muster für süchtiges Spielverhalten identifizieren zu können.

Durch die Heranziehung von zwei Datensätzen - einer enthält das Spiel-, Biet- und Setzverhalten einer Kohorte an Online-Pokerspielern, der andere das Spiel-[12], Biet- und Setzverhalten[13] einer Gruppe klinisch diagnostizierter Onlinepokerspieler mit Spielproblemen - kann einerseits das Spielverhalten

8 Vgl. Fiedler, I./Wilcke, A.-C. (2012), Die Analyse des tatsächlichen Glücksspielverhaltens: Möglichkeiten und Grenzen.

9 Vgl. Lesieur, H.R. (1979), The comlusive gambler's spiral of options and development.

10 Vgl. Breen, R.B./Zuckerman, M. (1999), „Chasing" in gambling behavior: Personality and cognitive determinants.

11 Vgl. O'Connor, J./Dickerson, M.G. (2003a), Definition and measurement of chasing in off-course betting and gaming machine play; O'Connor, J./Dickerson, M.G. (2003b), Impaired Control over gambling in gaming machine and off-course gamblers.

12 Das Spielverhalten umfasst Variablen wie Sessionanzahl, Sessiondauer, Anzahl simultan gespielter Tische, Spielart, Setzstruktur, Spieleranzahl pro Tische und die Höhe des Big Blinds.

13 Das Biet- und Setzverhalten gibt Auskunft darüber, ob ein Spieler schiebt, setzt, mitgeht, erhöht oder aussetzt.

dieser beiden Gruppen verglichen werden. Andererseits ist es möglich, das für eine Glücksspielsucht bezeichnende Charakteristikum „Chasing" bei der Gruppe diagnostizierter Süchtiger zu überprüfen. Auf diese Weise lassen sich für die Glücksspielforschung bisher einzigartige Erkenntnisse gewinnen: zum einen eine deskriptive Darstellung von problematischem Spiel-, Biet- und Setzverhalten auf der Basis einer empirisch unverzerrten Datenbasis, zum anderen die Evaluation von Indikatoren, die bei Online-Pokerspielern zu einer Spielsucht führen.

3 Ergebnisse

Die resultierenden Schlüsselergebnisse der deskriptiven Untersuchung bezüglich des Spiel-, Biet- und Setzverhaltens dieser beiden Stichproben lassen sich wie folgt zusammenfassen:

- Die Kohorte und die Gruppe problematischer und pathologischer Spieler unterscheiden sich signifikant in ihrem Spiel-, Biet- und Setzverhalten voneinander.
- Die Kohorte befindet sich in ihrem Biet- und Setzverhalten im Durchschnitt – gewichtet nach Anzahl der gespielten Hände – in dem Bereich, in dem eine profitable Spielstrategie möglich ist.
- In der Gruppe problematischer und pathologischer Spieler verfolgt hingegen lediglich ein Spieler eine gute und geschickte Spielweise. Der Großteil dieser Gruppe verhält sich *loose-passive*. Hierbei handelt es sich um eine sehr unprofitable Spielstrategie; die Gegner schöpfen bei dieser Art von Spieler den größten Teil ihrer Gewinne ab. Die Spielweise ist mit vielen Fehlern verbunden. Die Gruppe der problematischen/pathologischen Spieler ist demzufolge durch eine sehr ungeschickte und verlustreiche Spielweise zu charakterisieren.

Die gewonnenen Schlüsselmerkmale der Untersuchung der Gruppe problematischer und pathologischer Spieler bezüglich des Spiel-, Biet- und Setzverhaltens nach Verlusten – dem sogenannten Chasing – können folgenderweise festgehalten werden:

- Problematische und süchtige Spieler betreiben nach einem Verlust Within-Session-Chasing: Sie verhalten sich signifikant impulsiver, sind *looser*, d. h. sie investieren beim preflop zusätzliches Geld. Die Spieler zeigen eine verminderte Sensibilität hinsichtlich ihrer Verluste und weisen ein schnelles und unüberlegtes Reagieren auf die Situation auf: Sie wählen nach einem Verlust ihre Hände noch weniger sorgfältig aus und bleiben im Spiel in der Hoffnung, dass sie mit etwas Glück am Flop bessere Karten auf der Hand haben. Die Spieler scheinen der Auffassung zu sein, dass der einfachste Weg, ihren Verlust wieder auszugleichen, ist, mit einer schwachen Hand einen Flop zu treffen. Beispielsweise bleiben sie mit einem Paar Zweien im Spiel, in der Hoffnung, dass am Flop eine weitere Zwei kommt.

- Die Mehrzahl problematischer und süchtiger Spieler verfolgt ein aggressiveres Biet- und Setzverhalten in der ersten Bietrunde, indem sie mehr Erhöhungen tätigen, um ihren Verlusten hinterzujagen.
- Problematische und pathologische Spieler spielen nach Gewinnen signifikant längere Sessions – nicht jedoch nach Verlusten. Dieses Ergebnis überrascht, da zwischen Within-Session-Chasing und Impulsivität ein Zusammenhang festgestellt wurde, genauer gesagt, dass Spieler in Verlustsituationen weniger sensibel reagieren als in Gewinnsituationen und ihren Verlust somit in weiteren Spielsequenzen hinterherjagen anstatt das Spiel nach einem Verlust zu beenden.[14] Vor diesem Hintergrund wäre bei Verlustsessions eine längere Spieldauer zu erwarten gewesen. In dem vorliegenden Fall ist es jedoch umgekehrt: Hier spielt die Mehrzahl der Gruppe problematischer und pathologischer Spieler nach Gewinnen länger und nach Verlusten kürzer. Demgemäß führt in dem vorliegenden Fall Impulsivität nicht zu Fehlverhalten in Verlustsituationen, die durch fortlaufendes Agieren und Reagieren nachteilige Konsequenzen implizieren. Die vorliegenden Ergebnisse gehen jedoch konform mit den Resultaten aus O'Connors und Dickersons Untersuchung, bei denen die Probanden (Wetter und Automatenspieler) nicht nur nach (großen)[15] Gewinnen den Drang verspürten, weiterzuspielen, sondern auch tatsächlich weitere Einsätze tätigten.[16] Die Autoren führen in diesem Zusammenhang an, dass nicht nur große Verluste und near-misses destabilisieren, kontrolliert zu spielen, sondern (große) Gewinne ein weiteres Chasing provozieren können, um vergangene Verluste wieder auszugleichen.
- Problematische und pathologische Spieler spielen nach Verlusten durchschnittlich mehr Tische simultan, jedoch besteht kein statistisch signifikanter Zusammenhang.

---

14 Vgl. Breen, R.B./Zuckerman, M. (1999), „Chasing" in gambling behavior: Personality and cognitive determinants.

15 Das Attribut „Groß" wurde im Rahmen der von O'Connor/Dickerson durchgeführten Studie nicht definiert und von jedem Probanden selbst interpretiert. Vgl. O'Connor, J./Dickerson, M.G. (1997), Emotional and cognitive functioning in chasing gambling losses, S. 266.

16 Vgl. O'Connor/Dickerson, M.G. (1997); vgl. O'Connor, J./Dickerson, M.G. (2003a), Definition and measurement of chasing in off-course betting and gaming machine play.

- Nach Verlustsessions kehren problematische und süchtige Spieler in einem kürzeren als durchschnittlichen Zeitabstand zum Spiel zurück. D. h. verliert ein süchtiger Spieler, so verkürzt sich tendenziell der Abstand zwischen seinen Sessions. Die Tatsache, dass die süchtigen Spieler tendenziell kürzere Zeitspannen zwischen den Sessions aufwiesen, ist ein möglicher Hinweis, dass diese Spieler einen großen Drang verspüren, erneut zu spielen und eine andauernde Hartnäckigkeit aufweisen, den Verlust wieder auszugleichen. Diese Ergebnisse bestätigen die Resultate von O'Connor/Dickerson[17] und deren Pilotstudie[18], dass beeinträchtigte Kontrolle/Entscheidungsfindung ein wichtiges Unterscheidungsmerkmal bei denjenigen darstellt, die zu einem späteren Zeitpunkt zurückkehren, um ihren Verlust wieder ausgleichen zu wollen. Dies impliziert Between-Session-Chasing, dem Zurückkehren zur Spielgelegenheit, um Verluste wieder auszugleichen.
- Es gibt einen Spieler der Gruppe problematischer und pathologischer Spieler, der sich durch eine gute *tight aggressive* Spielstrategie auszeichnete. Bei diesem Spieler, der mit vier erfüllten DSM-IV-Kriterien offiziell nur als problematischer Spieler eingestuft wurde, besteht die Vermutung, es handele sich um einen (semi-) professionellen Spieler bzw. begabten Hobbyspieler.

4 Zusammenfassung

Angesichts dieser Resultate konnten für die Glücksspielforschung bisher einzigartige Erkenntnisse gewonnen werden: zum einen die deskriptive Darstellung von problematischen Biet- und Setzverhalten auf der Basis einer empirisch unverzerrten Datenbasis, zum anderen die Evaluation von Indikatoren, die bei Online-Pokerspielern zu einer Spielsucht führen.

Es konnte demonstriert werden, dass sich mit Hilfe solcher Informationen Chasingverhalten nachweisen lässt und dass dieses sowohl stark mit impulsivem Verhalten als auch mit beeinträchtigter Kontrolle/Entscheidungsfindung korreliert. Diese Resultate bestätigen die Ergebnisse von Breen/Zuckerman, wonach Impulsivität zwischen Chasern und Nicht-Chasern innerhalb von einer Session diskriminiert[19] und von O'Connor/Dickerson, die eine signifikant

17 Vgl. O'Connor, J./Dickerson, M.G. (2003a), Definition and measurement of chasing in off-course betting and gaming machine play.

18 Vgl. O'Connor, J./Dickerson, M.G./Philipps, M. (1995), Chasing and its relationship to impaired-control over gambling.

19 Vgl. Breen, R.B./Zuckerman, M. (1999), „Chasing" in gambling behavior: Personality and cogntive determinants.

höher beeinträchtigte Kontrolle bei Chasern als bei Nicht-Chasern beim Between-Session-Chasing registrierten.[20] Diese beiden emotional kognitiven Prozesse – Impulsivität und beeinträchtigte Entscheidungsfindung/Kontrolle – fungieren folglich als sehr gute Indikatoren für spielbezogene Probleme. Insbesondere der VPIP als Indikator für eine *loose* Spielweise und längere Spielsessions nach einem Gewinn, um vorherigen Verlusten hinterherzujagen, stellen sehr gute Identifikationsmerkmale für impulsives Spielverhalten nach Verlusten dar. Ebenso dienen kürzere Zeitabstände zwischen den Sessions nach Verlusten als sehr guter Indikator für beeinträchtigte Entscheidungsfindung/Kontrolle nach Verlustsessions.

Während bisherige Untersuchungen zu dem tatsächlichen Spielverhaltens nur ein erster Indikator sein konnten, um Personen mit potentiellen Spielproblemen zu identifizieren, so ist es mit Hilfe der Analyse des Biet- und Setzverhaltens möglich, Kriterien zu evaluieren, die zu einer Sucht führen bzw. diese begründen.

Es sollte in weiteren Forschungsprojekten überprüft werden, wie stark das Chasing-Verhalten bei der Kohorte aller Pokerspieler ausgeprägt ist.[21] Erst hierdurch lässt sich klären, ob Süchtige an Hand ihres Chasingverhaltens trennscharf von anderen Spielern abgegrenzt werden können. In diesem Kontext ist zu vermuten, dass Chasing von allen Spielern im weitesten Sinne betrieben wird, jedoch bei problematischen und pathologischen Spielern ein stärkerer Zusammenhang besteht.

Des Weiteren ist es mit der Analyse des tatsächlichen Spielverhaltens möglich, das bisherige Verständnis des Konstruktes, das mit pathologischem Spielverhalten assoziiert wird, zu verbessern. Die gängige klinische Bezeichnung von pathologischem Spielverhalten[22] bezüglich der Termini „anhaltend" und „immer wiederkehrend" („persistent and recurrent") wurde aus Selbstauskünften problematischer Spieler hergeleitet. Die bisherige Forschung zum tatsächlichen Spielverhalten ermutigt zu einer empirischen Untersuchung dieser Konstrukte. Die vorliegende Arbeit untermauert, dass diese Konstrukte noch durch weitere Konstrukte zu ergänzen sind. Weitergehende Forschungsprojekte sollten sich

20 Vgl. O'Connor, J./Dickerson, M.G. (2003a), Definition and measurement of chasing in off-course betting and gaming machine play.

21 Dieses wird zur Zeit in einem Projekt des Instituts für Recht der Wirtschaft der Universität Hamburg vollzogen.

22 Vgl. American Psychiatric Association (DSM-IV) (1994), Diagnostic and statistical manual of mental disorders.

dieser annehmen und versuchen, dieses mehrdimensionale Konstrukt mit Hilfe des tatsächlichen Spielverhaltens zu validieren.

Zusätzlich ist es sinnvoll, mit der Analyse elektronisch aufgezeichneter Informationen zum tatsächlichen Spielverhalten herkömmliche auf Befragungen basierende Screening-Instrumenten zu ergänzen, um potentiell spielsuchtgefährdete Personen zu identifizieren und im Zuge dessen mit diesen Messverfahren einhergehende Klassifikationsfehler zu minimieren. Schlussendlich ist es für die weitergehende Forschung notwendig, Ergebnisse von Studien zum tatsächlichen Spielverhalten mit Daten aus Selbstauskünften, die spielbezogene Erfahrungen (beispielsweise Wahrnehmungen und Symptome) widerspiegeln, zu integrieren. Auf diese Weise könnte ein vollständigeres Bild bezüglich problematischen Internetspielverhaltens entwickelt werden.

Literaturverzeichnis

American Psychiatric Association (DSM-IV) (1994): Diagnostic and statistical manual of mental disorders (4. Aufl.), in: American Psychiatric Press, Washington.

Battersby, M.W.; Thomas, L.J.; Tolchard, B.; Esterman, A. (2002): The South Oaks Gambling Screen: A review with reference to Australian use, in: Journal of Gambling Studies, Vol. 18 (3), S. 257–271.

Breen, R.B.; Zuckerman, M. (1999): “Chasing” in gambling behavior: Personality and cognitive determinants, in: Personality and Individual Differences, Vol. 27, S. 1097–1111.

Fiedler, I.; Wilcke, A.-C. (2012): Die Analyse des tatsächlichen Glücksspielverhaltens: Möglichkeiten und Grenzen, in: SUCHT, Vol. 58 (6), S. 379–389.

Fiedler, I.; Wilcke, A.-C. (2011): Der Markt für Onlinepoker: Spielerherkunft und Spielerverhalten, Norderstedt 2011.

Lesieur, H.R. (1979): The Compulsive gambler’s spiral of options and development, in: Psychiatry, Vol. 42, S. 79–87.

O’Connor, J.; Dickerson M.G. (1997): Emotional and cognitive functioning in chasing gambling losses, National Association for Gambling Studies (Melbourne) Conference Proceedings.

O’Connor, J.; Dickerson, M.G. (2003a): Definition and Measurement of chasing in off-course betting and gaming machine play, in: Journal of Gambling Studies, Vol. 19 (4), S. 359–386.

O’Connor, J.; Dickerson, M.G. (2003b): Impaired control over gambling in gaming machine and offcourse gamblers, in: Addiction, Vol. 98, S. 53–60.

O'Connor, J.; Dickerson, M.G.; Philipps, M. (1995): Chasing and its relationship to impaired control over gambling, National Association for Gambling Studies (Australia) Conference Proceedings.

Peter, J.P. (1981): Reliability: construct validity: a Review of basic issues and marketing practices, in: Journal of Marketing Research, Vol. 28, S. 133–145.

Weinstock, J.; Massura, C.E.; Petry, N.M. (2012): Professional and pathological gamblers: similarities and differences, in: Journal of Gambling Studies, electronic first: DOI 10.1007/s10899-012-9308-y.

Wilcke, A.-C. (2013): Dissertationsschrift zu Identifikation pathologischer Spieler an Hand ihres Spielverhaltens, elektronische Veröffentlichung: http://ediss.sub.unihamburg.de/volltexte/2013/6274/.

Wilcke, A.-C.; Fiedler, I. (2011): Zur Aussagekraft der Glücksspielstudien der Harvard Medical School, in: Zeitschrift für Wett- und Glücksspielrecht, Vol. 5, S. 243–247.

Rüdiger Wulf[1]

Spielstätten und urbaner Verfall: Kriminologisch-kriminalpräventive Aspekte

1 Einführung

Die Forschungsstelle Glücksspiel an der Universität Hohenheim arbeitet interdisziplinär.[2] Suchtexperten aus Wissenschaft und Praxis diskutieren das Thema, schlagen Behandlungsmaßnahmen vor und evaluieren entsprechende Programme. Betriebs- und Volkswissenschaftler gehen das Thema Glücksspiel ökonomisch an. Juristen versuchen, den Glückspielmarkt zu regulieren, beantworten steuerrechtliche Fragen und kommentieren die internationale und nationale Rechtsprechung zum Glücksspiel. Die Polizei bringt ihre Erfahrungen bei der Bekämpfung des illegalen Glücksspiels ein und beteiligt sich an der Prävention. Sozialwissenschaftler befassen sich mit den Einstellungen der Bevölkerung zum Glücksspiel in seinen verschiedenen Erscheinungsformen. Das sind nur einige Problemkreise im weiten Feld der Glücksspielforschung. Es ist das Verdienst von Prof. Dr. Tilman Becker als dem Leiter der Forschungsstelle, die unterschiedlichen Disziplinen und ihre Vertreter unter dem Dach der Forschungsstelle zusammenzuführen.

Die Kriminologie hat die Glücksspielforschung lange Zeit vernachlässigt und die Brisanz des Glücksspiels als Wirtschaftsfaktor, als Bereich der (organisierten) Kriminalität und als kriminogener Faktor unterschätzt. Die Zusammenhänge zwischen dissozialem Verhalten, Glücksspiel und Kriminalität als individuelle Erscheinung und als gesamtgesellschaftliches Problem sind weitgehend unerforscht. Der Verfasser dankt Prof. Becker, in der wissenschaftlichen Leitung der Forschungsstelle mitwirken und kriminologisch-kriminalpräventive Anregungen einbringen zu dürfen.

1 Prof. Dr. Rüdiger Wulf ist Honorarprofessor der Universität Tübingen (Kriminologie, Kriminalprävention, Strafvollzug und Jugendstrafrecht) sowie Ministerialrat im Justizministerium Baden-Württemberg (Referatsleiter „Vollzugsgestaltung").

2 Vgl. dazu den interessanten jährlichen Tätigkeitsbericht der Forschungsstelle Glücksspiel.

Hier und heute soll ein ganz spezielles Thema einer räumlich orientierten Kriminologie und Kriminalprävention aufgegriffen werden,[3] bei dem sich der Verfasser in wissenschaftliches Neuland vortasten muss.[4] Ob Spielstätten tatsächlich ein kriminogener Faktor sind, bedarf einer vorurteilsfreien kriminologischen Betrachtung und ggf. evidenzbasierter präventiver Maßnahmen.

2 Ein Fall aus der Praxis

Zum Einstieg und zur Illustration soll zunächst ein praktischer Fall vorgestellt werden, der sich mit negativen Auswirkungen von Spielhallen befasst.[5]

Im Jahr 2009 wurde beim Landgericht München I ein Unterlassungsanspruch gegen die Nutzung von zwei als Restaurant bzw. Imbissraum bezeichneten Teileigentumseinheiten zum Betrieb einer Spielhalle mit Internetcafé geltend gemacht. Vor dem Landgericht wollten die Wohnungseigentümer einen Sachverständigen über den Wertverfall beauftragen. Sie wandten sich an Professor Becker als Leiter der Forschungsstelle Glücksspiel mit der Bitte, einen Sachverständigen zu benennen. Er fragte den Verfasser, ob er das Gutachten erstatten würde. Aus verschiedenen Gründen lehnte er ab, empfahl aber, sich an Professor Feltes von der Ruhr-Universität Bochum, zu wenden. Prof. Feltes wurde dann auch zum Sachverständigen berufen. Aus dem Gutachten ist seine Studie „Spielhallen. Kriminologische Risiken und Nebenwirkungen eines expandierenden Gewerbes“ hervorgegangen.[6]

In seinem Gutachten sah er einen erheblichen Anstieg von Straftaten im Umfeld von Spielhallen und dabei vor allem Raubüberfälle auf Spielhallen. Er prüfte den Zusammenhang zwischen Spielhallen und Kriminalität, insbesondere den Verstärkungseffekt durch Spielhallen. Feltes bezeichnete Begleitkriminalität in Verbindung mit Spielhallen für gegeben. Er bejahte, dass die Neuansiedlung einer Spielhalle Begleitkriminalität nach sich ziehe und dass eine Häufung von Spielhallen zu einer Steigerung und Verdichtung von Kriminalität führe. Die Einrichtung und der Betrieb einer Spielhalle könne in vielen Fällen eine örtliche, vergleichsweise als gering bis durchschnittlich zu bewertende Kriminalitätsbelastung und einen so genannten Kaskadeneffekt auslösen. Spielhallen hätten

---

3 Eingehender Wulf, R., Obergfell-Fuchs, J., Kriminalprävention an Orten, In: Boers, K. et al. (Hrsg.), Festschrift für Hans-Jürgen Kerner zum 70. Geburtstag; Tübingen 2013, S. 531–544.

4 Daher auch das relativ „dünne“ Literaturverzeichnis am Ende.

5 Früher dazu Scharmer, E. (Hrsg.), Spielhallen in der Diskussion, Berlin 1988.

6 Feltes, T., Spielhallen, Holzkirchen 2011.

sich, so Feltes, aus verschiedenen Gründen zu wichtigen Treffpunkten für junge Menschen und damit zu einer neuen Subkultur herausgebildet.

Das Landgericht wies daher die Berufung der Beklagten am 4. April 2011 mit folgenden Leitsätzen zurück.[7]

1. Ob eine zweckbestimmungswidrige Nutzung von Räumen als Spielhalle (mit Internetcafe) mehr stört als eine der Zweckbestimmung entsprechende (Gaststätten-/Imbiss-) Nutzung, kann nur aufgrund einer typisierenden Betrachtung des konkreten Einzelfalls geklärt werden.
2. Bei der typisierenden Betrachtung des konkreten Einzelfalls ist der beabsichtigte zweckbestimmungswidrige Gebrauch nach seiner Art und Durchführung sowie den damit verbundenen Folgen (z. B. Besucherfrequenz, Art der Besucher, Begleitkriminalität) zu konkretisieren und auf die örtlichen Gegebenheiten (z. B. Umfeld, Charakter der Anlage und die prägenden Verhältnisse, Lage im Gebäude) und zeitlichen Verhältnisse (etwa Öffnungszeiten) zu beziehen.
3. Der Betrieb einer Spielhalle führt jedenfalls an „sensiblen Standorten" (wie allgemeines Wohngebiet mit Schule, Kindergarten, Kirche und Geschäften im näheren Umfeld) mit hoher Wahrscheinlichkeit zu einer intensiveren Kriminalitätsbelastung und zu einer Beeinträchtigung des Sicherheitsgefühls der Anwohner und stört daher regelmäßig mehr als der Betrieb einer Gaststätte oder eines Imbisses.

Die Entscheidung überzeugt im Ergebnis und in der Begründung nicht.[8]

3 Spielstättenboom

Richtig ist, dass bei Spielstätten in den letzten Jahren in Deutschland einen regelrechten Boom zu beobachten ist:[9]

- Die Zahl der Spielstättenstandorte stieg in Deutschland von 7.860 (2000) auf 8.295 (2010) Spielstätten und damit um 5,5 Prozent.
- Die Zahl der Konzessionen stieg im selben Zeitraum von 10.189 auf 12.240 und damit um 20,1 Prozent.

---

7 Az. 1 S 16861/09; vgl. juris; Besprechung von Hogenschurz, J., Neues zum Begriff des Nachteils in § 14 Nr. 1 WEG. ZMR 2011, S. 856–857.

8 S. u. am Ende.

9 Feltes, T., Spielhallen, Holzkirchen 2011, S. 8–11 m.w.N.

- Die Zahl der Geldspielgeräte in Spielhallen stieg in Bayern von 9.495 (2006) auf 15.416 Geräte (Zuwachs: 62,4 Prozent).
- Die Spieleraufwendungen erhöhten sich von 1.806 Mio. EURO (2006) auf 3.049 Mio. EURO (2010) (Zuwachs: 68,7 Prozent).

Bei allen Indikatoren sind kräftige Steigerungen festzustellen, am stärksten bei der Zahl der Geldspielgeräte und bei den Spieleraufwendungen.

Unter kriminologischen Gesichtspunkten muss man sich fragen, woher drei Milliarden Euro für Glücksspiel in Spielhallen kamen? War es redlich verdientes Geld, über das die Spieler verfügen konnten, ohne ihre finanziellen Pflichten zu vernachlässigen? Oder stammt es aus Straftaten, die zur Beschaffung von Geld für das Glücksspiel begangen wurden?

4 Kriminalität in und um Spielhallen

Die Münchener Richter haben sich von der Kriminalität in und um Spielhallen beeindrucken lassen. Die Fälle sind zum Teil spektakulär. Durch die Presse ging der so genannte Berliner Poker-Raub, bei dem mehrere junge Männer im März 2010 beim größten europäischen Pokerturnier in einem Nobelhotel am Potsdamer Platz unter Einsatz einer Machete und Schreckschusswaffen über 740.000 Euro erbeuteten; 500.000 Euro konnte ein Page den Tätern auf der Flucht entreißen.[10]

Der Polizeilichen Kriminalstatistik, in der die angezeigten und bekanntgewordenen Taten sowie die polizeilich ermittelten Tatverdächtigen dokumentiert sind, kann man entnehmen, dass im Jahr 2011 auf 1.165 Spielhallen Raubüberfälle verübt wurden. Das ist gegenüber dem Jahr 2004 (394 Überfälle) eine Steigerung um 295 Prozent. Auch wenn mit 31,9 Prozent ein hoher Prozentsatz der Taten im Versuchsstadium stecken blieb, wurde in knapp der Hälfte der Fälle (45,8 Prozent) mit einer Schusswaffe gedroht und in einigen Fällen sogar geschossen (1,5 Prozent). Interessant sind die hohen Prozentsätze junger Täter. 16,2 Prozent waren Jugendliche, also zwischen 14 und 18 Jahre alt, und 31,8 Prozent Heranwachsende zwischen 18 und 21 Jahre. Das deutet an, dass Spielhallen für junge Menschen eine besondere Anziehungskraft haben, auch bei der Begehung von schweren Delikten.

Danach haben sich die Zahlen für Raub in Spielhallen innerhalb von nur neun Jahren verdreifacht. Dass nach der PKS jede achte Spielhalle einmal im

10 Die Brutalität die Täter zeigt folgendes Video: www.youtube.com/watch?v=-wWy7S4y6kw.

Jahr überfallen wird, ist erschreckend. Aber: Kann man es den Spielhallen bei der Frage, ob andere Wohnungen im Wert fallen, anlasten, wenn die Spielhalle, die darin tätigen Mitarbeiter oder die Spieler selbst zum Opfer werden? Hier hat man wohl zu kurz gedacht.

Soweit die objektive Sicherheitslage. Wichtig ist im vorliegenden Zusammenhang aber auch, dass sich viele Menschen im Umfeld von Spielhallen unsicher fühlen. Auf der kognitiven Ebene denken sie, dass in und um Spielhallen die Kriminalität blüht. Sie fürchten sich und bekommen affektive Störungen. Manche entwickeln Schutz- und Vermeidungsverhalten, nehmen also bei einem Spielhallenbesuch eine Waffe mit oder meiden Spielhallen. Dies alles beeinflusst das Sicherheitsgefühl negativ.

5 Spielstätten und Sicherheit

Unter Sicherheitsgesichtspunkten muss man Spielstättenkonzepte unterscheiden.

Auf der einen - sicheren - Seite stehen Spielbanken und Spielcasinos,[11] auf der anderen - unsicheren - Seite Spielhallen, Gaststätten mit Spielgeräten und Internetcafés mit Spielgeräten. Spielbanken und Spielcasinos findet man auf gepflegtem Gelände, werden in herrschaftlichen Häusern betrieben, man denke an die Spielbank Baden-Baden, und sind luxuriös möbliert. Insgesamt ist baulich ein seriöses, gepflegtes Ambiente feststellbar. Auf der anderen Seite gibt es Spielhallen, Gaststätten mit Geldspielgeräten und Internetcafes an Milieutreffpunkten und sozialen Brennpunkten. Die Häuser sind heruntergekommen, das Mobiliar schäbig. Insgesamt sind räumlich Verwahrlosungserscheinungen zu beobachten.

Personen, die Spielbanken und Spielcasinos besuchen, tragen gepflegte Kleidung und Schmuck. Es sind meist Erwachsene, auch höheren Alters, die auf Etikette achten und sich nur in gepflegter Atmosphäre wohlfühlen. Anders die Spielhallen: Hier dominieren junge Menschen und dissoziale Personen.

Im Spielbankenbereich ist viel Sicherheitstechnik festzustellen, im Spielhallenbereich dagegen nicht, weshalb sie auch öfter Raubüberfällen ausgesetzt sind.

11 Aus der Zeit als früherer Staatsanwalt kann der Verfasser ein Gegenbeispiel anführen: Beschuldigter war ein Serieneinbrecher, der regelmäßig eine baden-württembergische Spielbank aufsuchte. Wenn ihm dort das Geld ausging, holte er aus seinem PKW eine „Nuss" (mit der man Türschlösser aufhebeln kann) und verübte im Umfeld der Spielbank Wohnungsaufbrüche, bei denen es ihm nur auf Bargeld ankam. Dieses Geld setzte er dann noch in derselben Nacht in der Spielbank ein.

Ein administrativer Sicherheitsfaktor in Spielbanken ist Eintritt gegen Geld und höhere Einsätze, die sich nicht jeder leisten kann. Spielhallen verlangen keinen Eintritt und locken minderbemittelte Personen mit geringen Einsätzen an die Spielgeräte.

Unter sozialen Gesichtspunkten ist in Spielbanken eine gehobene Schicht der Spieler festzustellen, ganz im Gegensatz zum Spielhallensektor. Spielbanken beteiligen sich auch an Sozialkonzepten gegenüber Spielsüchtigen, was Spielhallen regelmäßig nicht tun. So arbeitet die Spielbank Stuttgart mit der Evangelischen Gesellschaft in Stuttgart zusammen und nutzt deren Kompetenz für betroffene Spieler.

Insgesamt ist festzustellen, das Spielbanken und Spielcasinos ein „sauberes Image" anstreben, denn nur so kommen sie an ihre gehobene Zielgruppe heran. Spielhallen, Gaststätten mit Geldspielgeräten und Internetcafes zielen auf eine Kundschaft unter jungen Menschen und nehmen auch dissoziale Personen in Kauf.

6 Formen urbanen Verfalls

Die Erscheinungsformen von Verfall in Städten sind im vorliegenden Zusammenhang relevant, weil die Ansiedlung von Spielhallen in den größeren Sachzusammenhang des urbanen Verfalls gehört. Zur Identifizierung von Brennpunkten der Kriminalität braucht man Kriterien bzw. Indikatoren. Das können sein:

- Straftaten im Hell- und Dunkelfeld aus der Polizeilichen Kriminalstatistik und aus Opferbefragungen (victimization surveys),
- Arbeitslosenquote,
- Preisverfall bei Immobilien,
- sinkende Mieten mit Wegzug langjähriger Bewohnern,
- Ghettoisierung ausländischer Bevölkerung,
- Leerstand von Wohnungen, Restaurants und Geschäften,
- Ansiedlung von Billigläden statt Fachgeschäften (Trading-down-Effekt oder auch Downgrading-Effekt genannt),
- Verwahrlosungserscheinungen/Signs of incivility/Incivilities,
- eine soziale Abwärtsspirale mit Bildung von Rotlichtmilieu oder anderen Milieus.

Der Begriff „Milieu" erfasst in der Soziologie Menschen, die sich in Lebensweise und Lebensauffassung ähneln, verwandte Grundorientierungen, Werteprioritäten und Lebensstile haben und sich in einer ähnlichen sozialen Lage befinden. Dazu gehört auch der Ort, an dem ein Mensch oder eine Gruppe lebt. „Milieu" ist von „Schicht" abzugrenzen. Raumbezug hat Schicht nur insoweit, als sie sich in Wohnverhältnissen widerspiegelt.

In der Soziologie hat man – unterschieden nach sozialer Lage und Grundorientierung – bestimmte Milieus identifiziert. Die Sinus-Milieus® verbinden demografische Eigenschaften wie Bildung, Beruf oder Einkommen mit den realen Lebenswelten der Menschen, d.h. mit ihrer Alltagswelt, ihren unterschiedlichen Lebensauffassungen und Lebensweisen. Im Einzelnen gibt es konservativ-etabliertes Milieu, liberal-intellektuelles Milieu, Milieu der Performer, expeditives Milieu, bürgerliche Mitte, adaptiv-pragmatisches Milieu, sozialökologisches Milieu, traditionelles Milieu, prekäres Milieu und hedonistisches Milieu.[12] Diese Sinus-Milieus sind Schichtmodellen wissenschaftlich überlegen. Da sie kaum Raumbezug haben, geben Letztere für Kriminalprävention an Orten wenig her.

Lebensstil und Milieu hängen zusammen. Das gilt auch und vor allem für Milieus, in denen Straffällige leben: Drogenmilieu, das Milieu der Spielsüchtigen, Rotlichtmilieu, das Milieu der Wohnungslosen, der Rocker, Punks oder anderer Randgruppen. Diese Milieus haben Raumbezug. Wer sich einem Milieu zugehörig fühlt, findet es in jeder Stadt schnell. In der MIVEA gilt die Affinität zum Milieu als kriminovalentes Faktum bzw. als Relevanzbezug.[13] Eine milieuorientierte Kriminalprävention wurde soweit ersichtlich wissenschaftlich noch nicht diskutiert, ist aber reizvoll. Ansätze hierzu wurden in der Hochphase der Kommunalen Kriminalprävention Mitte der 1990er Jahre diskutiert, allerdings auf der Basis der „Zero Tolerance"-Strategien und der damit verbundenen Ausgrenzung und Marginalisierung von „unerwünschten" Milieus.[14]

„Incivilities" können zu Kriminalitätsfurcht mit kognitiven Verzerrungen, affektiven Störungen und Vermeidungs- bzw. Schutzverhalten bei den Bürgern führen und sollten daher behoben werden. Soweit bedrohlich wirkende Personen, etwa Drogenabhängige, als „Incivilities" angesehen werden, ergibt sich freilich ein ethisches Problem. Man darf sie nicht wie sächliche Verwahrlosungserscheinungen behandeln. Manches muss man in einer Kommune oder einem sonstigen Ort aushalten; man darf solche Menschen nicht kriminalisieren oder exkludieren. Verfall einer Kommune kann aber auch dazu führen, dass andere

---

12 www.sinus-institut.de/loesungen/sinus-milieus.html; Aufruf 09.12.2012.

13 Göppinger H., Angewandte Kriminologie, Berlin 1985.

14 Kritisch Hess, H. (1996), New York zieht die Lehren aus den zerbrochenen Fensterscheiben. Kriminologisches Journal, S. 179–190; für Baden-Württemberg Hetger, E. (1997), „New Yorker Linie" – Exempel für Baden-Württemberg, in: Dreher G.; Feltes T. (Hrsg.). Das Modell New York: Kriminalprävention durch „Zero Tolerance"? Holzkirchen S. 176–184.

Gruppen die Kommune entdecken und eine neue – alternative – Kultur aufbauen, die zu einem Aufschwung des verfallenden Raumes führt.

Ob Verwahrlosungserscheinungen in Städten tatsächlich zu mehr Kriminalität führt, ist noch nicht nachgewiesen. Ein interessanter Versuch deutet aber in diese Richtung: In einen Briefkasten der Post legten Forscher gut sichtbar einen Brief. Im Adressfeld sah man, dass der Brief fünf EURO enthielt. Bei einem Briefkasten in neutraler Umgebung nahmen 13 Prozent der Passanten den Brief weg. War der Briefkasten hingegen voll Graffiti, oder lag Müll um den Briefkasten herum, stahlen ihn 27 bzw. 25 Prozent der Passanten.[15]

Besondere Formen urbanen Verfalls sind soziale Brennpunkte. Es sind Wohngebiete, in denen Faktoren, die die Lebensbedingungen ihrer Bewohner negativ bestimmen, gehäuft auftreten. „Hot Spots" sind eng umgrenzte Räume, in denen es verstärkt soziale Probleme gibt, etwa auch sozial abweichendes Verhalten wie Kriminalität. In der Kriminalprävention interessiert die Frage, ob die Auflösung von „hot spots" und Milieutreffpunkten wirksam ist oder ob sich das Problem dann nur auf andere Orte verlagert. Die „hot-spot-Forschung" hat nachgewiesen, dass potenzielle Täter bei vermehrter Polizeipräsenz oder Überwachungskameras nicht einfach in andere Stadtteile ausweichen.[16] Also: Wenn in einer bestimmten Straße einer Stadt ein Delikt nicht begangen wird, dann wird es nicht in einer anderen Straße begangen, dann ist das ein Delikt in dieser Stadt weniger.

7 Furchträume

In der Viktimologie (Wissenschaft vom Verbrechensopfer), einem Teilgebiet der Kriminologie, befasst man sich mit Furchträumen, also Orten im weiteren und im engeren Sinne, an denen sich Menschen fürchten, Opfer strafbarer Handlungen zu werden. Im engeren Sinne sind dies einzelne Straßen, Plätze, Parks oder Gebäude, im weiteren Sinne sind dies Kommunen oder Stadtteile.

Kriminalitäts- oder Verbrechensfurcht wird bei den Betreffenden auf drei Ebenen erlebt. Auf der kognitiven Ebene geht es um die selbst eingeschätzte Wahrscheinlichkeit, an einem bestimmten Ort Opfer einer Straftat zu werden. Die affektive Ebene betrifft psychophysische Reaktionen wie Schwitzen, erhöhter Herz- oder Pulsschlag, Zittern, Schwindelanfälle. Auf der konativen Ebene kann der Betreffende Schutz- oder Vermeidungsmaßnahmen ergreifen, sei es,

---

15 Keizer, K.; Lindenberg, S.; Steg, L. (2008), The spraying of disorder; Science S. 1681–1685; zitiert nach Spitzer, M. (2013) Gehirnforschung für Richter. DRiZ S. 92–95.

16 Sherman, L.W. et al. (1997), Preventing crime: what works, what does'nt, what's promising. Washington, D.C.

dass er z. B. beim Aufenthalt in einer Spielhalle Pfefferspray bei sich trägt oder diese meidet.

Kriminalitätsfurcht kann man derzeit nur über Befragungen erheben. In Zukunft könnte es möglich werden, affektive Furchtreaktionen an Furchtorten auch über GIS-gestützte Geräte zu messen und zu kartieren. Das wären neue, forschungs-ethisch aber nicht unproblematische Möglichkeiten.

Kriminalitätsfurcht ist geschlechts- und altersabhängig. Frauen weisen eine größere Verbrechensfurcht auf als Männer, ältere Menschen eine größere als Jüngere. Je höher die Bildung desto geringer die Verbrechensfurcht. Allgemein furchtsame Charaktere weisen eine höhere Verbrechensfurcht auf als weniger ängstliche. Tatsächliche Gefährdung und Sicherheitsgefühl müssen nicht übereinstimmen. Junge Männer fühlen sich sicher, obwohl sie ein erhöhtes Viktimisierungsrisiko aufweisen; ein Phänomen, das auch als Kriminalitäts-Furcht-Paradox bekannt geworden ist. Naheliegend ist, dass frühere Opfer in erhöhtem Maße unter Kriminalitätsfurcht leiden, wobei die persönliche Vulnerabilität eine wichtige Rolle spielt. Kleinräumig fühlt man sich in der eigenen Wohngegend am sichersten; Unsicherheit wird entfernt liegenden Orten zugeschrieben.

Die Auswirkungen von Verbrechensfurcht gehen über Schutz- und Vermeidungsverhalten hinaus. Sie beeinträchtigt die Lebensqualität und wird durch die örtliche staatliche Sicherung des individuellen Wohlergehens beeinflusst. Darüber hinaus kann sich Verbrechensfurcht auf die Bestrafungsmentalität/Punitivität, Steuerehrlichkeit und Verhalten bei Wahlen auswirken.

8 Messung urbanen Verfalls

Urbaner Verfall ist ein Thema, das uns in Zukunft immer stärker beschäftigen wird, weil die wirtschaftliche Lage voraussichtlich schlechter werden wird. Man kann urbanen Verfall sozialwissenschaftlich erfassen:

- Teilnehmende Beobachtung,
- Befragungen der Anwohner,
- Experteninterviews und
- Auswertung einschlägiger Statistiken.

Bei Befragungen ist methodisch bedeutsam, dass Email-Befragungen regelmäßig zu höheren Zahlen führen als persönliche oder telefonische Befragungen.

Eine neue, in der deutschen Kriminologie noch wenig eingesetzte Methode sind komplexe Softwareprogramme, mit denen nicht nur digitale Karten zu verschiedensten Themenbereichen dargestellt werden können, sondern durch analytische Verknüpfung auch neue, bisher unbekannte Informationen generiert und raumwirksame Prozesse modellieren.[17] 80 Prozent aller digitalen Daten besitzen Ortsbezug, so dass die Einsatzgebiete von geographischen Informationssystemen (GIS) vielfältig sind. Zu kriminologisch-kriminalistischen Zwecken können auf einem Stadtplan oder auf einer Landkarte geographische Informationen und kriminologische Daten zu Tätern, Taten, Opfern verknüpft werden. Gerade in der Kriminalprävention, bei der Orte/Räume eine Rolle spielen, kann GIS hilfreich sein:

- Kartierung von Tatorten,
- Kartierung von Furchtorten,
- Kartierung von Verfallserscheinungen an Orten.

So kann man vergleichen, ob Tatorte, Furchtorte und Verfallserscheinungen zusammenfallen oder nicht.

9 Kommunale Kriminalprävention gegen urbanen Verfall

Ein Konzept gegen urbanen Verfall könnte die kommunale Kriminalprävention sein. Sie geht davon aus, dass Kriminalität meist im unmittelbaren Aktionskreis des Täters verübt wird. Außerdem wird die Ansicht vertreten, dass Kriminalität vor Ort und in Verantwortung der Kommune vorgebeugt werden soll. An Sicherheitsmaßnahmen kommen personale, bauliche, technische, administrative und soziale Maßnahmen in Betracht.

Bezogen auf Kriminalität in und um Spielhallen wären Programme gefragt, die jungen Menschen Alternativen zu einer strukturierten Freizeitgestaltung eröffnen. Es müsste sich um niedrigschwellige attraktive Maßnahmen handeln und müssen auf junge Männer mit Migrationshintergrund zugeschnitten sein. Sportliche Maßnahmen und solche, in denen die jungen Männer ihren Drang nach riskantem Verhalten legal ausleben können, wären angesagt.

10 Kriminalprävention durch Umweltgestaltung

Für die Prävention von Kriminalität an und in Spielhallen ist es Erfolg versprechend, wenn es kriminologisch fundierte Präventionskonzepte gibt, die räumlich orientiert und erfahrungswissenschaftlich abgesichert sind. Der am besten durchdachte Ansatz, der sich mit einer raumbezogenen Kriminalprävention

17 Zum Geoinformationszentrum des Geographischen Instituts der Universität Tübingen www.geo.uni-tuebingen.de/arbeitsgruppen/geographie/forschungsbereich-geographie/gis-zentrum/gis-zentrum.html, Aufruf: 14.03.2013.

befasst, ist der in Europa kaum verwirklichte Ansatz der Kriminalprävention durch Umweltgestaltung: Crime Prevention Through Environmental Design.[18] CPTED basiert auf der Idee, dass die richtige Gestaltung und effektive Nutzung der gestalteten Umwelt zu einer Reduktion der tatsächlich verübten Kriminalität und der Verbrechensfurcht sowie eine Verbesserung der Lebensqualität führen. CPTED ist eine übergreifende Strategie und enthält folgende Elemente:

- Beobachtung: informell, natürlich, mechanisch;
- Zugangskontrolle: informell, Sicherheitspersonal, mechanisch;
- Erschwerung der Zielerreichung;
- Pflege/Wartung: keine Duldung von "signs of incivility";
- Unterstützung von (gewünschten) Aktivitäten;
- Territorialität: Aneignung, Nutzung und Kontrolle von Räumen bzw. Flächen.

Die Strategie wurzelt in den kriminalökologischen Theorien der Chicago-School und ist damit – wenn auch nicht unbestritten – im Grunde kriminaltheoretisch begründet. Es gibt Leitlinien und eine Internationale CPTED-Gesellschaft, die sich um die Verbreitung des Konzepts bemüht.

11 Spielstätten und Kriminalprävention

Unter kriminalpräventiven Gesichtspunkten muss man sich um Spielbanken und Spielcasinos wenig Sorgen machen.

Problematisch sind Spielhallen, Gaststätten und Internetcafés mit Spielgeräten. Hier zielen die Glückspielveranstalter auf eine bestimmte Zielgruppe von Personen, die selbst sozial auffällig sind und in urbanen Verfall einbezogen sind. Würde die Glücksspielindustrie bauliche, technische, personale, administrative und soziale Präventionsmaßnahmen durchführen und wie in Spielbanken und Spielcasinos ein sauberes Image anstreben, würde sie diese Zielgruppe und viel Geld verlieren, auch „schmutziges Geld". Es wäre blauäugig, darauf zu hoffen. Daher erfolgen hier keine Vorschläge für solche „Selbstheilungsmaßnahmen".

Es bleiben Maßnahmen von außen. Eine solche Maßnahme wäre die Vorgabe von bestimmten Abständen zwischen Spielhallen. Nach dem Berliner Spielhallengesetz soll der Abstand zwischen zwei Spielhallen 500 m betragen. Eine andere administrative Vorgabe ist die Zahl der zugelassenen Spielgeräte, nach dem Berliner Spielhallengesetz beispielsweise ein Gerät pro 12 m^2 " und nicht mehr als acht Geräte in einer Spielhalle.

18 Eisenhardt, T. (2012), Kriminalgeographie, S. 202.

Diese Einzelmaßnahmen reichen meist nicht aus, zumal solche Spielstätten oft Teil eines größer angelegten urbanen Verfalls sind. Hier helfen nur umfassende städteplanerische Maßnahmen. Im Jahr 1999 haben Bund und Länder das Städtebauförderungsprogramm „Stadtteile mit besonderem Entwicklungsbedarf – Soziale Stadt“ aufgelegt, mit dem die Lebensbedingungen in benachteiligten Stadtteilen umfassend verbessert werden sollen.[19] Gesetzliche Grundlage ist § 171e Baugesetzbuch. Im Vordergrund stehen städtebauliche Maßnahmen im Wohnumfeld, in der Infrastruktur und zur Qualität des Wohnens. Gerade in benachteiligten Stadtteilen ist es wichtig, für mehr Generationengerechtigkeit und Familienfreundlichkeit zu sorgen, um den gesellschaftlichen Zusammenhalt und die Integration aller Bevölkerungsgruppen zu verbessern. Die Probleme benachteiligter Stadtteile sind oft sehr komplex. Einer drohenden „Abwärtsspirale“ kann nur entgegengewirkt werden, wenn auf der Basis integrierter Entwicklungskonzepte die Ressourcen im Stadt- oder Ortsteil gebündelt werden und fachübergreifende Kooperationen entstehen und gelebt werden.

12 Fazit

Was Spielhallen, Gaststätten und Intetcafés mit Spielgeräten betrifft, reichen isolierte Betrachtungen und einzelne Maßnahmen nicht aus. Man kommt nur bei einer ganzheitlichen Analyse urbanen Verfalls weiter. Deswegen ist es auch im Ergebnis nicht überzeugend, wenn die zitierte Münchener Gerichtsentscheidung die Kausalität zwischen Ansiedlung der Spielstätte und Wertverlust bejaht und eine (eventuelle) Wertminderung der Immobilie allein der Spielstätte anlastet.[20]

Auf einem anderen Blatt steht, dass die Glücksspielindustrie bei Spielhallen, Internetcafés und Gaststätten mit Spielgeräten eine besondere Verantwortung für das Wohl junger Menschen und von Personen mit dissozialem Verhalten hat, der sie in Zukunft gerecht werden sollte. Der wiederholte Hinweis, man erfülle das Bedürfnis von (jungen) Menschen nach Risiko und Spiel, reicht nicht aus. Unter Umständen müssen die baurechtlichen und polizeirechtlichen Voraussetzungen für den Betrieb von Spielhallen, Gaststätten und Internetcafés mit Spielgeräten strenger angewendet oder verschärft werden.

---

19 www.staedtebaufoerderung.info/StBauF/DE/SozialeStadt/soziale__stadt__node.html.

20 Zutreffend LG Karlsruhe (11 S 200/09), Beschluss vom 20.09.2010, ZWE 2011, S. 99 (aber mit anderem Sachverhalt).

Literaturverzeichnis

Eisenhardt, T. (2012): Kriminalgeographie. Theoretische Konzepte und empirische Ergebnisse. Frankfurt/M. et al.: Lang.

Feltes, T. (2011): Spielhallen. Kriminologische Risiken und Nebenwirkungen eines expandierenden Gewerbes, Holzkirchen: Felix-Verlag.

Göppinger, H. (1985): Angewandte Kriminologie. Ein Leitfaden für die Praxis. Berlin: Springer.

Hess, H. (1996): New York zieht die Lehren aus den zerbrochenen Fensterscheiben. Kriminologisches Journal S. 179–190.

Hetger, E. (1997): „New Yorker Linie" – Exempel für Baden-Württemberg. In: Dreher G.; Feltes T. (Hrsg.). Das Modell New York: Kriminalprävention durch „Zero Tolerance"? Holzkirchen: Felix-Verlag, S. 176–184.

Hogenschurz, J. (2011): Neues zum Begriff des Nachteils in § 14 Nr. 1 WEG. Erhöhung der Kriminalitätsgefahr durch Spielhallen im Teileigentum? ZMR, S. 856–857.

Keizer, K.; Lindenberg, S.; Steg, L. (2008): The spraying of disorder; Science, S. 1681–1685.

Scharmer, E. (Hrsg.) (1988): Spielhallen in der Diskussion. Seminarbeitrag zu einem kommunalem Problem; Berlin: Deutsches Institut für Urbanistik.

Sherman, L.W.; Gottfredson, D.; MacKenzie, D.; Eck, J.; Reuter, P.; Bushway, S. (1997): Preventing crime: what works, what doesn't, what's promising. Washington, D.C.: U.S. Department of Justice.

Wulf, R.; Obergfell-Fuchs, J. (2013): Kriminalprävention an Orten; In: Boers, K.; Kinzig, J.; Streng, F.; Sherman, L.; Trüg, G. (Hrsg.): Festschrift für Hans-Jürgen Kerner zum 70. Geburtstag am 8.12.2013; Tübingen: Mohr, S. 531–544.

Dietmar Barth[1]

Der deutsche Glücksspiel- und Wettmarkt: Staatliche Einnahmen aus Steuern und Abgaben und deren Verwendung

1 Einleitung

Diese Studie beschäftigt sich mit den staatlichen Einnahmen aus Glücksspielen und Wetten. In Deutschland nimmt der Staat in diesem Bereich jährlich rund fünf Milliarden Euro durch Steuern und Abgaben ein. Geht man von einem jährlichen Marktvolumen (gemessen am Bruttospielertrag) von rund neun Milliarden Euro aus, dann liegt die Steuer- und Abgabenquote in diesem Sektor zwischen 50 und 60 Prozent. An dieser sehr hohen Rate erkennt man, dass die Veranstaltung von Glücksspielen und Wetten zu den Wirtschaftssektoren zählt, die eine überdurchschnittlich hohe Abgabenlast zu tragen haben.

Die nachstehende Untersuchung ist wie folgt gegliedert. Der nächste Abschnitt gibt einen kurzen Einblick in die Wirtschaftstheorie und stellt den ökonomischen Ansatz vor, mit dem sich die hohe Besteuerung von Glücksspielen und Wetten aus Sicht der Wissenschaft erklären lässt. Anschließend erfolgt im dritten Abschnitt ein Überblick des regulierten deutschen Glücksspiel- und Wettmarkts. Dabei werden einerseits die rechtlichen Grundlagen, die Veranstalter, die Marktform, der Vertrieb sowie das Marktvolumen der einzelnen regulierten Spiel- und Wettformen vorgestellt und anderseits auch ein Hinweis auf das Ausmaß des nicht regulierten Markts gegeben.

Der vierte Abschnitt widmet sich den staatlichen Einnahmen und deren Verwendung. Dieser Teil gibt einen detaillierten Einblick über die verschiedenen Formen von Steuern und Abgaben, welche die einzelnen Glücksspiel- und Wettformen unterliegen. Dabei wird vor allem auf die rechtliche Bestimmungen, die Höhe und Bemessungsgrundlage sowie die Empfänger und Verwendung eingegangen. Darüber hinaus erfolgt auch ein kurzer Blick auf die Steuermodelle in anderen europäischen Ländern.

Es sei noch angemerkt, dass diese Studie sowohl aktuelle Erhebungen aus dem Jahr 2012 als auch vergangene Zahlen seit dem Jahr 2001 beinhaltet. Dadurch ist

1 Dr. Dietmar Barth war acht Jahre Mitarbeiter an der Universität Hohenheim und ist seit Dezember 2013 im Hessischen Ministerium des Innern und für Sport beschäftigt.

es möglich, einen Eindruck vom Ausmaß sowie der Entwicklung der staatlichen Einnahmen in diesem Sektor zu geben. Ebenso sei noch darauf hingewiesen, dass sich diese Studie lediglich mit ökonomischen Angelegenheiten beschäftigt. Hingegen wird auf die Darstellung der verschiedenen rechtlichen Vorschriften und Regulierungsansätze nicht eingegangen und auf andere Arbeiten verweisen.[2]

2 Ökonomische Grundlagen

Der Reiz von Glücksspielen begründet sich in erster Linie in der Aussicht auf Geldgewinne und der Ungewissheit in Bezug auf die Spielausgänge. Für die Mehrheit aller Spielteilnehmer bedeuten Glücksspiele eine besondere Form der Abwechslung, kurzweilige Unterhaltung und intensiv erlebte Spannung. Problemlos in die eigene Lebensgestaltung integriert überwiegt der mit dem Glücksspiel verbundene Nutzeneffekt. Da die Teilnahme an Glücksspielen eine Risikoverhaltensweise verkörpert, die eine gezielte Manipulation der eigenen Befindlichkeit ermöglicht, findet sich eine keineswegs unbedeutende Anzahl von Spielern, deren exzessives Spielverhalten sich verselbstständigt, in erheblichen Beeinträchtigungen des psychischen wie physischen Wohlbefindens mündet und beratungs- bzw. behandlungsbedürftige Züge annimmt.[3]

Das bedeutet, dass die Teilnahme an Glücksspielen zu Sucht oder Suchtverhalten führen kann. Die Gefahr, die von Glücksspielen ausgehen kann, reicht vom problematischen Spielverhalten bis hin zum pathologischen Spielverhalten.[4] In Deutschland erkennt der Gesetzgeber die Besonderheit von Glücksspielen insofern an, als dass Glücksspiele nach § 284 StGB nur unter staatlicher Aufsicht und Kontrolle veranstaltet werden dürfen.[5] Die staatliche Regulierung von Glücksspielen lässt sich deshalb begründen, weil von diesen Gütern eine besondere Suchtgefahr und die damit verbundenen sozialschädlichen Folgen wie Betrugs- und andere Strafdelikte ausgehen können. Aus ökonomischer Sicht spricht man dabei auch von sogenannten **negativen externen Effekten**, die beim Konsum solcher Güter vom Einzelnen auf andere auftreten, ohne dass diese Auswirkungen über einen Markt (Preise) abgegolten werden.[6]

Die Existenz von externen Effekten führt dazu, dass auf diesen Markt nicht die effiziente Menge des Gutes gehandelt wird (Fehlallokation). Der Marktpreis

---

2 Vgl. Becker, T. (2011), Barth, D. (2013/1).

3 Vgl. Meyer, G./Hayer, T. (2005), S. 10.

4 Beide Definitionen finden sich in Meyer, G./Hayer, T. (2010), Seite 1 f.

5 Vgl. Meyer, G./Hayer, T. (2005), S. 10.

6 Vgl. Brunner, J.K.(2002), Kapitel VI/5.

berücksichtigt in diesem Fall nur die (privaten) Kosten in der Produktion des Gutes und nicht die (sozialen) Kosten des externen Effekts. Aus diesem Grund ist der Marktpreis zu gering und dadurch die gehandelte Menge zu hoch. Eine solche Ineffizienz ist in der ökonomischen Theorie als ein **allokatives Marktversagen** bekannt und rechtfertigt einen staatlichen Eingriff. In diesem Fall kommt der Staat seiner Allokationsfunktion nach.[7] Eine Möglichkeit für den Staat, eine effiziente Allokation zu erreichen, besteht darin, das Gut so zu besteuern, dass durch den Preisanstieg die Nachfrage auf das Ausmaß der effizienten Menge sinkt. Gleichzeitig hat sich dadurch die Höhe des externen Effekts verringert und entspricht nebenbei auch den staatlichen Einnahmen der Besteuerung. Es sei noch erwähnt, dass der staatliche Eingriff aufgrund eines negativen externen Effekts mittels Besteuerung nur ein allokatives Ziel hat und keine fiskalische Zwecke erfüllen soll.

Selbstverständlich handelt es sich bei diesem Ansatz um eine Betrachtungsweise aus der ökonomischen Theorie und lässt sich hauptsächlich als wissenschaftliches Modell begreifen. Allerdings lässt sich daraus sehr wohl die Grundidee der hohen Besteuerung von Glücksspielen und Wetten herleiten. Auf die Frage, ob die zuvor erwähnte hohe Besteuerung von mehr als 50 Prozent nicht nur ordnungspolitische Zwecke erfüllt, sondern vielmehr auch fiskalische Bedeutung hat, wird aber in dieser Studien nicht eingegangen. An dieser Stelle ist zu bemerken, dass der Gesetzgeber bei der Regulierung von Glücksspielen und Wetten zwar ausschließlich an der Suchtprävention ausrichten darf, jedoch entsteht oft der Eindruck, dass das Vorgehen eher von fiskalischen Interessen geleitet wird.

3 Der Markt für regulierte Glücksspiele und Wetten in Deutschland

Der deutsche Markt für Glücksspiele und Wetten umfasst folgende Segmente: die Casinospiele (Roulette, Kartenspiele) und Glücksspielautomaten in Spielbanken, die Geldgewinnspielgeräte (GGSG) in gewerblichen Spielhallen und Gaststätten, die staatlichen Lotterien und Sportwetten des Deutschen Lotto-Toto-Blocks (DLTB), die Klassen- und Fernsehlotterien, die Lotterien des Gewinn- und PS-Sparens der Volks- und Raiffeisenbanken und Sparkassen sowie die Pferdewetten von Totalisatoren (Galopp- und Trabrennen, Pari Mutuel Urbain – PMU) und der konzessionierten Buchmacher. Seit 2012 kommen zum regulierten Markt noch zwei weitere Bereiche hinzu. Dazu zählen seit Februar

7 Vgl. Brunner, J.K.(2002), Kapitel V/14.

2012 die Erlaubnisse für Sportwetten und Online-Casinospiele von Schleswig-Holstein sowie die seit Juli 2012 zu vergebenen und bundesweit gültigen zwanzig Konzessionen für Sportwetten (E-15 Lizenzen). In den folgenden Abschnitten werden die einzelnen Segmente kurz anhand des Angebots, der rechtlichen Grundlage, der Vertriebswege sowie der Marktform beschrieben.

3.1 Casinospiele in Spielbanken

Eine Spielbank bietet Casinospiele an. Darunter fallen Tischspiele und Glücksspielautomaten, wobei man diese auch als Großes und Kleines Spiel bezeichnet. Zu den Tischspielen zählen Roulette, Würfel- und die Kartenspiele, z. B. Black Jack, Poker, Baccara usw. Das Kleine Spiel besteht ausschließlich aus den Glücksspielautomaten (Automatensäle). In den meisten Spielbanken werden sowohl das Große als auch das Kleine Spiel angeboten, wobei die beiden Bereiche meist räumlich voneinander getrennt sind. Darüber hinaus gibt es auch Spielbanken, die ausschließlich das Kleine Spiel (so genannte Automatendependancen) anbieten.

Das Spielbankwesen gehört zum Recht der öffentlichen Sicherheit und Ordnung (Polizeirecht). Dieses fällt nach der Kompetenzordnung des Grundgesetzes gemäß Art. 70 Abs. 1 GG in die ausschließliche Zuständigkeit der Länder.[8] Die rechtliche Grundlage bilden die Spielbanken- bzw. Glücksspielgesetze der Länder sowie der Erste Staatsvertrag zur Änderung des Staatsvertrages zum Glücksspielwesen in Deutschland (Erster Glückspieländerungsstaatsvertrag – Erster GlüÄndStV). In Deutschland existierten im Jahr 2012 bundesweit 21 staatliche oder private Spielbankgesellschaften, die insgesamt 76 stationäre Spielbanken (davon 28 reine Automatendependancen) betreiben.[9] Hingegen ist das Angebot von Online-Casinospielen, mit Ausnahme von Schleswig-Holstein, bundesweit verboten.[10] Jedes Bundesland kann die Rechtsform und Anzahl der Betreiber sowie die Zahl der Standorte selbst bestimmen. Dadurch ist der Markt für Spielbanken, je nach Bundesland, als staatliches oder privates Mono- oder Oligopol organisiert.

3.2 Geldgewinnspielgeräte in Spielhallen und Gaststätten

Geldgewinnspielgeräte (GGSG) in Spielhallen und Gaststätten unterscheiden sich sowohl vom technischen Stand als auch von der rechtlichen Grundlage von

8 Vgl. Kreutz, D. (2005), Seite 62.
9 Die Spielbanken Sachsen-Anhalt GmbH befand sich dem Jahr 2012 in einem Insolvenzverfahren.
10 Vgl. § 4 Abs. 4 Erster GlüÄndStV.

den Glücksspielautomaten in Spielbanken. Dieser Bereich wird in erster Linie vom Gewerberecht geregelt und gehört deshalb in die Zuständigkeit des Bundes. Die gesetzliche Grundlage bilden die Gewerbeordnung (GewO) und Spielverordnung (SpielV) und seit Juli 2012 auch der Erste GlüÄndStV. Das Angebot erfolgt durch private Unternehmen. Geldgewinnspielgeräte sind vom rechtlichen Standpunkt her kein Glücksspiele, sondern werden als gewerbliche Güter behandelt, bei denen die Unterhaltung und nicht die Gewinnmöglichkeit im Vordergrund steht. Im Jahr 2012 gab es rund 265.000 GGSG, von denen 195.000 in ca. 9.000 gewerblichen Spielhallen und weitere 70.000 in 60.000–70.000 Gaststätten[11] (Bars, Imbissbuden) aufgestellt waren.[12] Die Marktform kommt in diesem Segment einem freien Wettbewerb von privaten Unternehmen gleich.

3.3 Lotterien und Ausspielungen

Der Markt für Lotterien und Ausspielungen umfasst hauptsächlich die Lotterien des Deutschen Lotto-Toto-Blocks (DLTB), die Klassen- und Fernsehlotterien sowie die Lotterien des Gewinn- und PS-Sparens. Darüber hinaus existieren noch weitere lokale Ausspielungen, Tombolas, gemeinnützige Lotterien usw. Diese Glücksspiele haben aber eine geringe ökonomische Bedeutung für den deutschen Glücksspielmarkt und sind nicht Bestandteil dieser Arbeit. Lotterien und Ausspielungen fallen in den Zuständigkeitsbereich der Länder und unterliegen den Zielen und Vorschriften des Ersten GlüÄndStV.

3.3.1 Staatliche Lotterien und Sportwetten des DLTB

Der DLTB umfasst die staatlichen Lotterien und Sportwetten der 16 Landeslotteriegesellschaften. Diese setzen sich aus der Zahlenlotterie 6 aus 49, dem Fußballtoto, der Sportwette Oddset, den Zusatzlotterien Spiel 77 und Super 6, der Soziallotterie Glücksspirale, den Losbrieflotterien, der Umweltlotterie Bingo, Keno und Plus 5 und seit dem Jahr 2012 auch der europaübergreifenden Lotterie Eurojackpot (EuroMillionen) zusammen. Die Regulierung der Glücksspiele des DLTB richtet sich nach den gesetzlichen Bestimmungen des Ersten GlüÄndStV sowie den 16 Landesglücksspiel- und Ausführungsgesetzen. Diesbezüglich haben die Länder beschlossen, die Veranstaltung der Lotterien durch eigene Landeslotteriegesellschaften durchzuführen, bei denen das jeweilige Bundesland mehrheitlich beteiligt ist. Aus diesem Grund entspricht diese Marktform 16

---

11 Vgl. VDAI (2009), Übersicht 9.
12 Vgl. VDAI (2013).

regionalen staatlichen Monopolen. Im Bereich Sportwetten wurde das bisherige Monopol des DLTB seit Juli 2012 durch ein Konzessionsmodell abgelöst. Dieses sieht im Zuge eines Konzessionsverfahrens vor, zwanzig Erlaubnisse für das Veranstalten und Vermitteln von Sportwetten zu vergeben (vgl. Abschnitt 3.5). Der Vertrieb der Lotterien des DLTB erfolgt bundesweit über rund 23.000 stationäre Annahmestellen, wobei Lotterien seit Juli 2012 unter bestimmten Vorrausetzungen auch wieder über das Internet gespielt werden dürfen.[13]

3.3.2 Klassenlotterien

Die staatlichen Klassenlotterien sind bundesweit in zwei Gebiete aufgeteilt und werden von zwei Lotterieunternehmen veranstaltet. Es handelt sich dabei um die Nordwestdeutsche (NKL) sowie Süddeutsche Klassenlotterie (SKL). Jedes Bundesland ist als ein Vertragsland in einem der beiden Klassenlotterien vertreten. Beide Unternehmen werden von den Vertragsländern beauftragt, die Klassenlotterien in dem Gebiet des jeweiligen Vertragslandes durchzuführen. Die Marktform entspricht daher zwei regionalen staatlichen Monopolen. Im Zuge des Ersten GlüÄndStV haben die Länder beschlossen, aus beiden Klassenlotterien die Gemeinsame Klassenlotterie GKL zu errichten, die von allen 16 Bundesländern veranstaltet wird. Neben den Ersten GlüÄndStV unterliegen die Klassenlotterien auch den Bestimmungen des Staatsvertrags über die Gründung der GKL Gemeinsame Klassenlotterie der Länder (GKL-StV). Der Vertrieb erfolgt bundesweit über 105 staatliche Lotterieeinnehmer.[14]

3.3.3 Soziallotterien

Zu den Soziallotterien zählen Lotterien und Ausspielungen, deren Reinertrag (Spieleinsatz abzüglich Gewinnausschüttung, Lotteriesteuer und Betriebskosten) zur Gänze für die Förderung von karitativen Zwecken verwendet wird. Die zwei bedeutendsten Soziallotterien in Deutschland sind die beiden Fernsehlotterien Deutsche Fernsehlotterie und Aktion Mensch. Die Deutsche Fernsehlotterie veranstaltet die Soziallotterie im Auftrag des Deutschen Hilfswerks, einer Stiftung des bürgerlichen Rechts mit Sitz im Hamburg. Hingegen handelt es sich bei der Aktion Mensch um die Soziallotterie der Deutschen Behindertenhilfe; einem Verein, zu der die in der Bundesarbeitsgemeinschaft der Freien Wohlfahrtspflege zusammengeschlossenen Spitzenverbände sowie das ZDF gehören.

---

13 Vgl. § 4 Abs. 5 Erster GlüÄndStV.

14 Vgl. www.nkl.de, Service, Lotterie-Einnahmen bzw. www.skl.de, SKL-Lose, Service & Vertrieb.

Beide Fernsehlotterien erfüllen die im Ersten GlüÄndStV geschaffenen Voraussetzungen einer Lotterie mit geringem Gefährdungspotential. Demnach dürfen die Ziehungsergebnisse nicht öfter als zweimal wöchentlich bekanntgeben, keine planmäßigen Jackpots geschaffen werden sowie der Höchstgewinn auf zwei Millionen Euro begrenzt sein. Darüber hinaus ist auch keine interaktive Teilnahme im Rundfunk und in den Telemedien mit zeitnaher Gewinnbekanntgabe erlaubt.[15] Die Genehmigung der Fernsehlotterien erfolgt durch das Finanzminis-terium Rheinland-Pfalz. Beide Veranstalter vertreiben die Lotterien über Banken, Sparkassen, Postwurfsendungen sowie durch Telefonanruf beim Veranstalter und werden durch die öffentlich-rechtlichen Fernsehstationen ARD bzw. ZDF unterstützt. Seit Juli 2012 ist unter bestimmten Vorrausetzungen auch der Vertrieb über das Internet wieder erlaubt.[16]

3.3.4 *Lotterien des Gewinn- und PS-Sparens*

Unter diesen Begriff versteht man eine Kombination aus Sparbuch und Zahlenlotterie. In Deutschland wird das Gewinnsparen von den Gewinnsparvereinen der Genossenschaftsbanken (Volks- und Raiffeisenbanken, Sparda-Bank, PSD Banken) und das PS-Sparen von den Sparkassen angeboten. Genau wie die beiden Fernsehlotterien erfüllen auch diese Lotterien die Voraussetzungen, um rechtlich als Lotterien mit geringem Gefährdungspotential behandelt zu werden.[17]

Das Prinzip des Gewinn- und PS-Sparens besteht darin, dass man ein Los erwirbt, von dem ein Teil angespart und ein Teil für eine Zahlenlotterie eingesetzt wird. Es handelt sich dabei um ein Finanzprodukt, bei dem nicht die Lotterie, sondern das Sparen im Vordergrund steht.[18] Der Vertragspartner des Sparvertrages ist die jeweilige Bank bzw. Sparkasse. Hingegen werden die Lotterien von den Gewinnsparvereinen oder eigenen Lotteriegesellschaften veranstaltet. Der Vertrieb erfolgt dabei über die Filialen der Banken und Sparkassen. Der Verkauf über das Internet ist bei diesen Lotterien seit Juli 2012 ebenfalls möglich, bildet aber eher die Ausnahme.

3.4 Pferdewetten

Im Segment von Pferdewetten wird zwischen Wetten eines Totalisators und von gewerblichen Buchmachern unterschieden. Der Totalisator ist ein Rennverein,

---

15 Vgl. § 13 Abs. 2 Erster GlüÄndStV.

16 Vgl. § 4 Abs. 5 Erster GlüÄndStV.

17 Vgl. Dritter Abschnitt, §§ 12 bis 18 Erster GlüÄndStV.

18 Vgl. Becker, T. (2010), S. 2.

der öffentliche Pferderennen in Form von Galopp- und Trabrennen veranstaltet und dafür einen eigenen Wettbetrieb führt. Neben den bundesweiten 25 Galopp- und neun Trabrennbahnen[19] zählen dazu auch die Vermittlungen von deutschen Totalisator-Wetten zum französischen Anbieter Pari Mutuel Urbain (PMU). Im Gegensatz dazu besteht die Tätigkeit des Buchmachers im gewerbsmäßigen Abschließen und Veranstalten von Pferdewetten, wobei dieser auch Wetten von Totalisatoren vermitteln kann. Der Vertrieb erfolgt dabei in stationären Wettannahmestellen. Die rechtliche Grundlage von Pferdewetten bildet das Rennwett- und Lotteriegesetz (RennwLottG) und seit Juli 2012 zum Teil auch der Erste GlüÄndStV.

3.5 Sportwetten

Ein wesentlicher Bestanteil des Ersten GlüÄndStV ist die Marktöffnung für private Sportwettenanbieter. Dadurch hat der Gesetzgeber das bisherige Monopol von Sportwetten seitens des DLTB zu Gunsten eines Konzessionsmodells aufgegeben. Der Erste GlüÄndStV sieht im Rahmen einer Experimentierklausel vor, zwanzig Konzessionen (E15-Lizenzen) für die Veranstaltung und Vermittlung von Sportwetten für einen Zeitraum von sieben Jahren zu vergeben.[20] Diese Erlaubnisse gelten sowohl zur bundesweiten Veranstaltungen von Sportwetten im Internet, als auch für den stationären Vertrieb in Wettannahmestellen, wobei die Regulierung der letztgenannten dann auch dem Glücksspiel- bzw. Ausführungsgesetz des jeweiligen Bundeslandes unterliegt. Das Konzessionsverfahren wird durch das Hessische Ministerium des Innern und für Sport geleitet und ist zu diesem Zeitpunkt noch nicht abgeschlossen. Aus diesem Grund lassen sich keine Angaben zu den Inhabern und deren Angebot machen. In jedem Fall entspricht die Marktform aber einem Oligopol von privaten Unternehmen.

3.6 Sportwetten und Online-Casinospiele in Schleswig-Holstein

Bereits im Februar 2012 trat in Schleswig-Holstein das Gesetz zur Neuordnung des Glücksspiels (Glücksspielgesetz) in Kraft. Das Land besiegelte dadurch seinen (vorzeitigen) Alleingang bei der Regulierung von Glücksspielen und Wetten. Im Gegensatz zum Ersten GlüÄndStV beinhaltet das Glücksspielgesetz von Schleswig-Holstein die Möglichkeit, eine unbegrenzte Anzahl von Erlaubnissen für das Veranstalter von Sportwetten (sowohl im stationären als auch im

---

19 Vgl. www.german-racing.com, Galopprennbahnen bzw. www.rennen.trabtipp.de, Renntermine.

20 Vgl. § 10a Erster GlüÄndStV.

Fernbetrieb)[21] und Online-Casinospielen zu vergeben.[22] Diesbezüglich konnten sich Anbieter bereits seit März 2012 bewerben. Eine Bestandsaufnahme, die sich mit den aktuellen Erlaubnisinhabern von Sportwetten und Online-Casinospielen und den Umsetzungen der im Glücksspielgesetz vorgeschriebenen Maßnahmen befasst, war bereits Thema einer Studie der Forschungsstelle Glücksspiel im November 2013.[23]

Es ist offensichtlich, dass Schleswig-Holstein sowohl für Sportwetten als auch für Online-Casinospiele eine vollständige Marktöffnung für private Anbieter anstrebte. Hingegen sieht der Erste GlüÄndStV der 15 Bundesländer lediglich eine Teilliberalisierung von Sportwetten und nach wie vor ein Verbot von Online-Casinospiele vor. Eine ausführliche Auseinandersetzung zu diesem Thema und ein ökonomischer Vergleich zwischen diesen beiden Modellen wurde seitens der Forschungsstelle Glücksspiel im März 2012 veröffentlicht.[24]

3.7 Das Ausmaß und die Entwicklung des Marktvolumens

Tabelle 1 zeigt die Spiel- und Wetteinsätze, Bruttospielerträge sowie durchschnittliche Ausschüttungsquoten für die regulierten Glücksspiele und Wetten in Deutschland für das Jahr 2012. Die Spiel- und Wetteinsätze summierten sich auf insgesamt 48.947,8 Millionen Euro. Davon wurden 39.700,1 Millionen Euro oder durchschnittlich 81,1 Prozent wieder an die Spieler in Form von Spielgewinnen ausgeschüttet. Daraus ergaben sich Bruttospielerträge (Spielerverluste) in Höhe von 9.247,7 Millionen Euro. Rund 95 Prozent der Spiel- und Wetteinsätze bzw. 89 Prozent der Bruttospielerträge (BSpE) fallen auf die drei großen Marktsegmente: GGSG (29.333 Millionen Euro Spieleinsätze), Spielbanken (10.740 Millionen Euro Spieleinsätze) und DLTB (6.414 Millionen Euro Spiel- und Wetteinsätze), wobei die GGSG mit Marktanteilen von 60 bzw. 48 Prozent ein klares Übergewicht im deutschen Glücksspiel- und Wettmarkt darstellt.

Die GGSG waren im Jahr 2012 (neben den Lotterien des Gewinn- und PS-Sparen) auch das einzige Marktsegment, dessen Volumen gegenüber dem Vorjahr zunahm. Während die Bruttospielerträge von GGSG zwischen 2011 und 2012 um 1,15 Prozent auf 4.400 Millionen Euro anstiegen, sanken sie im selben Zeitraum in Spielbanken um 3,1 Prozent auf 537 Millionen Euro und beim DLTB um 8,4 Prozent auf 3.303,1 Millionen Euro. Eine ähnliche Reduktion in

21 Vgl. §§ 21 bis 24 Glücksspielgesetz.
22 Vgl. §§ 18 bis 20 Glücksspielgesetz.
23 Vgl. Barth, D. (2013/2).
24 Vgl. Becker, T./Barth, D. (2012).

den Spieleinsätzen und Bruttospielerträgen gegenüber dem Vorjahr verzeichneten auch die übrigen Marktsegmente (vgl. auch Tabellen 2 und 3).

Da das Konzessionsverfahren zur Vergabe der zwanzig Konzessionen für Sportwetten noch nicht abgeschlossen ist, zählen Sportwetten derzeit noch zum nicht regulierten Markt und wurden an dieser Stelle nicht berücksichtigt. Eine Studie zum Volumen des nicht regulierten Marktes zeigt, dass sich die Spieleinsätze von Sportwetten im Jahr 2012 auf ca. 3,3 Milliarden Euro schätzen lassen.[25] Eine detaillierte Darstellung vom Ausmaß des nicht regulierten Glücksspiel- und Wettmarktes war der Gegenstand einer Studie der Forschungsstelle Glücksspiel vom Dezember 2013. Diese beschäftigt sich sowohl mit dem Volumen von Sportwetten als auch von Online-Casinospielen, Online-Poker sowie von Geldgewinnspielgeräten an illegalen Standorten.

Sportwetten und Online-Casinospiele von Veranstaltern mit einer Erlaubnis von Schleswig-Holstein kamen im Jahr 2012 auf Einsätze von 575,0 Millionen Euro bzw. 184,1 Millionen Euro. Allerdings handelt es sich bei diesen Angaben um keine harten Zahlen, sondern unterliegen Hochrechnungen. Die Grundlage dieser Schätzungen stammt aus Angaben zur Sportwettsteuer und Glücksspielabgabe für Online-Casinospiele und wurde dem Landeshaushaltsplan Schleswig-Holstein entnommen (vgl. Abschnitt 4.5).

---

25 Vgl. Barth, D. (2013/3).

Tabelle 1: Volumen des regulierten Glücksspiel- und Wettmarktes in Deutschland 2012

Marktsegmente	**Spiel- und Wetteinsätze**	**Brutto-spielerträge**	**Auszahlungs-quote**
Spielbanken	**in Mio. €**		**in %**
-Casinospiele, Glücksspielautomaten	**10.740,0**	**537,0**	**95,0 %**
Gewerbliche Spielhallen/Gaststätten			
-Geldgewinnspielgeräte	**29.332,6**	**4.399,9**	**85,0 %**
Deutscher Lotto-Toto-Block (DLTB)			
-Zahlenlotto	3.591,2	1.795,6	50,0 %
-Fußballtoto	44,8	22,4	50,0 %
-Oddset Sportwette	139,8	58,7	58,0 %
-Spiel 77	1.128,0	639,2	43,3 %
-Super 6	477,0	238,5	50,0 %
-Glücksspirale	229,3	139,8	39,0 %
-Sofortlotterien	276,7	138,4	50,0 %
-Bingo	60,5	36,3	40,0 %
-Keno	131,7	66,6	49,4 %
-Plus 5	13,6	7,0	48,7 %
-Eurojackpot	321,3	160,7	50,0 %
Gesamt	**6.413,9**	**3.303,1**	**51,0 %**
Klassenlotterien			
-GKL (Rumpfjahr: 07/2012–12/2012)[1]	196,4	98,2	50,0 %
-NKL (Rumpfjahr: 04/2011–06/2012)	223,4	111,7	50,0 %
-SKL (Rumpfjahr: 12/2011–06/2012)	128,8	73,9	42,6 %
Gesamt	**548,6**	**283,8**	**48,3 %**
Fernsehlotterien			
-ARD Fernsehlotterie	171,8	120,3	30,0 %
-ZDF Aktion Mensch	432,4	302,7	30,0 %
Gesamt	**604,2**	**422,9**	**30,0 %**
Sparkassen/Volks- und Raiffeisenbanken			
-PS-Sparen	271,1	122,0	55,0 %
-Gewinnsparen	222,4	100,1	55,0 %
Gesamt	**493,5**	**222,1**	**55,0 %**
Pferdewetten			
-Totalisator (Galopp- & Trabrennen)	55,9	14,0	75,0 %
-Gewerbliche Buchmacher[2]			85,0 %
Gesamt	**55,9**	**14,0**	**75,0 %**
Schleswig-Holstein			
-Sportwetten (online & stationär)	575,0	57,5	90,0 %
-Online Casinospiele	184,1	7,4	96,0 %
Gesamt	**759,1**	**64,9**	**91,5 %**
Regulierter Markt-Gesamt	**48.947,8**	**9.247,7**	**81,4 %**

[1] Die beiden Klassenlotterien werden ab Juli 2012 als Gemeinsame Klassenlotterie (GKL) weitergeführt.
[2] Für gewerbliche Buchmacher sind keine Wetteinsätze und Bruttospielerträge erhältlich.

Quellen: Forschungsstelle Glücksspiel/Universität Hohenheim, siehe Anhang

Die Tabellen 2 und 3 auf den nächsten beiden Seiten geben einen Überblick über die Spiel- und Wetteinsätze bzw. Bruttospielerträge im Zeitraum von 2001 bis 2012. Es ist zu erkennen, dass sich die Gesamteinsätze bis zum Jahr 2006 beständig zwischen 37 und 38 Milliarden Euro bewegt hatten. Im Jahr 2007 kam es dann zu einem Anstieg auf über 48,9 Milliarden Euro. Diese Steigerung wurde hauptsächlich durch die deutlich höheren Spieleinsätze bei GGSG verursacht, die ihre Ursache vor allem in sprunghaft höheren Auszahlungsquoten hatten. Seitdem ist ein zunehmendes Ansteigen der Einsätze von GGSG zu beobachten, das vor allem zu Lasten der Spieleinsätze von Glücksspielautomaten in Spielbanken geht. Zwischen diesen beiden Bereichen fand in den letzten Jahren eine bedeutende Umverteilung statt. Dies geht anhand der Verschiebungen der Marktanteile deutlich hervor. Hatten die Spielbanken im Jahr 2001 noch einen Anteil von 53 Prozent am Gesamtmarkt (gemessen an den Spieleinsätzen), so sank dieser Wert bis zum Jahr 2012 kontinuierlich auf 22 Prozent ab. Gleichzeitig stieg der Marktanteil der GGSG im selben Zeitraum von 18 auf 60 Prozent an.

Der Grund für diese divergierenden Entwicklungen in den beiden Segmenten kann, neben einer zunehmenden Angleichung der Ausschüttungsquoten bei den Glücksspielautomaten und Geldgewinnspielgeräten, auch in einer großen Bandbreite an gegensätzlichen Regulierungsansätzen gefunden werden. Dazu zählen Unterschiede in den Leitprinzipien bei der Erlaubnisverteilung, Zugangsbeschränkungen für Spieler, Steuern und Abgaben usw. Auf eine detaillierte Auseinandersetzung zu diesem Thema wird an dieser Stelle aber verzichtet und auf die angegebene Literatur verwiesen.[26]

Neben den Spielbanken erfuhren auch die staatlichen Lotterien und Sportwetten des DLTB seit dem Jahr 2005 einen stetigen Rückgang der Markanteile. Dieser betrug im Jahr 2004 noch 22 Prozent und im Jahr 2012 nur noch 13 Prozent. Die beträchtliche Abnahme begründet sich, ähnlich wie bei Spielbanken, zum großen Teil durch erhebliche Restriktionen seitens der gesetzlichen Vorschriften. Sowohl bei Lotterien als auch bei Sportwetten sind die Landeslotteriegesellschaften zusätzlich auch durch zunehmende Konkurrenz von privaten Anbietern aus anderen Ländern konfrontiert. Bei Sportwetten handelt es sich dabei um private Onlineanbieter aus Gibraltar und Malta und bei Lotterien sind dies Onlineanbieter, die illegal Wetten auf die Lotterien des DLTB anbieten.

26 Vgl. Barth, D. (2013/1).

Tabelle 2: Spiel- und Wetteinsätze der regulierten Glücksspiele und Wetten in Deutschland 2001–2012

Spiel- und Wetteinsätze der regulierten Glücksspiele und Wetten in Deutschland												
	Beträge in Mio. Euro											
Glücksspielform	**2001**	**2002**	**2003**	**2004**	**2005**	**2006**	**2007**	**2008**	**2009**	**2010**	**2011**	**2012**
Casinospiele, Automaten	19.956	19.624	19.340	19.116	19.040	18.800	18.460	14.460	12.360	11.140	11.080	10.740
Spielbanken	**19.956**	**19.624**	**19.340**	**19.116**	**19.040**	**18.800**	**18.460**	**14.460**	**12.360**	**11.140**	**11.080**	**10.740**
Geldgewinnspielgeräte	6.787	6.997	7.057	6.997	7.057	8.258	20.333	22.467	25.333	27.333	29.000	29.333
Spielhallen/Gaststätten	**6.787**	**6.997**	**7.057**	**6.997**	**7.057**	**8.258**	**20.333**	**22.467**	**25.333**	**27.333**	**29.000**	**29.333**
Lotto 6 aus 49	5.646,0	5.308,6	5.342,2	5.381,3	4.987,3	5.020,2	4.974,6	4.387,4	4.499,7	4.017,3	3.955,3	3.591,2
Fußballtoto	103,0	94,9	98,8	93,2	78,4	64,5	78,1	49,8	52,3	48,4	45,1	44,8
Oddset	513,0	541,2	463,5	481,5	431,8	342,3	276,3	207,8	184,5	174,1	151,9	139,8
Spiel 77	958,0	1.043,7	1.046,5	1.071,0	993,8	998,1	991,0	877,1	891,5	971,5	1.249,0	1.128,0
Super 6	647,0	733,1	736,2	756,6	702,0	709,5	705,1	621,0	636,3	561,5	529,7	477,0
Glücksspirale	286,0	244,9	234,1	220,2	198,6	194,5	189,7	200,7	248,2	245,7	249,4	229,3
Losbrieflotterien	259,0	269,3	261,0	245,3	222,5	228,2	219,2	208,3	227,2	242,9	260,3	276,7
Bingo	67,0	74,6	72,8	81,0	64,2	58,2	58,6	48,2	52,2	70,2	61,4	60,5
Keno				96,9	276,0	256,7	225,1	171,3	157,9	152,5	144,2	131,7
Plus 5				12,1	31,2	28,0	24,0	18,1	16,6	15,9	15,2	13,6
Rennquintett/Extra Lotto	1,0	0,7	0,5		78,7				36,3			
Eurojackpot												321,3
DLTB	**8.480,0**	**8.311,0**	**8.255,6**	**8.439,1**	**8.064,5**	**7.900,2**	**7.741,7**	**6.789,7**	**7.002,7**	**6.500,0**	**6.661,5**	**6.413,9**
GKL												196,4
NKL	667,0	558,3	523,3	549,7	493,8	470,8	435,7	317,5	37,0	234,9	234,9	223,4
SKL	817,0	777,8	760,4	827,2	831,7	722,5	636,6	470,0	310,8	245,2	213,3	128,8
Klassenlotterien	**1.484,0**	**1.336,1**	**1.283,7**	**1.376,9**	**1.325,5**	**1.193,3**	**1.072,3**	**787,5**	**682,8**	**480,1**	**448,2**	**548,6**
ARD Fernsehlotterie	97,0	107,4	101,9	145,5	168,0	182,0	165,6	177,9	182,6	156,1	179,3	171,8
ZDF Aktion Mensch	315,0	320,2	337,8	396,7	410,8	435,1	435,3	451,2	447,6	440,7	437,9	432,4
Fernsehlotterien	**412,0**	**427,6**	**439,7**	**542,2**	**578,8**	**617,1**	**600,9**	**629,1**	**630,2**	**596,8**	**617,2**	**604,2**
PS-Sparen	316,0	296,0	326,4	302,8	309,0	293,7	287,8	280,5	273,5	270,9	271,8	271,1
Gewinnsparen	147,0	147,2	153,4	165,3	175,7	185,3	192,4	189,2	195,8	204,9	214,8	222,4
Sparkassen/Banken	**463,0**	**443,2**	**479,8**	**468,1**	**484,7**	**479,0**	**480,2**	**469,7**	**469,3**	**475,8**	**486,6**	**493,5**
Totalisator	257,0	223,9	182,6	147,1	132,8	114,1	107,2	97,7	92,0	57,9	60,2	55,9
Buchmacher				132,5	142,9	146,7	153,3	153,6	159,0			
Pferdewetten	**257,0**	**223,9**	**182,6**	**279,6**	**275,7**	**260,8**	**260,5**	**251,3**	**251,0**	**57,9**	**60,2**	**55,9**
Gesamt	**37.838,8**	**37.362,8**	**37.038,4**	**37.218,9**	**36.826,3**	**37.508,7**	**48.948,9**	**45.854,0**	**46.729,0**	**46.583,6**	**48.353,7**	**48.188,7**

Quellen: Forschungsstelle Glücksspiel/Universität Hohenheim, siehe Anhang

Tabelle 3: Bruttospielerträge der regulierten Glücksspiele und Wetten in Deutschland 2001–2012

Bruttospielerträge der regulierten Glücksspiele und Wetten in Deutschland												
	Beträge in Mio. Euro											
Glücksspielform	**2001**	**2002**	**2003**	**2004**	**2005**	**2006**	**2007**	**2008**	**2009**	**2010**	**2011**	**2012**
Casinospiele, Automaten	998	981	1.010	956	952	940	923	723	618	557	554	537
Spielbanken	**998**	**981**	**1.010**	**956**	**952**	**940**	**923**	**723**	**618**	**557**	**554**	**537**
Geldgewinnspielgeräte	2.260	2.330	2.350	2.330	2.350	2.750	3.050	3.370	3.800	4.100	4.350	4.400
Spielhallen/Gaststätten	**2.260**	**2.330**	**2.350**	**2.330**	**2.350**	**2.750**	**3.050**	**3.370**	**3.800**	**4.100**	**4.350**	**4.400**
Lotto 6 aus 49	2.823,0	2.654,3	2.671,1	2.690,7	2.493,7	2.510,1	2.487,3	2.193,7	2.249,9	2.008,7	1.977,7	1.795,6
Fußballtoto	51,5	47,5	49,4	46,6	39,2	32,3	39,1	24,9	26,2	24,2	22,6	22,4
Oddset	215,5	227,3	194,7	202,2	181,4	143,8	116,0	87,3	77,5	73,1	63,8	58,7
Spiel 77	542,9	591,5	593,1	606,9	563,2	565,6	561,6	497,1	505,2	550,5	707,8	639,2
Super 6	323,5	366,6	368,1	378,3	351,0	354,8	352,6	310,5	318,2	280,8	264,9	238,5
Glücksspirale	167,7	146,7	134,9	135,8	135,5	116,0	111,4	122,4	145,5	150,6	146,6	139,8
Losbrieflotterien	129,5	134,7	130,5	122,7	111,3	114,1	109,6	104,2	113,6	121,5	130,2	138,4
Bingo	40,2	44,8	43,7	48,6	38,5	34,9	35,2	28,9	31,3	42,1	36,8	36,3
Keno				49,0	139,5	129,8	113,8	86,6	79,8	77,1	72,9	66,6
Plus 5				6,2	16,0	14,4	12,3	9,3	8,5	8,2	7,8	7,0
Rennquintett/Extra Lotto	0,5	0,4	0,3		39,4				18,2			
Eurojackpot												160,7
DLTB	**4.294,2**	**4.213,6**	**4.185,6**	**4.287,0**	**4.108,6**	**4.015,7**	**3.938,8**	**3.464,8**	**3.573,7**	**3.336,7**	**3.431,0**	**3033,1**
GKL												98,2
NKL	333,5	279,2	261,7	274,9	246,9	235,4	217,9	158,8	67,5	118,6	117,5	111,7
SKL	416,7	430,1	416,7	467,4	460,8	403,2	341,2	255,7	176,6	131,7	119,7	73,9
Klassenlotterien	**750,2**	**709,3**	**678,3**	**742,2**	**707,7**	**638,6**	**559,1**	**414,4**	**244,1**	**250,3**	**237,1**	**283,8**
ARD Fernsehlotterie	67,9	75,2	71,3	101,9	117,6	127,4	115,9	124,5	127,8	109,3	125,5	120,3
ZDF Aktion Mensch	220,5	224,1	236,5	277,7	287,6	304,6	304,7	315,8	313,3	308,5	306,5	302,7
Fernsehlotterien	**288,4**	**299,3**	**307,8**	**379,5**	**405,2**	**432,0**	**420,6**	**440,4**	**441,1**	**417,8**	**432,0**	**422,9**
PS -Sparen	142,2	133,2	146,9	136,3	139,1	132,2	129,5	126,2	123,1	121,9	122,3	122,0
Gewinnsparen	66,2	66,2	69,0	74,4	79,1	83,4	86,6	85,1	88,1	92,2	96,7	100,1
Sparkassen/Banken	**208,4**	**199,4**	**215,9**	**210,6**	**218,1**	**215,6**	**216,1**	**211,4**	**211,2**	**214,1**	**219,0**	**222,1**
Totalisator	64,3	56,0	45,7	36,8	33,2	28,5	26,8	24,4	23,0	14,5	15,1	14,0
Buchmacher				19,9	21,4	22,0	23,0	23,0	23,9			
Pferdewetten	**64,3**	**56,0**	**45,7**	**56,7**	**54,6**	**50,5**	**49,8**	**47,5**	**46,9**	**14,5**	**15,1**	**14,0**
Gesamt	**8.863,2**	**8.788,8**	**8.793,2**	**8.961,8**	**8.796,2**	**9.042,3**	**9.157,4**	**8.671,4**	**8.935,0**	**8.890,3**	**9.238,1**	**9.182,9**

Quellen: Forschungsstelle Glücksspiel/Universität Hohenheim, siehe Anhang

4 Staatliche Einnahmen aus Glücksspielen und Wetten

In diesem Teil wird auf die Besteuerung von Glücksspielen und Wetten eingegangen. Dabei kommt es zunächst zu einer Darstellung der verschiedenen gegenwärtigen Steuer- und Abgabenmodelle der einzelnen Segmente des regulierten Marktes. Danach erfolgt eine Zusammenstellung über das Ausmaß und die Entwicklung der staatlichen Einnahmen sowie der Verwendung zwischen 2001 und 2012. Den Schlusspunkt dieses Abschnitts bildet ein Blick auf die Steuermodelle von Sportwetten anderer europäischer Länder, wobei vor allem die Regelungen Gibraltars und Maltas vorgestellt werden.

4.1 Casinospiele in Spielbanken

Ein Spielbankunternehmen ist verpflichtet, eine Spielbankabgabe an das jeweilige Land zu entrichten, in dem die Spielbank betrieben wird. Das Spielbankabgaberecht gehört zum Steuerrecht. Die Spielbankabgabe ist eine selbstständige Steuer, die in Art. 106 Abs. 2 Nr. 6 GG ausdrücklich als solche bezeichnet wird. Sie erfüllt die in § 3 Abs. 1 AO 1977 für Steuern geltende Begriffsbestimmung und ist keine Gegenleistung für die Konzession.[27] Die Höhe und Berechnung der Spielbankabgabe ist den Ländern überlassen und in den Spielbankgesetzen geregelt. Die Bemessungsgrundlage ist der Bruttospielertrag, wobei die Spielbankabgabe prozentuell im Verhältnis zum Bruttospielertrag berechnet wird. Die meisten Länder sind mittlerweile weg von einem einheitlichen Prozentsatz und hin zu einem progressiven Stufenmodell übergegangen (vgl. Tabelle 4). Dabei ist der Bruttospielertrag in mehrere Stufen mit ansteigenden Prozentsätzen eingeteilt. Die Spielbankabgabe wird an die Länder abgeführt und ist Bestandteil des Länderfinanzausgleichs (horizontaler Finanzausgleich).[28]

Neben der Spielbankabgabe existieren in den meisten Ländern auch noch zusätzliche Abgaben. Diese Abgaben haben keine einheitliche Bezeichnung und sind je nach Land als weitere oder zusätzliche Leistungen, Zusatz-, Gewinn- oder Sonderabgaben bekannt. Die Bemessungsgrundlage und Berechnung dieser Angaben ist ähnlich wie bei der Spielbankabgabe. Im Gegensatz zur Spielbankabgabe fallen diese Abgaben aber nicht in den Länderfinanzausgleich, sondern stehen zur Gänze dem jeweiligen Land zu. Darüber hinaus sehen die meisten Länder auch eine Abgabe aus den Tronceinnahmen (Troncabgabe) vor.

27 Vgl. VDAI (2009), S. 35.
28 Vgl. § 7 Abs. 1 Nr. 3 FAG.

In einigen Ländern sind die Spielbankunternehmen verpflichtet, zusätzlich auch den erwirtschafteten Gewinn abzuführen.

Die Tronceinnahmen ergeben sich aus den Zuwendungen, die die Mitarbeiter von den Spielgästen erhalten, und sind abgabepflichtig. Da die Spielbankgesetze das Annehmen von Zuwendungen und Trinkgeldern verbieten, werden die Einnahmen von der Spielbank gesammelt und treuhändisch verwaltet. Der Hintergrund dieses Verbots liegt darin, dass dadurch Gäste die Spielbankmitarbeiter nicht durch gezielte Trinkgeldzahlungen beeinflussen können. Das Troncaufkommen wird nach Maßgabe der arbeitsrechtlichen oder tarifvertraglichen Vereinbarung zur Deckung von Personalaufwendungen verwendet. Der Spielbankunternehmer ist berechtigt, dem Tronc vorab die Arbeitgeberanteile zur Sozialversicherung sowie zur betrieblichen Altersversorgung zu entnehmen.[29]

Seit dem 6. Mai 2006 sind Spielbanken auch umsatzsteuerpflichtig. Bis dahin wurde durch das Entrichten der Spielbankabgabe explizit auch die Umsatzsteuer abgegolten. Aus diesem Grund waren die Spielbankunternehmer, im Gegensatz zu den Betreibern von Geldgewinnspielgeräten in Spielhallen und Gaststätten, von der Zahlung der Umsatzsteuer befreit. In seinem Urteil vom 17.02.2005 sah der EuGH die Umsatzsteuerbefreiung als ungleiche steuerliche Behandlung der Glücksspielautomaten in Spielbanken und der Geldgewinnspielgeräte in Spielhallen und Gaststätten und wertete dies als einen Verstoß gegen die 6. EG-Richtlinie zur Harmonisierung der Rechtsvorschriften der Mitgliedsstaaten über die Umsatzsteuern.[30] Das Bundesfinanzministerium kam der Forderung nach einer Umsatzsteuerneutralität zwischen Glücksspielautomaten und GGSG nach, indem es ein Gesetz zur Eindämmung missbräuchlicher Steuergestaltung vorlegte. Dadurch wurde der § 4 Nr. 9b Satz 1 des Umsatzsteuergesetzes insofern geändert, dass es die Umsatzsteuerbefreiung von Spielbanken aufhob.[31]

Zur Vermeidung einer Doppelbesteuerung haben die Länder in den Spielbankgesetzen beschlossen, die Umsatzsteuer auf die Spielbankabgabe anzurechnen, wodurch sich das Aufkommen der Spielbankabgabe, jedoch nicht die Gesamtbelastung verringert. Mit der Umsatzsteuerpflicht für die Spielbanken sollten erklärterweise keine zusätzlichen Steuereinnahmen geschaffen werden.[32] Allerdings bedeutet die Aufhebung der Umsatzbefreiung der Spielbanken sehr wohl Mindereinnahmen für die Länder, da die Umsatzsteuer auch dem vertikalen Finanzausgleich unterliegt. Das bedeutet, dass ein Teil des Umsatzsteueraufkommens auch

29 Vgl. VDAI (2009), S. 38.
30 Vgl. EuGH, Urteil vom 17.02.2005 – C-453/02 und 462/02, 1. Urteil.
31 Vgl. Art. 2 MissbrStGestEG.
32 Vgl. Desia (2006), S. 15.

an den Bund und nicht wie bei der Spielbankabgabe zur Gänze an die Länder fließt.

Die Länder regeln in den Spielbankgesetzen neben der Höhe und der Berechnung auch die Empfänger und Verwendung der Spielbank- und Sonstigen Abgaben. Die Abgaben fließen in jedem Land in die jeweiligen Landeshaushalte. Da die Spielbankunternehmen durch die Landesgesetzgebung auch von Landes- und Gemeindesteuern befreit sind, die im unmittelbaren Zusammenhang mit dem Betrieb stehen, geht ein Teil der Spielbankabgabe direkt an die Spielbankgemeinden. Diese Zweckbindung begründet sich deshalb, weil den Spielbankgemeinden durch die Befreiung der Spielbanken von den Gemeindesteuern wichtige Einnahmen entgehen. Die Verwendungen des darüber hinausgehenden Aufkommens aus den Spielbank- und Sonstigen Abgaben ist in jedem Land unterschiedlich geregelt. In den meisten Ländern werden die Einnahmen aus den Spielbanken zur allgemeinen Deckung des Haushalts verwendet. Allerdings sind die Einnahmen in einigen Ländern auch für kulturelle und soziale Zwecke, den Fremdenverkehr, für gemeinnützige Stiftungen usw. zweckgebunden.

Die Tabellen 4 und 5 auf den nächsten Seiten zeigen die gesetzlichen Regelungen für die Höhe und Empfänger der Spielbank- und sonstigen Abgaben bzw. deren Verwendung in den 16 Bundesländern. Aus Tabelle 4 geht hervor, dass die Spielbankabgabe in den meisten Ländern einem progressiven Stufenmodell folgt und zwischen 25 und 60 Prozent vom Bruttospielertrag variiert. Dabei ist zu berücksichtigen, dass, wie zuvor erwähnt, die Umsatzsteuerzahllast auf die Spielbankabgabe angerechnet wird. Einige Länder sehen auch Abgabeermäßigungen zur Vermeidung unbilliger Härten vor, z. B. wenn der Spielbank kein angemessener Gewinn verbleibt. Zusätzlich erhebt der Großteil der Länder noch ein oder zwei weitere Formen von Sonstigen Abgaben. Diese unterliegen entweder gestaffelt oder mit einem festen Anteil den Bruttospielerträgen oder dem Jahresergebnis des Spielbankunternehmens. Lediglich Bayern, Brandenburg und Sachsen erheben ausschließlich die Spielbankabgabe.

Tabelle 5 zeigt die Höhe des Spielbankgemeindeanteils sowie die zusätzliche Verwendung in den jeweiligen Landeshaushalten. Der Spielbankgemeindeanteil richtet sich entweder nach dem Bruttospielertrag oder an den Spielbank- und Sonstigen Abgaben. Da in den drei Stadtstaaten Berlin, Bremen und Hamburg das Land gleichzeitig auch die Spielbankgemeinde darstellt, ist der Gemeindeanteil dort nicht explizit vorgesehen. In den Landeshaushalten sind die verschiedenen Formen der Abgaben entweder für die jeweilige Spielbanküberwachung, zur allgemeinen Deckung und in wenigen Ländern auch für bestimmte Empfänger zweckgebunden, z. B. die Stiftung Wohnliche Stadt in Bremen, die Stiftung Wohlfahrtspflege in Nordrhein-Westfalen und der Fremdenverkehr in Rheinland-Pfalz.

Tabelle 4: Spielbank- und sonstige Abgaben in den 16 Bundesländern

Spielbank- und sonstige Abgaben in den Bundesländern			
	Höhe der Abgaben in % vom BSpE		
Bundesland	**Spielbankabgabe**	**Sonstige Abgaben**	
Baden-Württemberg	30 %–35 % (gestaffelt)	15 %	95 % vom Jahresergebnis
Bayern	30 %–35 % (gestaffelt)		
Berlin	30 %–35 % (gestaffelt)	10 %–15 %	85 %–91 % vom Jahresergebnis (gestaffelt)
Brandenburg	25 %–60 % (gestaffelt)		
Bremen	20 %	20 %	
Hamburg	70 %	20 %	
Hessen	50 %–60 % (gestaffelt)	30 %–20 % (gestaffelt)	Weitere Leistungen nach Vereinbarung
Mecklenburg-Vorpommern	25 %–80 % (gestaffelt)		50 % vom Jahresergebnis (4 % Freibetrag vom BSpE)
Niedersachsen	50 % (1 Mio. Euro Freibetrag)	10 %–25 % (gestaffelt)	30 % vom Jahresergebnis
Nordrhein-Westfalen	30 %–40 % (gestaffelt)	15 %	75 % des Jahresüberschusses, sofern die restlichen 25 % des Überschusses 7 % der Summe aus dem Gesellschaftskapital, Rücklagen und Risikofond übersteigt
Rheinland-Pfalz	40 %–60 % (gestaffelt)	40 %–20 % (gestaffelt)	
Saarland	27 %–37 % (gestaffelt)	12 %	50 %–80 % vom Jahresergebnis (gestaffelt)
Sachsen	35 %–55 % (gestaffelt)		
Sachsen-Anhalt	25 %–50 % (gestaffelt)		40 % vom Jahresergebnis
Schleswig-Holstein	30 %–40 % (gestaffelt)	10 %–15 % (gestaffelt)	
Thüringen	25 %–60 % (gestaffelt)		60 %–90 % vom Jahresergebnis (gestaffelt) (Freibetrag von 100.000 Euro)

Quellen: Forschungsstelle Glücksspiel/Universität Hohenheim, siehe Anhang

Tabelle 5: Verwendung der Spielbank- und sonstigen Abgaben in den 16 Bundesländern

Verwendung der Spielbankabgabe in den Bundesländern		
Bundesland	**Spielbankgemeindeanteil**	**Landeshaushalt**
Baden-Württemberg	rd. 16 Mio. Euro	Zw. 50 % und 100 % sind nach Maßgabe des Haushaltsplans für Fremdenverkehr, Kultur und Soziales zweckgebunden
Bayern	max. 15 % vom BSpE	Spielbanküberwachung der Rest zur allgemeinen Deckung
Berlin		Zur allgemeinen Deckung
Brandenburg	max. 15 % vom BSpE	Spielbanküberwachung, der Rest zur allgemeinen Deckung
Bremen		Spielbanküberwachung, der Rest ist für die Stiftung Wohnliche Stadt zweckgebunden
Hamburg		Zur allgemeinen Deckung (nur Troncabgabe ist zweckgebunden)
Hessen	29,375 % von der Spielbankabgabe und den zusätzlichen Leistungen	Zur allgemeinen Deckung (Weitere Leistungen und Troncabgaben sind zweckgebunden)
Mecklenburg-Vorpommern	15 % der Spielbankabgabe und der Zusatzabgabe	Zur allgemeinen Deckung
Niedersachsen	nach Maßgabe des Haushaltsplans	Spielbanküberwachung, rd. 10 Mio. Euro sind nach Maßgabe des Haushaltsplans für Kultur, Soziales und Umwelt zweckgebunden, der Rest zur allgemeinen Deckung
Nordrhein-Westfalen	12 % vom BSpE	rd. 24,5 Mio. Euro sind für die Stiftung Wohlfahrtspflege NRW zweckgebunden, der Rest zur allgemeinen Deckung
Rheinland-Pfalz	10 % vom BSpE max. 125 Euro pro Einwohner	Zur Förderung des Kurbetriebs und Fremdenverkehrs sowie für Zwecke der Kunst und Denkmalpflege zweckgebunden
Saarland	15 % der Spielbankabgabe, den weiteren Leistungen und der Gewinnabgabe	Spielbanküberwachung, der Rest zur allgemeinen Deckung
Sachsen	max. 15 % der Spielbankabgabe	Zur allgemeinen Deckung
Sachsen-Anhalt	20 % der Spielbank- und Zusatzabgabe	Zur allgemeinen Deckung
Schleswig-Holstein	max. 25 % der Spielbank- und Zusatzabgabe	Zur allgemeinen Deckung
Thüringen	max. 15 % vom BSpE	Nach Maßgabe des Haushalts für Kultur und Soziales zweckgebunden

Quellen: Forschungsstelle Glücksspiel/Universität Hohenheim, siehe Anhang

4.2 Geldgewinnspielgeräte in Spielhallen und Gaststätten

Aufsteller von Geldgewinnspielgeräten unterliegen der Mehrwert- und Vergnügungssteuer (Spielgerätesteuer). Die Vergnügungssteuer zählt zu den örtlichen Aufwandsteuern und wird von den Gemeinden festgelegt und eingezogen. Bis zum Jahr 2005 wurde für die Besteuerung von GGSG der Stückzahlmaßstab herangezogen. Die Vergnügungssteuer orientierte sich dabei nur an der Geräteanzahl und wurde pauschal pro Gerät, unabhängig vom Bruttospielertrag, erhoben. Das Bundesverwaltungsgericht (BVerwG) hielt damals den Stückzahlmaßstab nicht (mehr) für einen Besteuerungsmaßstab, der zumindest einen lockeren Bezug zum Vergnügungsaufwand des Spielers aufweist, und sah darin einen Verstoß gegen Art. 3 Abs. 1 GG.[33] Seitdem wird die Vergnügungssteuer auf Basis des Wirklichkeitsmaßstabes erhoben. Die Bemessungsgrundlage ist dabei entweder der Kasseninhalt (exklusive oder inklusive Mehrwertsteuer) oder der Spieleinsatz und kann von jeder Gemeinde selbst gewählt werden.

Da der Kasseninhalt inklusive Mehrwertsteuer als Basis zu einem zusätzlichen Aufwand bei Abführung der Mehrwertsteuer führen kann, wählen die meisten Gemeinden entweder den Kasseninhalt abzüglich Mehrwertsteuer oder den Spieleinsatz als Wirklichkeitsmaßstab. Dies setzt voraus, dass die Geräte die Möglichkeit haben, sämtliche Einsätze, Gewinne und Kasseninhalte für steuerliche Erhebungen zu dokumentieren.[34] Da die Gemeinden neben der Bemessungsgrundlage auch die Berechnung der Vergnügungssteuer festlegen, sind die Steuersätze je nach Gemeinde sehr unterschiedlich. Sie variieren derzeit bei der Bemessungsgrundlage Kasseninhalt zwischen sieben und 20 Prozent und bei der Bemessungsgrundlage Spieleinsatz zwischen fünf und zehn Prozent.[35] Beim Spieleinsatz als Bemessungsgrundlage muss berücksichtigt werden, dass die steuerliche Belastung erheblich von der tatsächlichen Ausschüttungsquote abhängig ist. Zum Beispiel führt ein vergleichsweise geringer Steuersatz von fünf Prozent auf den Spieleinsatz bei einer durchschnittlichen Ausschüttungsquote von 80 Prozent bereits zu einem Steuersatz von 25 Prozent auf den Kasseninhalt. Allerdings stellen Auszahlungsquoten von 80 Prozent bei den Geldgewinnspielgeräten heutzutage eher die Untergrenze dar.[36] Die rechtliche Situation zur Wahl des „richtigen“ Wirklichkeitsmaßstabs hat zu einer Reihe von Prozessen mit unterschiedlichen Bewertungen der Sachverhalte und zum Teil widersprüchlichen

33 Vgl. Vieweg, H.-G. (2010), S. 33.
34 Vgl. § 12 Abs. 2 Nr. d SpielV.
35 Vgl. Vieweg, H.-G. (2010), S. 43.
36 Vgl. Vieweg, H.-G. (2012), S. 30.

Entscheidungen geführt und bleibt weiterhin unklar. Einigkeit besteht in der Rechtsprechung nur insoweit, als das eigentliche Steuergut der erbrachte Aufwand zur Erzielung des Vergnügens ist.[37]

4.3 Lotterien und Ausspielungen

Die Spieleinsätze von Lotterien unterliegen der Lotterie- und Sportwettensteuer. Die Grundlage dieser Besteuerung bildet das Rennwett- und Lotteriegesetz (RennwLottG). Die Lotteriesteuer beträgt 20 Prozent vom Nennwert des Wettscheins ausschließlich der Steuer.[38] Daraus ergibt sich ein Bruttosteuersatz von 20/120 = 16 2/3 Prozent. Der Nennwert des Wettscheins ist die Summe aus dem Wetteinsatz und im Fall der Landeslotteriegesellschaften auch von Bearbeitungsgebühren, die für den Erwerb der Lotterieprodukte anfallen. Die Lotteriegesellschaften führen die Steuer an die Länder ab. In den Haushaltsplänen der Länder sind die Einnahmen aus der Lotteriesteuer nicht zweckgebunden, sondern werden für die allgemeine Deckung des Landeshaushalts verwendet.

4.3.1 Staatliche Lotterien und Sportwetten des DLTB

Die Landeslotteriegesellschaften führen neben der Lotteriesteuer noch einen zusätzlichen Teil der Spiel- und Wetteinsätze an die Länder oder an begünstigte Destinatäre ab. Diese Zahlungen sind auch als Glücksspiel-, Konzessions- oder Zweckabgaben, Reinerträge, Abführungen, und Jahresüberschüsse bekannt und werden im weiteren Verlauf dieser Arbeit als **Sonstige Abgaben** bezeichnet. Dabei ist zu beachten, dass die Glücksspiel-, Konzessions- oder Zweckabgaben meist für jedes Glücksspiel getrennt und die Reinerträge, Abführungen sowie Jahresüberschüsse von allen Glücksspielen gemeinsam berechnet und abgeliefert werden. Darüber hinaus zahlen einige Landeslotteriegesellschaften vom erwirtschafteten Jahresergebnis zusätzlich auch eine Dividende oder den verbleibenden Gewinn an die jeweiligen Gesellschafter. Die Form, Höhe, Berechnung und Empfänger der Sonstigen Abgaben sind bei jeder Landeslotteriegesellschaft unterschiedlich. Die genauen Bestimmungen sind je nach Land in den Glücksspiel- und Ausführungsgesetzen oder in den Konzessionsbestimmungen zwischen der Landeslotteriegesellschaft und dem Bundesland enthalten.

Die Empfänger der Sonstigen Abgaben sind entweder die Länder oder vertraglich begünstigte Destinatäre. Im Fall, dass die Landeslotteriegesellschaft die

---

37 Vgl. Vieweg, H.-G. (2012), S. 31.

38 Vgl. § 17 RennwLottG.

Sonstigen Abgaben an das Land abführt, entscheidet das Land, ob die Abgaben für bestimmte Empfänger zweckgebunden sind oder zur allgemeinen Deckung des Landeshaushalts verwendet werden. Die Höhe und Empfänger dieser Zweckbindungen sind entweder direkt in den Glücksspiel- und Ausführungsgesetzen oder in den Haushaltsplänen der Länder enthalten. Einige Landeslotteriegesellschaften lassen die Sonstigen Abgaben teilweise oder gänzlich den begünstigten Destinatären direkt zukommen und gehen nicht den Weg über das Land, z. B. Saarland. Bei den Empfängern der Zweckbindungen sowie den begünstigten Destinatären handelt es sich um gemeinnützige Organisationen, z. B. den Sportbund (zur Förderung von Jugend- und Breitensport), Kultur- und Sozialeinrichtungen, Wohlfahrts- und Denkmalpflege, gemeinnützige Stiftungen, Umweltschutzverbände usw.

Die Tabellen 6 bis 8 geben einen Überblick über die Abgabenmodelle, welche die 16 Landeslotteriegesellschaften anwenden. Dabei wird zwischen drei verschiedenen Formen unterschieden: die **Zweckerträge** für bestimmte Lotterien, **Sonstige Abgaben** sowie **Gewinnausschüttungen**.

Tabelle 6 zeigt zunächst die Zweckerträge für die Soziallotterie Glücksspirale, die Umweltlotterie Bingo und das Fußball-Toto. Diese Abgaben bilden eine Besonderheit, da sie für bestimmte Empfänger vorgesehen sind und von den Landeslotteriegesellschaften separat ausgewiesen werden. Die Glücksspirale ist die Soziallotterie des DLTB. Der planmäßige Zweckertrag beträgt in jedem Bundesland ca. 27 Prozent der Spieleinsätze. Mit Ausnahme von Hessen und Nordrhein-Westfalen führen alle Landeslotteriegesellschaften davon jeweils 25 Prozent an die drei vertraglich begünstigten Destinatäre ab. Es handelt sich dabei um den Deutschen Olympischen Sportbund (DOSB), die Deutsche Stiftung Denkmalschutz (DSD) und die Bundesarbeitsgemeinschaft der Freien Wohlfahrtspflege (BAGFW).[39] Diese Destinatäre werden auch als überregionale Empfänger der Glücksspirale bezeichnet. Die Regelungen zur Verwendung des restlichen Viertels sind in jedem Bundesland unterschiedlich und gehen entweder über den Landeshaushalt oder direkt an Destinatäre im Bereich Umweltschutz, Kultur, Soziales oder Sport. Im Gegensatz dazu führen die Landeslotteriegesellschaften von Hessen und Nordrhein-Westfalen 90 bzw. 100 Prozent der Zweckerträge an die drei überregionalen Empfänger der Glücksspirale ab.

Die Umweltlotterie Bingo wird derzeit von sieben Landeslotteriegesellschaften veranstaltet. Die dafür vorgesehenen Zweckerträge, meist im Ausmaß von 25 Prozent der Spieleinsätze, gehen entweder über den Landeshaushalt oder

---

39 Vgl. www.gluecksspirale.de, Pressemappe.

direkt an Destinatäre im Bereich des Umweltschutzes, z. B. die Norddeutsche Stiftung für Umwelt und Entwicklung. Die Landeslotteriegesellschaften von Baden-Württemberg und Bayern lassen darüber hinaus zwei Prozent der Spieleinsätze vom Fußball-Toto dem Süddeutschen Fußballverband zukommen.

Tabelle 6: Zweckerträge der Landeslotteriegesellschaften von Glücksspirale, Bingo und Toto

Zweckerträge der Landeslotteriegesellschaften von Glücksspirale, Bingo und Toto						
	Empfänger/Höhe der Abgabe in % vom Spieleinsatz					
	Glücksspirale ca. 27 %			Bingo		Toto
Landeslotteriegesellschaft	**Überregional**	**LH**	**Destinatäre**	**LH**	**Destinatäre**	**Destinatäre**
Baden-Württemberg	75 %	25 %				2 %
Bayern	75 %		25 %			2 %
Berlin	75 %	25 %				
Brandenburg	75 %		25 %			
Bremen	75 %		25 %		25 %	
Hamburg	75 %		25 %		25 %	
Hessen	90 %		10 %			
Mecklenburg-Vorpommern	75 %		25 %	35 %		
Niedersachsen	75 %		25 %	25 %		
Nordrhein-Westfalen	100 %					
Rheinland-Pfalz	75 %		25 %	7,5 %	10 %	
Saarland	75 %		25 %			
Sachsen	75 %		25 %			
Sachsen-Anhalt	75 %	25 %			25 %	
Schleswig-Holstein	75 %	25 %		25 %		
Thüringen	75 %		25 %			

Quelle: Barth, D. (2013/1)

In der nachstehenden Tabelle 7 sind die Sonstigen Abgaben dargestellt, die das Gros der Abgabenlast seitens der Landeslotteriegesellschaften ausmachen. Die Tabelle nennt die Form sowie die Höhe der Abgaben und unterscheidet dabei, ob die Abgaben direkt an Destinatäre oder an den Landeshaushalt abgeführt werden, wobei im letztgenannten Fall auch die Verwendung angegeben ist. Aus der Tabelle geht hervor, dass jedes Bundesland über ein eigenes Modell verfügt, dass sich in Form, Höhe, Empfänger und Verwendung unterscheidet. Die sonstigen Abgaben von allen Landeslotteriegesellschaften machen durchschnittlich rund 23 Prozent der Spiel- und Wetteinsätze aus.[40]

Abschließend enthält Tabelle 8 noch eine Darstellung zur Gewinn- und Dividendenausschüttung. Es lässt sich erkennen, dass jede Landeslotteriegesellschaft neben den Zweckerträgen und Sonstigen Abgaben auch noch die

40 Vgl. eigene Berechnungen.

erzielten Jahresüberschüsse abführt. Die Empfänger sind dabei die jeweiligen Gesellschafter, wobei es sich dabei entweder um das Land, gemeinnützige Organisationen oder die Landesbank handeln kann.

Tabelle 7: Sonstige Abgaben der Landeslotteriegesellschaften

Sonstige Abgaben der Landeslotteriegesellschaften			
	Empfänger/Höhe der Abgaben in % vom Spieleinsatz		**Verwendung**
Landeslotterie-gesellschaft	**Destinatäre**	**Landeshaushalt**	
Baden-Württemberg		Reinerträge: ca. 25 %	ca. 2/3 Zweckgebunden in Form eines (Wettmittelfonds ca. 1/3 zur allgemeinen Deckung
Bayern		Überschüsse je nach Jahresergebnis	Zur allgemeinen Deckung
Berlin		Zweckabgaben: 20 %	Zweckgebunden
Brandenburg		Glücksspielabgaben: 20 % bei Lotterien, 17,5 % bei Sportwetten	rd. 20 Mio. Euro Zweckgebunden der Rest zur allgemeinen Deckung
Bremen	Zweckabgaben: min. 15 % bei Festquoten, min. 21 % bei Totalisatorquoten		85,819 % Zweckgebunden 14,181 % zur allgemeinen Deckung
Hamburg		Konzessionsabgaben: ca. 20 %	Zur allgemeinen Deckung
Hessen	Abführungen: 6,8 % (min. 34.766 Tsd. Euro)	Überschüsse je nach Jahresergebnis	Zweckgebunden
Mecklenburg-Vorpommern		Überschüsse je nach Jahresergebnis	Zur allgemeinen Deckung
Niedersachsen		Glücksspielabgaben: 15 % bis 25 %	ca. 50 % Zweckgebunden ca. 50 % zur allgemeinen Deckung
Nordrhein-Westfalen		Glücksspielabgaben: 13 % bis 25 %	ca. 25 % Zweckgebunden ca. 75 % Zur allgemeinen Deckung
Rheinland-Pfalz		Konzessionsabgaben: bis 30 %	bis zu 1 Mio. Euro der Rest zur allgemeinen Deckung
Saarland	Abführungen: 16,15 % bei Lotterien 15 % bei Oddset-Kombi- bzw. 9,3 % Top-Wetten sowie Überschüsse je nach Jahresergebnis		
Sachsen		Reinerträge: ca. 25 %	Zweckgebunden
Sachsen-Anhalt		Konzessionsabgaben: 20 % bei Lotto und Toto 15 % bei Oddset-Sportwetten	Zweckgebunden
	Reinerträge: 25 % bei Bingo, Zusatz- und Losbrieflotterien		Zur allgemeinen Deckung
Schleswig-Holstein		Zweckabgaben: 25 % bei Lotterien 15 % bzw. 10 % bei Oddset-Kombi- bzw. Top-Wetten	rd. 9,3 Mio. Euro Zweckgebunden der Rest zur allgemeinen Deckung
Thüringen	Abführungen: 9,35 % (max. 13.730 Tsd. Euro)	Überschüsse je nach Jahresergebnis	Zweckgebunden

Quelle: Barth, D. (2013/1)

Tabelle 8: Gewinnausschüttungen der Landeslotteriegesellschaften

<table>
<tr><th colspan="4">Gewinnausschüttungen der Landeslotteriegesellschaften</th></tr>
<tr><th></th><th colspan="3">Empfänger</th></tr>
<tr><th>Landeslotteriegesellschaft</th><th>LH</th><th>Destinatäre</th><th>Bank(en)</th></tr>
<tr><td>Baden-Württemberg</td><td>Dividende</td><td></td><td></td></tr>
<tr><td>Bayern</td><td>(siehe Tabelle 7)</td><td></td><td></td></tr>
<tr><td>Berlin</td><td>Gewinn</td><td></td><td></td></tr>
<tr><td>Brandenburg</td><td>Dividende</td><td></td><td></td></tr>
<tr><td>Bremen</td><td colspan="3">Dividende</td></tr>
<tr><td>Hamburg</td><td>Gewinn</td><td></td><td></td></tr>
<tr><td>Hessen</td><td>Gewinn</td><td></td><td></td></tr>
<tr><td>Mecklenburg-Vorpommern</td><td>(siehe Tabelle 7)</td><td></td><td></td></tr>
<tr><td>Niedersachsen</td><td></td><td colspan="2">Gewinn</td></tr>
<tr><td>Nordrhein-Westfalen</td><td></td><td></td><td>Gewinn</td></tr>
<tr><td>Rheinland-Pfalz</td><td colspan="2">Dividende</td><td></td></tr>
<tr><td>Saarland</td><td></td><td>Dividende</td><td></td></tr>
<tr><td>Sachsen</td><td></td><td></td><td></td></tr>
<tr><td>Sachsen-Anhalt</td><td>Dividende</td><td></td><td></td></tr>
<tr><td>Schleswig-Holstein</td><td></td><td></td><td>Gewinn</td></tr>
<tr><td>Thüringen</td><td>Gewinn</td><td></td><td></td></tr>
</table>

Quelle: Barth, D. (2013/1)

Eine ausführliche Auseinandersetzung mit den verschiedenen Abgabenmodellen der 16 Landeslotteriegesellschaften, welche die genauen gesetzlichen Bestimmungen in dem jedem Bundesland enthalten, kann aus der angegebenen Literatur entnommen werden.[41]

4.3.2 *Staatliche Klassenlotterien*

Die Klassenlotterieunternehmen sind gesetzlich verpflichtet, zusätzlich zur Lotteriesteuer auch ihre erwirtschafteten Jahresüberschüsse an die jeweiligen Ver-

41 Vgl. Barth, D. (2013/1).

tragsländer abzuführen. Die Verteilung der Lotteriesteuer und Jahresüberschüsse richtet sich bei beiden Klassenlotterien nach zwei Kriterien: zum einem nach dem Verhältnis der Einwohneranzahl und zum anderen nach dem Verhältnis der abgesetzten Lose im jeweiligen Vertragsland. Die genauen Bestimmungen der Verteilung sind im GKL-StV enthalten.[42] In den Haushaltsplänen der Länder sind die Einnahmen aus den Jahresüberschüssen nicht zweckgebunden, sondern werden für die allgemeine Deckung des Landeshaushalts verwendet.

4.3.3 Fernsehlotterien

Beide Fernsehlotterien führen ebenfalls die Lotteriesteuer an das Land ab, in dem die Lotterie veranstaltet wird. Darüber hinaus sind sie verpflichtet, einen Reinertrag von mindestens 30 Prozent (tatsächlich sind es bei beiden Fernsehlotterien sogar rund 40 Prozent) der Spieleinsätze zu entrichten.[43] Die Empfänger der Reinerträge sind in der Erlaubnis festgelegt und umfassen gemeinnützige, kirchliche oder mildtätige Zwecke.[44] In der Regel handelt es sich dabei um die beiden Träger der Soziallotterien und deren angeschlossenen Organisationen. Ein angemessener Anteil des Reinertrages soll in dem Land verwendet werden, in dem die Lotterie veranstaltet wird.[45]

Der Empfänger der Reinerträge der Deutschen Fernsehlotterie ist die Stiftung Deutsches Hilfswerk. Die Stiftung dient der Verteilung des Reinerlöses der Fernsehlotterie. Sie fördert gemäß ihrer Satzung soziale und karitative Projekte und Maßnahmen freier gemeinnütziger Sozialträger.[46] Hingegen werden die Reinerträge der Aktion Mensch zur Förderung der Inklusion von Menschen mit Behinderung, für die Kinder- und Jugendhilfe sowie für Menschen mit besonderen sozialen Schwierigkeiten verwendet.[47]

4.3.4 Lotterien des Gewinn- und PS-Sparens

Neben der Lotteriesteuer an die Bundesländer führen die Veranstalter der Lotterien des Gewinn- und PS-Sparens ebenso einen Reinertrag von mindestens

42 Vgl. § 9 GKL-StV.
43 Vgl. 15 Abs. 1 Satz 3 Erster GlüÄndStV.
44 Vgl. § 16 Abs. 1 und Abs. 2 Satz 1 Erster GlüÄndStV.
45 Vgl. § 16 Abs. 3 Erster GlüÄndStV.
46 Vgl. www.fernsehlotterie.de, Über uns, Stiftung Deutsches Hilfswerk.
47 Vgl. www.aktion-mensch.de, Förderprogramme.

25 Prozent der Spieleinsätze für gemeinnützige, kirchliche oder mildtätige Zwecke ab.[48] Die Empfänger des Reinertrags werden von den Veranstaltern selbst bestimmt. Da der Erste GlüÄndStV beim Gewinn- und PS-Sparen geringere Reinerträge vorsieht als bei den Fernsehlotterien, können die Veranstalter auch höhere Ausschüttungsquoten anbieten. Die durchschnittliche Ausschüttungsquote der Lotterien liegt bei ca. 55 Prozent der Spieleinsätze[49] und ist somit deutlich höher als der gesetzliche Mindestsatz von 30 Prozent.

4.4 Wetten

Neben der Lotteriesteuer regelt das RennwLottG auch die Besteuerung von Pferde- und Sportwetten. Dieses Gesetz wurde am 29. Juni 2012 an mehreren Stellen geändert. Die zwei wichtigsten Änderungen betreffen eine deutliche Absenkung des Steuersatzes von 16,67 auf fünf Prozent der Wetteinsätze[50] sowie den Umstand, dass bei Sportwetten der Vollzug der Steuer nun auch auf Veranstalter aus dem Ausland möglich ist.[51]

4.4.1 Pferdewetten

Wie bereits in Abschnitt 3.4 erwähnt, unterscheidet man bei den Veranstaltern von Pferdewetten zwischen Totalisatoren und gewerblichen Buchmachern. Dementsprechend unterliegen die Wetteinsätze von Totalisatoren der Totalisatorsteuer und die Wetteinsätze von gewerblichen Buchmachern der Rennwettsteuer. Seit Juli 2012 betragen beide fünf Prozent der Wetteinsätze und stehen dem Land zu, in dem die Pferdewette veranstaltet wird. Das RennwLottG sieht vor, dass die Rennvereine, die einen Totalisator betreiben, bis zu 96 Prozent des Aufkommens der Totalisatorsteuer erhalten. Sie haben die Beträge zu Zwecken der öffentlichen Leistungsprüfungen für Pferde zu verwenden.[52] Das bedeutet, dass die Länder 96 Prozent der Einnahmen aus der Totalisatorsteuer wieder an die Rennvereine für die Förderung der Pferdezucht zurückgeben. Dies stellt eine beinahe vollständige Zweckbindung der Totalisatorsteuer für die Rennvereine dar. Die Rennwettsteuer ist nicht zweckgebunden, sondern wird von den Ländern zur allgemeinen Deckung des Haushalts verwendet.

---

48 Vgl. § 30 Abs. 2 Erster GlüÄndStV.
49 Vgl. www.gewinnsparen.de, Lesen, Spielordnung.
50 Vgl. § 17 Abs. 2 Satz 2 RennwLottG.
51 Vgl. § 19 Abs. 3 RennwLottG.
52 Vgl. § 16 Abs. 1 Satz 1 und 2 RennwLottG.

4.4.2 Sportwetten

Die Sportwettsteuer beträgt seit Juli 2012 ebenfalls fünf Prozent der Wetteinsätze. Allerdings wird das Aufkommen der Sportwettsteuer zwischen den Ländern aufgeteilt. Der Zerlegungsmaßstab richtet sich dabei zu 50 Prozent entsprechend den Anteilen am im Jahr 2010 erzielten Aufkommen der Steuern nach dem Rennwett- und Lotteriegesetz und zu 50 Prozent entsprechend dem Einwohneranteil der Bundesländer.[53]

4.5 Sportwetten und Online-Casinospiele in Schleswig-Holstein

Im Gegensatz zum RennwLottG zieht das Glücksspielgesetz von Schleswig-Holstein als Bemessungsgrundlage nicht die Wetteinsätze, sondern die Bruttospielerträge heran. Die Glücksspielabgabe von Sportwetten und Online-Casinospielen beträgt einheitlich 20 Prozent der Bruttospielerträge. Da es sich beim RennwLottG um ein Bundesgesetz handelt, hat es bei der Besteuerung von Sportwetten Vorrang gegenüber dem Glücksspielgesetz von Schleswig-Holstein. Aus diesem Grund sind auch Sportwetten in Schleswig-Holstein mit fünf Prozent der Wetteinsätze zu besteuern. Im Gegensatz dazu bleibt der Abgabensatz bei Online-Casinospielen von 20 Prozent der Bruttospielerträge erhalten, weil dieses Segment derzeit ausschließlich in Schleswig-Holstein legal veranstaltet werden darf.

4.6 Das Ausmaß und die Entwicklung der staatlichen Einnahmen und deren Verwendung

Die Tabellen 9 und 10 fassen die Erläuterungen der einzelnen Abschnitte nochmals zusammen. In Tabelle 10 erfolgt zunächst eine Übersicht aller staatlichen Einnahmen aus Glücksspielen und Wetten zwischen 2001 und 2012. Die Einnahmen sind dabei nach den drei Landessteuern, den Steuern von Spielbanken und GGSG sowie den Sonstigen Abgaben von Lotterie- und Sportwetten unterteilt, wobei die letztgenannten nochmals nach Abgaben des DLTB, der Klassenlotterien, Fernsehlotterien sowie Lotterien des Gewinn- und PS-Sparen gegliedert sind. Aus der Übersicht geht hervor, dass die Summe der Einnahmen in den letzten zehn Jahren von 5,5 Milliarden Euro auf 4,6 Milliarden Euro sank und sich mittlerweile wieder auf einem Niveau von rund fünf Milliarden Euro

53 Vgl. § 24 Abs. 2 Satz 1 RennwLottG.

befindet. Es ist dabei bemerkenswert, dass sich in den letzten zehn Jahren alle Einnahmenquellen, mit Ausnahme der Vergnügungssteuer auf GGSG, teilweise erheblich verringert haben. Dies ist vor allem bei den Abgaben von Spielbanken zu erkennen. Diese machten im Jahr 2012 nur mehr 295,3 Millionen Euro aus und somit weniger als Hälfte der Einnahmen aus dem Jahr 2001. Der entgegengesetzte Trend ist bei den Einnahmen aus der Vergnügungssteuer von GGSG zu beobachten, die sich in den Jahren 2001 bis 2012 mehr als verdoppelten. Der Grund dafür ist der seit Jahren zunehmende Anstieg von Spieleinsätzen in den Spielhallen und Gaststätten, der vor allem zu Lasten der Spieleinsätze von Glücksspielautomaten in Spielbanken geht (vgl. Tabelle 2 und 3).

Tabelle 9: Staatliche Einnahmen aus Steuern und Abgaben von Glücksspielen und Wetten 2001–2012

Staatliche Einnahmen aus Steuern und Abgaben von Glücksspielen und Wetten												
	Beträge in Tsd. Euro											
Posten	**2001**	**2002**	**2003**	**2004**	**2005**	**2006**	**2007**	**2008**	**2009**	**2010**	**2011**	**2012**
Totalisatorsteuer	41.138,8	36.844,7	31.869,3	24.528,9	20.770,8	16.025,8	13.825,7	12.389,8	11.648,9	10.317,6	10.305,9	5.699,9
Andere Rennwettsteuer	1.948,4	1.205,9	1.123,7	739,2	419,1	219,9	16,3	20,6	10,2	5,5	155,7	135,5
Lotterie- und Sportwettsteuer	1.874.789,6	1.806.667,0	1.828.505,4	1.859.940,6	1.791.730,6	1.759.001,0	1.687.840,5	1.523.723,2	1.499.123,3	1.401.914,4	1.410.110,4	1.425.395,6
Landessteuern	**1.917.876,8**	**1.844.717,7**	**1.861.498,4**	**1.885.208,7**	**1.812.920,6**	**1.775.246,7**	**1.701.650,0**	**1.536.133,7**	**1.510.782,4**	**1.412.237,5**	**1.420.572,0**	**1.431.231,1**
Spielbankabgabe u.ä.[1]	706.211,33	697.227,15	757.205,05	749.973,55	718.240,63	647.998,47	543.335,90	373.168,29	270.302,12	216.230,83	212.155,80	209.578,49
Umsatzsteuer						85.454,5	147.369,7	115.437,0	98.672,3	88.932,8	88.453,8	85.739,5
Steuernvon Spielbanken	**706.211,3**	**697.227,1**	**757.205,0**	**749.973,5**	**718.240,6**	**733.453,0**	**690.705,6**	**488.605,3**	**368.974,4**	**305.163,6**	**300.609,6**	**295.318,0**
DLTB[2]	1.832.496,9	1.830.062,5	2.018.441,4	1.968.196,9	1.945.085,3	1.892.656,3	1.820.934,7	1.634.925,0	1.629.996,9	1.536.578,1	1.583.929,2	1.503.260,3
Klassenlotterien[2]	97.214,9	82.452,5	82.773,1	81.298,7	75.872,7	64.666,1	50.621,6	31.442,9	6.550,4	16.263,8	10.441,8	27.933,2
Fernseh lotterien[3]	164.800,0	171.040,0	175.880,0	216.880,0	231.520,0	246.840,0	240.360,0	251.640,0	252.080,0	238.720,0	246.880,0	241.680,0
Gewinn- & PS-Sparen[3]	115.750,0	110.800,0	119.950,0	117.025,0	121.175,0	119.750,0	120.050,0	117.425,0	117.325,0	118.950,0	121.650,0	123.375,0
Sonstige Abgaben von Lotterien und Sportwetten	**2.210.261,8**	**2.194.355,0**	**2.397.044,5**	**2.383.400,7**	**2.373.652,9**	**2.323.912,4**	**2.231.966,4**	**2.035.432,8**	**2.005.952,3**	**1.910.511,9**	**1.962.901,0**	**1.896.248,6**
Vergnügungssteuer[4]	252.166,1	243.559,0	251.379,0	250.220,0	223.201,0	201.036,0	207.938,0	258.093,0	300.257,0	375.714,0	479.460,0	616.174,0
Umsatzsteuer	311.724,1	321.379,3	324.137,9	321.379,3	324.137,9	379.310,3	486.974,8	538.067,2	606.722,7	654.621,8	694.537,8	702.504,2
Steuern von GGSG	**563.890,2**	**564.938,3**	**575.516,9**	**571.599,3**	**547.338,9**	**580.346,3**	**694.912,8**	**796.160,2**	**906.979,7**	**1.030.335,8**	**1.173.997,8**	**1.318.678,2**
Steuern und Abgaben von Glücksspielen und Wetten-Gesamt	**5.398.240,2**	**5.301.238,1**	**5.591.264,9**	**5.590.182,2**	**5.452.153,1**	**5.412.958,4**	**5.319.234,8**	**4.856.332,0**	**4.792.688,8**	**4.658.248,8**	**4.858.080,4**	**4.941.475,8**

[1]Spielbank abgabe (ab Mai 2006, abzgl. Ust-Zahllast), Sonder-und Troncabgaben sowie Gewinnausschüttungenan Länder
[2]Sonstige Abgaben und Gewinnausschüttungen an Länder und Destinatäre
[3]Abgaben an Destinatäre
[4]Vergnügungssteuern auf alle Arten von Spielautomaten

Quellen: Haushaltsrechnungen und Haushaltsplänen der 16 Bundesländer, Geschäftsberichte der Spielbank- und Lotteriegesellschaften, eigene Berechnungen Vergnügungssteuer: Statistisches Bundesamt, Wiesbaden

Tabelle 10: Verwendung der Steuern und Abgaben von Glücksspielen und Wetten 2001–2012

Verwendung der Steuern und Abgaben von Glücksspielen und Wetten												
	Beträge in Tsd. Euro											
Posten	**2001**	**2002**	**2003**	**2004**	**2005**	**2006**	**2007**	**2008**	**2009**	**2010**	**2011**	**2012**
Zuweisung an Rennvereine	38.169,4	34.518,3	30.634,8	23.375,9	20.142,3	15.234,9	13.299,3	11.854,9	11.178,8	9.770,9	9.952,9	5.466,9
Totalisatorsteuer	**38.169,4**	**34.518,3**	**30.634,8**	**23.375,9**	**20.142,3**	**15.234,9**	**13.299,3**	**11.854,9**	**11.178,8**	**9.770,9**	**9.952,9**	**5.466,9**
Spielbankenaufsicht	3.251,4	4.521,5	9.685,8	9.354,9	12.028,3	12.245,5	12.235,8	12.300,3	12.443,8	12.766,9	13.131,5	13.305,9
Spielbankgemeinden	98.790,5	98.059,0	107.824,4	103.013,6	100.976,9	95.678,5	93.323,6	76.113,4	60.016,6	58.156,4	55.900,3	54.703,4
Fremdenverkehr	20.538,3	26.653,0	24.634,9	19.611,0	18.433,7	16.424,9	15.656,2	16.220,9	20.210,0	23.128,7	20.115,2	16.130,7
Kultur	36.473,5	35.314,2	39.201,0	30.002,4	29.940,9	29.946,4	27.917,7	27.813,1	27.003,6	25.209,3	27.174,7	26.296,1
Soziales	59.810,4	50.390,2	61.656,3	61.265,1	57.804,5	45.103,1	44.697,1	44.392,7	30.572,7	29.101,1	29.276,6	30.021,9
Sport	134,1							1.300,0	1.300,0	1.300,0	1.288,9	1.197,6
Umwelt			1.714,9	1.207,6	1.065,2	1.111,9	840,4	1.056,9	1.067,6	1.113,5	1.001,7	851,2
Sonstiges	2.479,6	2.341,5	7.434,4	2.256,7	6.803,5	2.292,6	2.248,6	2.078,1	1.658,4	84,4	0,0	23,4
Spielbankabgabe u.ä.	**221.477,7**	**217.279,4**	**252.151,6**	**226.711,4**	**227.052,9**	**202.802,8**	**196.919,5**	**181.275,5**	**154.272,8**	**150.860,4**	**147.888,7**	**142.530,3**
Glücksspielaufsicht								410,7	483,4	530,5	500,4	325,5
Glücksspielsuchtprävention	766,9	683,4	624,3	624,3	624,3	624,3	624,3	5.271,7	7.400,6	8.098,2	7.587,2	6.718,6
Kultur	225.099,2	215.804,8	241.138,1	222.597,2	217.537,1	199.515,5	217.542,9	209.567,9	234.822,3	230.834,4	234.031,5	223.183,1
Soziales	470.142,7	476.734,0	577.344,8	622.279,9	619.102,6	588.991,4	570.177,9	564.903,4	571.410,3	549.313,0	568.545,2	549.876,9
Sport	221.519,7	235.162,7	265.374,1	268.064,4	252.332,5	241.033,0	239.469,7	231.341,5	243.656,8	239.284,9	250.659,8	240.978,6
Umwelt	19.044,8	25.088,9	34.786,5	29.847,4	23.525,6	19.648,0	17.110,3	17.771,1	25.697,0	27.460,9	27.988,0	26.177,6
Sonstiges	20.057,5	24.702,9	19.666,7	19.721,7	13.966,9	15.939,0	14.449,9	13.287,3	16.791,9	12.476,9	13.092,9	12.395,4
Fußball-WM 2006		1.631,7	2.020,6	798,2	2.724,1	1.226,1						
Landesbanken	30.588,1	35.972,1	35.816,1	38.007,8	38.419,3	39.766,4	42.036,8	37.087,8	40.327,7	31.025,1	38.588,1	33.405,4
Abgaben vom Lotterien und Sportwetten des DLTB	**987.219,0**	**1.015.780,4**	**1.176.771,3**	**1.201.940,8**	**1.168.232,3**	**1.106.743,6**	**1.101.411,9**	**1.079.641,5**	**1.140.590,0**	**1.099.023,9**	**1.140.993,0**	**1.093.061,1**
Gesamt	**1.246.866,1**	**1.267.578,1**	**1.459.557,6**	**1.452.028,1**	**1.415.427,6**	**1.324.781,3**	**1.311.630,7**	**1.272.771,9**	**1.306.041,5**	**1.259.655,1**	**1.298.834,7**	**1.241.058,3**

Quellen: Haushaltsrechnungen und Haushaltsplänen der 16 Bundesländer, Geschäftsberichte der Spielbank- und Lotteriegesellschaften, eigene Berechnungen

In Tabelle 9 ist noch zu beachten, dass im Aufkommen der Lotterie- und Sportwettsteuer im Jahr 2012 bereits Einnahmen aus der Sportwettsteuer von privaten Anbietern enthalten sind. Zwar ist das Konzessionsverfahren für die Vergabe der 20 Konzessionen für Sportwetten noch nicht abgeschlossen, allerdings werden in den Steuerverwaltungen der Länder steuerlich bereits 62 Anbieter von Sportwetten geführt. Für den Zeitraum von Juli 2012 bis Mai 2013 beliefen sich die Einnahmen der auf Sportwetten erhobenen Steuern bundesweit auf 164,641 Millionen Euro. Dies geht aus der Antwort einer Kleinen Anfrage des Landesparlaments Hamburg hervor.[54] Rechnet man den Betrag für den Zeitraum von Juli bis Dezember 2012 hoch, dann lassen sich die Einnahmen aus der Sportwettsteuer auf 89,80 Millionen Euro schätzen. Dieser Betrag ist in der Lotterie- und Sportwettsteuer von 2012 in Höhe von 1.425,39 Millionen Euro bereits einbezogen. Der Umstand, dass ausländische Anbieter trotz fehlender Erlaubnis Sportwettsteuer zahlen, ist das Resultat der zuvor erwähnten Änderung des RennwLottG und zeigt, dass der steuerliche Vollzug erfolgreich ist.

Abschließend stellt Tabelle 10 die Verwendung der staatlichen Einnahmen aus Glücksspielen und Wetten dar. Es handelt sich dabei um die Zweckbindungen, die aus Steuern und Abgaben abgeleitet werden. Die Tabelle enthält drei Bereiche. Als Erstes ist die Zuweisung der Einnahmen aus der Totalisatorsteuer an die Rennvereine angegeben. Diese machen bis zu 96 Prozent am Aufkommen der Totalisatorsteuer aus (vgl. Abschnitt 4.4.1). Danach folgen die Zweckbindungen der Abgaben von Spielbanken in den Landeshaushalten, wie sie in Tabelle 5 angeführt wurden. Im Jahr 2012 betrugen diese Zweckbindungen 142,53 Millionen Euro und entsprachen rund der Hälfte der Einnahmen aus den Abgaben von Spielbanken, wobei die Spielbankgemeindenanteile mit 54,73 Millionen Euro den größten Anteil dieser Zweckbindungen ausmachten. Der Rest ging je nach Landesgesetzgebung an die jeweiligen Spielbankaufsichten oder an Empfänger in den Bereichen Kultur, Soziales, Sport oder Umwelt.

Als Letztes sind die Zweckbindungen in den Landeshaushalten aus den Sonstigen Abgaben des DLTB dargestellt, deren rechtlichen Bestimmungen in Tabelle 7 vorgestellt wurden. Diese Zweckbindungen summieren sich jedes Jahr konstant auf über eine Milliarde Euro und machten im Jahr 2012 insgesamt 1.093,06 Millionen Euro aus. Der Großteil dieses Betrages geht an Empfänger in den Bereichen Kultur, Soziales und Sport. Seit 2008 ist in den meisten Bundesländern vorgesehen, dass auch die Geschäftsstelle der Glücksspielaufsichtsbehörden sowie Empfänger

54 Vgl. Bürgerschaft der Freien und Hansestadt Hamburg, Drucksache 20/8547 vom 05.07.2013.

aus dem Gebiet der Glücksspielsuchtprävention einen Teil dieser Zweckbindungen erhalten. Die Zuwendungen in diesen zwei Bereichen betragen seitdem jährlich rund 500.000 Euro bzw. rund sieben Millionen Euro.

4.7 Internationale Besteuerungsmodelle für Sportwetten

Die privaten Anbieter von Sportwetten und Online-Casinospielen agieren hauptsächlich aus ihren Niederlassungen außerhalb von Deutschland. Diese befinden sich meist auf Inseln innerhalb von Europa, z. B. Gibraltar, Malta, Isle of Man oder Alderney. Gibraltar und Malta, aus denen derzeit die meisten Anbieter fungieren, sind beide Mitgliedsstaaten der EU und können den Firmen einen erheblichen Standortvorteil gegenüber Deutschland anbieten. Der Standortvorteil drückt sich vor allem durch liberalere Glücksspielgesetze und geringere Steuern aus. Um einen Eindruck über die steuerliche Belastung von Sportwetten in diesen Ländern zu gewinnen, sind nachstehend die steuerlichen Verpflichtungen in Gibraltar und Malta kurz dargestellt:

Gibraltar

Die Spielsteuer (engl. gaming tax) beträgt in Gibraltar ab April 2005 bei Online-Sportwetten mit Festquoten bei einem jährlichen Umsatz (Wetteinsätze) bis £ 42.500.000 nur ein Prozent. Das bedeutet, dass die Höhe der Spielsteuer jährlich bis zu £ 425.000 begrenzt ist, wobei gleichzeitig ein jährlicher Mindestbetrag in der Höhe von £ 85.000 gilt.[55]

Malta

In Malta ist zwischen vier Klassen von unterschiedlichen Lizenzen für Glücksspiele zu unterschieden. Laut der Remote Gaming Regulation befindet sich ein Anbieter von Sportwetten mit Festquoten in der für Spielsteuer geltenden Klasse 2. Seit dem Jahr 2004 beträgt dabei die Spielsteuer 0,5 Prozent der Wetteinsätze, wobei die maximale Höhe der Spielsteuer pro Lizenz auf 466.000 Euro begrenzt ist.[56]

Tabelle 11 enthält die gesetzlichen Vorschriften zur Besteuerung von Sportwetten in zehn europäischen Ländern. Die Bemessungsgrundlage ist, je nach Land, entweder der Bruttospielertrag oder der Wetteinsatz. Man erkennt, dass die französische und deutsche Gesetzgebung mit einer Sportwettsteuer von 7,5 bzw. 5 Prozent der Wetteinsätze Sportwetten am höchsten besteuern. Hingegen ist die

55 Vgl. www.gibraltar.gov.gi, Remote Gambling, Gaming Tax.

56 Vgl. www.lga.org.mt, Legislation, Remote Gaming Regulations, 4th schedule, Regulation 57, 1.b und 3, S. 25 f.

Steuerlast in Gibraltar und Malta europaweit am geringsten. Zur einheitlichen Übersicht zeigt die Tabelle neben den Steuersätzen auch die impliziten Steuersätze. Dabei wurden Steuersätze, welche die Wetteinsätze als Bemessungsgrundlage haben, so umgerechnet, dass sie sich ebenfalls auf die Bruttospielerträge beziehen. Die Berechnung erfolgte dabei mit einer Auszahlungsquote von 90 Prozent.

Tabelle 11: Internationale Besteuerung von Sportwetten

Land	**Bemessungsgrundlage**	**Steuersatz**	**impliziter Steuersatz**[1]
Belgien	Bruttospielerträge	11%	11%
Dänemark	Bruttospielerträge	20%	20%
Deutschland	Wetteinsätze	5%	50%
England	Bruttospielerträge (stationär)	15%	15%
	Bruttospielerträge (online)	0% (ab 12/2014: 15%)	0% (ab 12/2014: 15%)
Frankreich	Wetteinsätze	7,5%	75%
Griechenland	Bruttospielerträge	30%	30%
Italien	Wetteinsätze	2,5%–5,5%	25%–55%
Österreich	Wetteinsätze	2%	20%
Gibraltar	Wetteinsätze	1% (max. £ 425.000)	10% (max. £ 425.000)
Malta	Wetteinsätze	0,5% (max. € 466.000)	5% (max. € 466.000)

[1]bei einer Ausschüttungsquote von 90%

Quellen: Forschungsstelle Glücksspiel/Universität Hohenheim, siehe Anhang

Literaturverzeichnis

ALBERS, N. (2009), Warten auf den Wettbewerb – Deutschland im Jahr Zwei des neuen Glücksspielstaatsvertrages, Die Sicht der privaten Sportwettenanbieter, Vortrag bei der Tagung „Die Zukunft des deutschen Sportwettenmarktes“ der CSM, Hannover, 12.03.2009.

BARTH, D. (2013/1), Der deutsche Glücksspielmarkt, 2001–2010, Forschungsstelle Glücksspiel, Universität Hohenheim (Hrsg.).

BARTH, D. (2013/2), Genehmigung von Sportwetten und Online-Casinospiele in Schleswig-Holstein, Studie vom 19.11.2013, Forschungsstelle Glücksspiel, Universität Hohenheim.

BARTH, D. (2013/3), Der deutsche Glücksspiel- und Sportwettenmarkt: Eine Darstellung des regulierten Marktes und eine Schätzung des nicht regulierten Marktvolumens, Studie vom 09.12.2013, Forschungsstelle Glücksspiele, Universität Hohenheim.

BECKER, T. (2010), Regulierung von Lotterien mit geringem Gefährdungspotential im Glückspielstaatsvertrag: Option für eine Revision des Glücksspielstaatsvertrags, Gutachten für den Interessensverband der Lotterien mit geringem Gefährungspotential e.V. (IlgG).

BECKER, T. (2011), Recent Developments in German Gambling Law, in: In the Shadow of Luxembourg: EU and National Developments in the Regulation of Gambling, LITTLER, A., HOEKX, N., FIJNAUT, C., VERBEKE, A.-L. (Hrsg.), Leiden: M. Nijhoff Publishers.

BECKER, T./BARTH, D. (2012), Besteuerung von Sportwetten in Deutschland: Eine ökonomische Analyse von verschiedenen Szenarien, Studie vom 08.03.2012, Forschungsstelle Glücksspiel, Universität Hohenheim.

BRUNNER, J.K. (2002), Marktwirtschaft und Staat, Skript zum Kurs Economics II.B, Universität Linz (Hrsg.).

DESIA (2006), Branchenbericht 2005/06, Deutsche Spielbanken Interessen- und Arbeitsgemeinschaft (Hrsg.).

DLTB (2013), Archiv des Deutschen Lotto-Toto-Blocks, Westlotto, Münster, Mai 2013.

GOLDMEDIA (2010), Glücksspielmarkt Deutschland 2015 – Key Facts zur Studie, April 2010.

KREUTZ, D. (2005), Verwaltungsrecht: Staatliche Kontrolle und Beteiligung am Glücksspiel, München: Meidenbauer Verlagsbuchhandlung.

MEYER, G./HAYER, T. (2005), Das Gefährdungspotenzial von Lotterien und Sportwetten – Eine Untersuchung von Spielern aus Versorgungseinrichtungen, Abschlussbericht an das Ministerium für Arbeit, Gesundheit, Soziales des Landes Nordrhein-Westfalen und an die Westdeutsche Lotterie GmbH & Co. KG, Bremen.

MEYER, G./HAYER, T. (2010), Problematisches und pathologisches Spielverhalten bei Glücksspielen, Epidemiologie und Prävention, Bundesgesundheitsblatt 2010, Springer-Verlag.

MEYER, G. (2005) bis (2013), Jahrbuch Sucht, Deutsche Hauptstelle für Suchtfragen e.V. (Hrsg.), Bayreuth: Neuland.

VDAI (2009), Spielbanken in Deutschland, Verband der Deutschen Automatenindustrie e.V.

VDAI (2013), Wirtschaftskraft Musik- und Unterhaltungsautomaten 2012/2013 vom 22.04.2013, Dokument erhältlich unter www.vdai.de, Wirtschaftskraft MU.

VIEWEG, H.-G. (2005) bis (2012), Wirtschaftsentwicklung Unterhaltungsautomaten, Gutachten im Auftrag des Arbeitsausschusses Münzautomaten (AMA), ifo – Institut für Wirtschaftsforschung, Universität München.

Vieweg, H.-G. (2010), Wirtschaftsentwicklung Unterhaltungsautomaten 2009 und Ausblick 2010, Gutachten im Auftrag des Arbeitsausschusses Münzautomaten (AMA), ifo – Institut für Wirtschaftsforschung, Universität München.

Vieweg, H.-G. (2012), Wirtschaftsentwicklung Unterhaltungsautomaten 2011 und Ausblick 2012, Gutachten im Auftrag des Arbeitsausschusses Münzautomaten (AMA), ifo – Institut für Wirtschaftsforschung, Universität München.

Vieweg, H.-G. (2013), Wirtschaftsentwicklung Unterhaltungsautomaten 2012 und Ausblick 2013, Gutachten im Auftrag des Arbeitsausschusses Münzautomaten (AMA), ifo – Institut für Wirtschaftsforschung, Universität München.

Gesetze

Erster Glückspieländerungsstaatsvertrag – Erster GlüÄndStV, Erster Staatsvertrag zur Änderung des Staatsvertrages zum Glücksspielwesen in Deutschland vom 15.12.2011, verkündet durch Artikel 1 des Gesetzes vom 21.06.2012 (Nds. GVBl. S. 190).

Finanzausgleichsgesetz – FAG, Gesetz über den Finanzausgleich zwischen Bund und Ländern vom 20.12.2001 (BGBl. I S. 3955), zuletzt geändert durch Gesetz vom 29.06.2012 (BGBl. I S. 1424).

Gebührengesetz 1957, in der Fassung vom 28.02.2014 (BGBl. I Nr. 13/2014).

GKL-Staatsvertrag (GKL-StV), Gesetz zum Staatsvertrag über die Gründung der GKL Gemeinsame Klassenlotterie der Länder (GKL), verkündet durch Artikel 1 des Gesetzes vom 12.06.2012 (Brem.GBl. S. 265).

Glücksspielgesetz, Gesetz zur Neuordnung des Glücksspiels vom 20. Oktober 2011 (GVOBl. Schl.-H. S. 280).

Glücksspielstaatsvertrag – GlüStV, Staatsvertrag zum Glücksspielwesen in Deutschland vom 30.01./30.07.2007, verkündet durch Artikel 1 des Gesetzes vom 17.12.2007 (Nds. GVBl. S. 756).

MissbrStGestEG, Gesetz zur Eindämmung missbräuchlicher Steuergestaltungen vom 28.04.2006 (BGBl. I S. 1095).

RennwLottG, Rennwett- und Lotteriegesetz vom 8. April 1922, zuletzt geändert durch Art. 1 und 4 des Gesetzes vom 29.06.2012 (BGBl. I S. 1424).

Spielverordnung – SpielV, Verordnung über Spielgeräte und andere Spiele mit Gewinnmöglichkeit in der Fassung der Bekanntmachung vom 27.01.2006 (BGBl. I S. 280).

Anhang

Quellenangaben zu den Tabellen

Tabelle 1: Regulierter Markt für das Jahr 2012

Marktsegmente	Spieleinsätze	Bruttospielerträge	Auszahlungsquoten
Spielbanken	eigene Berechnungen	DLTB (2013)	www.spielbank-stuttgart.de/spielangebot, eigene Berechnungen
Gewerbliche Spielhallen/Gaststätten	eigene Berechnungen	Vieweg, H.-G. (2013), Seite20	VDAI (2013)
Deutscher Lotto-Toto-Block	DLTB (2013)	eigene Berechnungen	Westlotto, Geschäftsbericht 2012, Seite 46ff
GKL	GKL, Jahresabschluss 2012	eigene Berechnungen	GKL, Jahresabschluss 2012, eigene Berechnungen
NKL	NKL, Jahresabschlüsse zum 31.03.2012 und 30.06.2012	eigene Berechnungen	www.nkl.de/nkl/presse/unternehmen/zahlen_und_fakten.html
SKL	GKL, Jahresabschluss zum 30.06.2012	eigene Berechnungen	GKL, Jahresabschluss zum 30.06.2012 , eigene Berechnungen
ARD Fernsehlotterie	DLTB (2013)	eigene Berechnungen	§ 15 Abs. 1 Satz 3 Erster GlüÄndStV
ZDF Aktion Mensch	DLTB (2013)	eigene Berechnungen	§ 15 Abs. 1 Satz 3 Erster GlüÄndStV
PS-Sparen/Gewinnsparen	DLTB (2013)	eigene Berechnungen	www.gewinnsparen.de, Lesen, Spielordnung
Pferdewetten – Totalisator	DLTB (2013)	eigene Berechnungen	www.galopp-sport.de, Galopprennsport, Wetten
Pferdewetten – Konz. Buchmacher	-	-	Pferdewetten.de AG, Geschäftsbericht 2012, Seite 56

Tabellen 2 und 3: Spieleinsätze und Bruttospielerträge, 2001–2012

Marktsegmente	Spieleinsätze	Bruttospielerträge	Auszahlungsquoten
Spielbanken	eigene Berechnungen	Meyer, G. (2005 bis (2013)	www.spielbank-stuttgart.de/spielangebot, eigene Berechnungen
Gewerbliche Spielhallen/Gaststätten	eigene Berechnungen	Vieweg, H.-G. (2005)bis (2012)	VDAI (2013)
Deutscher Lotto-Toto-Block	Meyer, G. (2005) bis (2013)	eigene Berechnungen	Westlotto, Geschäftsberichte 2001 bis 2011
GKL	GKL, Jahresabschluss 2012	eigene Berechnungen	GKL, Jahresabschluss 2012, eigene Berechnungen
NKL	Meyer, G. (2005) bis (2013) NKL, Jahresabschl. 2010 und 2011	eigene Berechnungen	www.nkl.de/nkl/presse/unternehmen/zahlen_und_fakten.html
SKL	Meyer, G. (2005) bis (2013)	eigene Berechnungen	SKL, Jahresabschlüsse 2001 bis 2011, eigene Berechnungen
ARD Fernsehlotterie	Meyer, G. (2005) bis (2013)	eigene Berechnungen	§ 15 Abs. 1 Satz 3 GlüStV
ZDF Aktion Mensch	Meyer, G. (2005) bis (2013)	eigene Berechnungen	§ 15 Abs. 1 Satz 3 GlüStV
PS-Sparen/Gewinnsparen	Meyer, G. (2005) bis (2013)	eigene Berechnungen	www.gewinnsparen.de, Lesen, Spielordnung
Pferdewetten – Totalisator	Meyer, G. (2005) bis (2013)	eigene Berechnungen	www.galopp-sport.de, Galopprennsport, Wetten
Pferdewetten – PMU, 2004 - 2008	Albers, N. (2009), Seite 16f	eigene Berechnungen	www.galopp-sport.de, Galopprennsport, Wetten
Pferdewetten – Buchmacher, 2004 - 2008	Albers, N. (2009), Seite 16f	eigene Berechnungen	Pferdewetten.de AG, Geschäftsberichte 2006 bis 2012
Pferdewetten – PMU & Buchmacher, 2009	Goldmedia (2010, Seite 8 &	eigene Berechnungen	www.galopp-sport.de, Galopprennsport, Wetten
	eigene Berechnungen	eigene Berechnungen	Pferdewetten.de AG, Geschäftsbericht 2009

Tabelle 4: Spielbank- und Sonstige Abgaben in den 16 Bundesländern

Baden-Württemberg:	§§ 33, 34 Landesglücksspielgesetz (LGlüG)
Bayern:	Art. 5 Gesetz über Spielbanken im Freistaat Bayern (Spielbankgesetz – SpielbG)
Berlin:	§§ 3, 4 Gesetz über die Zulassung öffentlicher Spielbanken in Berlin (Spielbankengesetz – SpBG)
Brandenburg:	§ 11 Gesetz über die Zulassung öffentlicher Spielbanken im Land Brandenburg (Spielbankgesetz – SpielbG)
Bremen:	§ 5 Gesetz über die Zulassung einer öffentlichen Spielbank
Hamburg:	§ 3 Gesetz über die Zulassung einer öffentlichen Spielbank,
Hessen:	§§ 8, 9, 10 Hessisches Spielbankgesetz
Mecklenburg-Vorpommern:	§§ 7, 8 Spielbankgesetz des Landes Mecklenburg-Vorpommern (Spielbankgesetz – SpbG M-V)
Niedersachsen:	§§ 4, 5 Niedersächsisches Spielbankengesetz (NSpielbG)
Nordrhein-Westfalen:	§ 12, 13, 14 Gesetz über die Zulassung öffentlicher Spielbanken im Land Nordrhein-Westfalen
Rheinland-Pfalz:	§§ 6, 7 Spielbankgesetz
Saarland:	§§ 14, 15 Saarländisches Spielbankgesetz (SpielbG-Saar)
Sachsen:	§ 11 Gesetz über Spielbanken im Freistaat Sachsen (Sächsisches Spielbankengesetz – SächsSpielbG)
Sachsen-Anhalt:	§§ 12, 13 Spielbankgesetz des Landes Sachsen-Anhalt (SpielbG LSA)
Schleswig-Holstein:	§ 5 Spielbankgesetz des Landes Schleswig-Holstein (SpielbG SH)
Thüringen:	§ 3 Thüringer Spielbankgesetz (ThürSpbkG)

Tabelle 5: Verwendung der Spielbank- und Sonstigen Abgaben in den 16 Bundesländern

Baden-Württemberg:	§ 36 Landesglücksspielgesetz (LGlüG)
Bayern:	Art. 10 Gesetz über Spielbanken im Freistaat Bayern (Spielbankgesetz – SpielbG)
Berlin:	Landeshaushaltspläne
Brandenburg:	§ 11 Gesetz über die Zulassung öffentlicher Spielbanken im Land Brandenburg (Spielbankgesetz – SpielbG)
Bremen:	§§ 5, 6, 7 Gesetz über die Zulassung einer öffentlichen Spielbank
Hamburg:	Landeshaushaltspläne

Hessen:	§ 13 Hessisches Spielbankgesetz in Verbindung mit § 1 Verordnung über den Anteil der Spielbankgemeinden an der Spielbankabgabe und die Verwendung des Troncs der öffentlichen Spielbanken in Hessen vom 15.11.1989 (GVBl. I S. 431)
Mecklenburg-Vorpommern:	§ 11 Spielbankgesetz des Landes Mecklenburg-Vorpommern (Spielbankgesetz – SpbG M-V)
Niedersachsen:	§ 7 Niedersächsisches Spielbankengesetz (NSpielbG)
Nordrhein-Westfalen:	§ 19 Gesetz über die Zulassung öffentlicher Spielbanken im Land Nordrhein-Westfalen in Verbindung mit § 1 der Verordnung über den Anteil der Spielbankgemeinden an der Spielbankabgabe vom 08.05.1985 (GV. NRW. S. 438), geändert durch Artikel 2 Nr. 7 des Gesetzes vom 23.05.2006 (GV. NRW. S. 197, 205)
Rheinland-Pfalz:	§ 9 Spielbankgesetz
Saarland:	§ 20 Saarländisches Spielbankgesetz (SpielbG-Saar)
Sachsen:	§ 16 Gesetz über Spielbanken im Freistaat Sachsen (Sächsisches Spielbankengesetz – SächsSpielbG)
Sachsen-Anhalt:	§ 18 Spielbankgesetz des Landes Sachsen-Anhalt (SpielbG LSA)
Schleswig-Holstein:	§ 11 Spielbankgesetz des Landes Schleswig-Holstein (SpielbG SH)
Thüringen:	§ 8 Thüringer Spielbankgesetz (ThürSpbkG)

Zu den Quellenangaben in den Tabellen 4 und 5: Spielbankgesetze der Länder
Baden-Württemberg
Landesglücksspielgesetz (LGlüG)
vom 20. November 2012 (GBl. S. 604)

Bayern
Gesetz über Spielbanken im Freistaat Bayern (Spielbankgesetz – SpielbG) vom 26. Juli 1995 (GVBl. S. 350), zuletzt geändert durch § 2 des Gesetzes vom 25. Juni 2012 (GVBI. S. 274)

Berlin
Gesetz über die Zulassung öffentlicher Spielbanken in Berlin (Spielbankengesetz – SpBG)
vom 8. Februar 1999 (GVBl. S. 70), zuletzt geändert durch Artikel 1 des Gesetzes vom 3. März 2010 (GVBl. S. 124)

Brandenburg
Gesetz über die Zulassung öffentlicher Spielbanken im Land Brandenburg (Spielbankgesetz – SpielbG)
Artikel 3 des Glücksspielgesetzes des Landes Brandenburg vom 18. Dezember 2007 (GVBl. I S. 218), geändert durch Artikel 3 des Gesetzes v. 28. Juni 2012 (GVBl. I Nr. 29)

Bremen
Gesetz über die Zulassung einer öffentlichen Spielbank vom 20. Februar 1978 (Brem.GBl. S. 67), zuletzt geändert durch Artikel 1 des Gesetzes vom 18. Dezember 2012 (Brem.GBl. S. 555).

Hamburg
Gesetz über die Zulassung einer öffentlichen Spielbank
vom 24. Mai 1976 (HmbGVBl. S. 139), zuletzt geändert durch Gesetz vom 30. November 2010 (HmbGVBl. S. 631)

Hessen
Hessisches Spielbankgesetz
vom 15. November 2007 (GVBl. S. 753), geändert durch Artikel 8 des Gesetzes vom 27. September 2012 (GVBl. S. 290)

Mecklenburg-Vorpommern
Spielbankgesetz des Landes Mecklenburg-Vorpommern (Spielbankgesetz – SpbG M-V)
vom 17. Dezember 2009 (GVOBl. M-V S. 721), zuletzt geändert durch Artikel 2 des Gesetzes vom 22. Juni 2012 (GVOBl. M-V S. 232, 237)

Niedersachsen
Niedersächsisches Spielbankengesetz (NSpielbG)
vom 16. Dezember 2004 (Nds. GVBl. S. 605), zuletzt geändert durch Artikel 3 des Gesetzes vom 21. Juni 2012 (Nds. GVBl. S. 190)

Nordrhein-Westfalen
Gesetz über die Zulassung öffentlicher Spielbanken im Land Nordrhein-Westfalen (Spielbankgesetz NRW – SpielbG NRW)
Artikel 3 des Gesetzes zum Ersten Staatsvertrag zur Änderung des Staatsvertrages zum Glücksspielwesen in Deutschland (Erster Glücksspieländerungsstaatsvertrag – Erster GlüÄndStV) vom 13. November 2012 (GV. NRW. 2012 S. 524)

Rheinland-Pfalz
Spielbankgesetz
vom 19. November 1985 (GVBl. S. 260), zuletzt geändert durch § 18 des Gesetzes vom 22. Juni 2012 (GVBl. S. 166)

Saarland
Saarländisches Spielbankgesetz (SpielbG-Saar)
Art. 4 des Gesetzes Nr. 1772 vom 20. Juni 2012 (Amtsbl. des Saarlandes Teil 1 S. 156, 165), geändert durch Art. 1 des Gesetzes Nr. 1820 (Haushaltsbegleitgesetz 2014) vom 4. Dezember 2013 (Amtsbl. des Saarlandes Teil I S. 323)

Sachsen
Gesetz über Spielbanken im Freistaat Sachsen (Sächsisches Spielbankengesetz – SächsSpielbG)
Artikel 1 des Gesetzes zur Neufassung des Gesetzes über Spielbanken im Freistaat Sachsen und zur Änderung des Sächsischen Ausführungsgesetzes zum Glücksspielstaatsvertrag vom 26. Juni 2009 (Sächsisches GVBl. S. 318), geändert durch Artikel 4 des Gesetzes vom 14. Juni 2012 (Sächsisches GVBl. S. 270)

Sachsen-Anhalt
Spielbankgesetz des Landes Sachsen-Anhalt (SpielbG LSA)
vom 16. Dezember 2009 (GVBl. LSA S. 691), geändert durch Artikel 3 des Gesetzes vom 25. Juni 2012 (GVBl. LSA S. 204)

Schleswig-Holstein
Spielbankgesetz des Landes Schleswig-Holstein (SpielbG SH) vom 29. Dezember 1995 (GVOBl. Schl.-H. 1996 S. 78), zuletzt geändert durch Artikel 68 der Landesverordnung vom 4. April 2013 (GVOBl. Schl.-H. S. 143)

Thüringen
Thüringer Spielbankgesetz (ThürSpbkG)
In der Fassung der Neubekanntmachung vom 15. April 2004 (GVBl. S. 473), zuletzt geändert durch Artikel 4 und 7 des Gesetzes vom 21. Juni 2012 (GVBl. S. 153)

Tabelle 11: Internationale Besteuerung von Sportwetten

Belgien:	www.gamingcommission.fgov.be, de wet, Kansspelwet 7 mei 1999
Dänemark:	Danske Spil, Arsrapport 2013, Seite 24
Deutschland:	§ 17 Abs. 2 Satz 2 RennwLottG
England:	William Hill, Annual report 2013, Seiten 14 und 27
Frankreich:	www.assemblee-nationale.fr/13/dossiers/jeux_argent.asp
Griechenland:	Opap, Annual report 2013, Seite 135
Italien:	Elekronische Mitteilung von Studio di Consulenza Societaria e Tributaria,
Österreich:	§ 33 Gebührengesetz, TP 17, Abs. 1
Gibraltar:	www.gibraltar.gov.gi, Remote Gambling, Gaming Tax
Malta:	www.lga.org.mt, Legislation, Remote Gaming Regulations, 4th schedule, Regulation 57, 1.b und 3, Seite 25f

Michael Auer und Mark Griffiths[1]

Spielerschutzmaßnahmen im Online-Glücksspiel

1 Allgemein

Soziale Verantwortung hat sich in der Glücksspielbranche zu einem zentralen Element entwickelt.[2] Zum heutigen Zeitpunkt gibt es noch wenige Forschungsergebnisse über die Wirksamkeit der praktischen Anwendung von Spielerschutzmaßnahmen bei Glücksspielunternehmen.[3] Spielerschutzmaßnahmen setzen sich meist aus Grundsätzen, Regulierungen und spielerorientierten Strategien, welche auf verantwortungsvolles Spielen zur Minimierung des problematischen Spielens abzielen, zusammen.[4] Einige der von Betreibern kürzlich eingeführten Spielerschutzmaßnahmen hängen stark mit technologischen Entwicklungen und Informationstechnologie im Allgemeinen zusammen. In einer kürzlich veröffentlichten Studie stellt sich heraus, dass Spieler Informationstechnologie zur Vermeidung von negativen Konsequenzen generell befürworten.[5]

2 Empirische Studien

2.1 Freiwillige Selbstbeschränkungen

Eine weit verbreitete Methode zur besseren Kontrolle des eigenen Spielverhaltens ist die Möglichkeit der Festlegung von individuellen Obergrenzen. Viele Online-Betreiber stellen ihren Spielern solche Features zur Verfügung. Meist haben Spieler die Möglichkeit, tägliche bzw. wöchentliche Zeit- und Geldlimits einzustellen. Die monetären Limits beziehen sich entweder auf Einzahlungen, Verluste oder Einsätze.[6]

---

1 Michael Auer ist Mitbegründer von neccton ltd. und Doktorand an der Nottingham Trent Universität. Prof. Dr. Mark Griffiths ist Direktor der International Gaming Research Unit an der Nottingham Trent Universität.

2 Griffiths, M.D. et al.: Gaming research and best practice, 2007, S. 97–103.

3 Griffiths, M.D.; Wood, R.T.A.: Responsible gaming and best practice, 2008, S. 107–112.

4 Parke, A.; Griffiths, M.D.: Beyond illusion of control, 2012, S. 250–260.

5 Parke, A.; Griffiths, M.D.: Beyond illusion of control, 2012, S. 250–260.

6 Wood, R.T.A.; Griffiths, M.D.: Social responsibility in online gambling, 2010, S. 10–11.

- *Einzahlungslimit:* Hierbei handelt es sich um den maximalen Betrag, den ein Spieler in einem bestimmten Zeitraum auf sein Spielkonto einzahlen kann.
- *Verlustlimit:* Hierbei handelt es sich um den maximalen Verlust, den ein Spieler in einem bestimmten Zeitraum erreichen kann. Hierbei wird die Formel (Gewinn – Einsatz) angewendet.
- *Einsatzlimit:* Hierbei wird der Spieleinsatz über einen bestimmten Zeitraum begrenzt. Der Unterschied zum Verlustlimit liegt darin, dass Gewinne nicht berücksichtigt werden.

Worin liegen nun die Unterschiede zwischen diesen Arten der Selbstlimitierung? Ein häufig auftretendes Verhalten von Problemspielern ist „Chasing Losses/Hinterherjagen von Verlusten",[7] welches sich durch den Versuch, Verluste wiedergutzumachen, auszeichnet. Spieler neigen dazu, im Falle von Kontrollverlusten häufig das Spielkonto aufzuladen. Auszahlungen auf das eigene Konto sind bei problematischen Spielern hingegen eher selten. Dieser Drang kann durch die Festlegung von Einzahlungslimits unterbunden werden. Verlustlimits hingegen haben keine Auswirkung auf das Einzahlungsverhalten und werden durch die Möglichkeit von Gewinnen in den meisten Fällen erst später zum Beenden der Spielsession führen. Oft wird vergessen, dass Spielgewinne, welche wieder verspielt werden, auch der Börse des Spielers zuzuordnen sind, obwohl diese keine tatsächliche Verminderung des Vermögensstandes darstellen. Ein Spieler könnte ja theoretisch mit € 100 Einsatz € 1.000 gewinnen und diese sodann wiederum verspielen. Der Vermögensstand des Spielers wäre um € 100 geringer, tatsächlich hätte er jedoch zu einem bestimmten Zeitpunkt mit € 1.000 nach Hause gehen können. Das Einzahlungslimit begrenzt somit also den Verlust im Vermögensstand und das Verlustlimit begrenzt den Verlust in Bezug auf wiedereingesetzte Gewinne. In letzterem Falle darf jedoch nicht vergessen werden, dass Spieler sehr hohe Beträge auf das Spielkonto einzahlen können. Im Falle des Erreichens eines Verlustlimits wird dazu geraten, auch die Beträge am Spielkonto auszuzahlen.

Die Auswirkung von Limits auf das Verhalten von Spielern wurde in der Vergangenheit in einigen wenigen Studien genauer untersucht. Das Marktforschungsunternehmen Focal Research konnte in einer Studie an Video Lottery Terminals in der kanadischen Provinz Neuschottland feststellen, dass die Ausgaben von Spielern durch das Einführen von Limitierungsoptionen signifikant reduziert

7 Cusack, J.R. et al.: Insights about pathological gamblers, 1993, S. 169–176.

werden konnten[8]. Broda et al.[9] untersuchten die Auswirkungen von Einzahlungslimits anhand einer Population von 47.000 Datensätzen des Online-Sportwetten-Anbieters BWIN. Sie berichten, dass nur 0,3 Prozent der Spieler versuchten, das individuelle Einzahlungslimit zu überschreiten, jedoch argumentieren Wood & Griffiths[10], dass 95 Prozent der Spieler das individuelle Limit niemals erreichten. Eine Studie der International Gaming Research Unit (IGRU)[11] berichtet, dass über zwei Drittel der befragten Spieler (70 Prozent) freiwillige Limits als sinnvoll erachten. Bernhard et al.[12] berichten ähnliche Ergebnisse anhand einer Fokusgruppe von Spielern in Las Vegas.

Im Folgenden werden die Ergebnisse einer Studie berichtet, welche Auer & Griffiths bei einem österreichischen Online-Anbieter durchgeführt haben.[13] Bei diesem Anbieter haben Spieler die Möglichkeit, Lotterie, Casino als auch Poker zu spielen. Spieler können ein tägliches, wöchentliches und monatliches Einzahlungslimit festlegen und in weiterer Folge auch die Spieldauer einer Spielsession bzw. eines ganzen Tages limitieren. Das wöchentliche Einzahlungslimit ist des Weiteren auch fix nach oben mit € 800 pro Woche begrenzt; d. h. jegliche wöchentliche, monetäre Selbstlimitierung kann sich nur zwischen € 0 und € 800 pro Woche bewegen.

Für die Studie wurde das Selbstlimitierungsverhalten von 5.000 zufällig gewählten Spielern über einen Zeitraum von drei Monaten beobachtet. Alle diese Spieler hatten innerhalb der drei Monate zumindest eine Veränderung eines Limits vorgenommen. Aus dieser Subpopulation wurden die 10 Prozent intensivsten Spieler genauer betrachtet.

Unter den 5.000 Spielern wurden über drei Monate hinweg 22.002 Limit-Veränderungen beobachtet; d. h. die durchschnittliche Anzahl an Veränderungen lag bei 4,4 (S=4,3) pro Spieler. Hierbei muss jedoch berücksichtigt werden, dass die Veränderung eines Limits häufig auch die automatische Veränderung eines anderen Limits nach sich zieht. Wird z. B. die monatliche Einzahlungssumme auf € 400 reduziert, so kann die wöchentliche Einzahlungssumme € 100 nicht mehr überschreiten. Um die Auswirkung der freiwilligen Limits auf das

8 Focal Research Consultants. Assessment of the behavioural Impact of the responsible Gaming Device (RGD) Features, 2007.

9 Broda, A. et al.: Virtual harm reduction efforts for Internet gambling, 2008, S. 27.

10 Wood, R.T.A.; Griffiths, M.D.: Social responsibility in online gambling, 2010, S. 10–11.

11 International Gaming Research Unit: The global online gambling report, 2007.

12 Bernhard, B.J. et al.: Responsible gaming device research report, 2006.

13 Auer, M.; Griffiths, M.D.: Voluntary limit setting and player choice in most intense online gamblers, 2013.

Spielverhalten zu untersuchen wurde der theoretische Verlust 30 Tage nach der Festlegung eines Limits mit dem theoretischen Verlust 30 Tage vorher verglichen. Der theoretische Verlust ist eine Maßzahl, welche wissenschaftlich zum ersten Mal von Auer und Griffiths[14] beschrieben wurde. Mit Hilfe dieser Metrik ist es möglich Spielverhalten über alle Spielgruppen hinweg (Lotterie, Casino, Poker, Sportwetten usw.) einheitlich zu messen. Mit Hilfe des theoretischen Verlustes kann die monetäre Risikobereitschaft von Spielern unabhängig vom Spieltyp (Slots, Videopoker, Rubbellos, Sportwetten usw.) gemessen werden. Der theoretische Verlust gibt an, wie viel Geld ein Spieler bereit ist zu riskieren und ist unabhängig vom tatsächlichen Gewinn oder Verlust. Der tatsächliche Gewinn oder Verlust ist ein zufälliges Ereignis und anhand dieser Maßzahl kann keine Aussage über die Risikobereitschaft getroffen werden. Um den theoretischen Verlust berechnen zu können muss der Hausvorteil eines Spieles bekannt sein. Dieser ergibt sich bei Casinospielen aus dem mathematischen Aufbau des Spiels. Roulette mit einer Null hat bspw. einen Hausvorteil von 2,7 Prozent; d. h., dass ein Spieler über einen längeren Zeitraum 2,7 Prozent seiner Einsätze verliert und 97,3 Prozent der Einsätze wieder ausbezahlt werden. Im Vergleich dazu gibt es viele andere Spiele, wie etwa manche Slotmaschinen, welche einen höheren Hausvorteil haben, bspw. 10 Prozent. Diese Spiele zahlen somit nur 90 Prozent der Einsätze wieder aus. Der Hausvorteil bei Sportwetten ergibt sich durch die Quote. Je riskanter die Wette, umso höher der Hausvorteil für den Buchmacher. Der tatsächliche Verlust konvergiert immer mehr gegen den theoretische Verlust, wenn die betrachtete Zeitspanne nur lang genug ist, denn das Casino gewinnt ja bekanntlich immer! Mit dieser Methodologie können Spieler also sehr gut miteinander verglichen und auch in eine Ordnung gebracht werden! Alle anderen Größen, welche in vergangenen Publikationen oft verwendet wurden (Gewinn/Verlust, Einsatzhöhe) eignen sich nicht, da sie die Eigenschaften des Spiels nicht berücksichtigen.

Die Analyse des Spielerverhaltens zeigte deutlich, dass die freiwillige Limitierung sich nachhaltig auf die Intensität des Spielverhaltens auswirkte, und zwar nicht nur auf die monetären Ausgaben, sondern auch auf die Spieldauer. Die Analyse betrachtete Lotterie-, Casino- und Pokerspieler getrennt. Casinospieler profitierten am stärksten von den Selbstlimitierungen. Dies ist vor allem deshalb interessant, da Casinospiele durch ihre höhere Spielfrequenz generell über ein höheres Gefahrenpotential verfügen.[15]

---

14 Auer, M.; Griffiths, M.D.: Theoretical loss and gambling intensity, 2012, 269–273.
15 Meyer, G. et al.: Problem Gaming in Europe, 2009.

Besonders interessant war, dass sich die Limitierung bei Pokerspielern stärker auf die Spielzeit als auf die Ausgaben auswirkte. Somit konnte in dieser Studie nicht nur die Effektivität von monetären Limits, sondern auch jene von Zeitlimits festgestellt werden. Dies deckt sich auch mit dem Wissen, dass Poker im Gegensatz zu anderen Spielarten sehr zeitintensiv ist. Diese Studie zeigt somit klar, dass freiwillige Begrenzungen auch zu einer Einschränkung der Spielintensität führen. Unterschiedliche Limits sind für unterschiedliche Spielerpopulationen wirksam, was bedeutet, dass Betreiber ihren Spielern sowohl Zeit- als auch Geldlimits in unterschiedlichen Formen zur Verfügung stellen sollten.

2.2 Dynamische Pop-up-Fenster

Slotspiele weisen durch ihre Struktur ein vergleichsweise hohes Gefahrenpotential auf und sind vor allem für anfällige Personengruppen potentiell riskant (Jugendliche, Problemspieler, berauschte Personen). Spieler können die Gewinnwahrscheinlichkeit fehlerhaft wahrnehmen und die Spiele können dissoziative Zustände hervorrufen.[16] Dieser Verlust an Selbstkontrolle und Dissoziation kann zu exzessiven Spielsessions führen, welche in vivo[17] als auch in vitro[18] wissenschaftlich beschrieben wurden. Eine Strategie, Spieler vor Kontrollverlust, Dissoziation und den damit einhergehenden exzessiven Spielsessions zu schützen besteht darin, dynamische Pop-up-Fenster zu verwenden, welche den Spieler in Echtzeit auf sein Verhalten aufmerksam machen. In Studien konnte gezeigt werden, dass dynamische Informationen häufiger erinnert werden konnten als statische Inhalte. Des Weiteren führten motivierende Inhalte zu besseren Effekten hinsichtlich der Gedanken und des Verhaltens während des Spielens.[19]

Gallagher et al.[20] berichten etwa, dass Warnhinweise bei Spielautomaten, welche Spieler auf die Zufälligkeit der Spielausgänge aufmerksam machen, zu

16 Vgl. Griffiths, M.D. et al.: Dissociative states in problem gambling, 2006, S. 27–37 und Jacobs, D.F.: Evidence for a common dissociative-like reaction among addicts, S. 27–37.

17 Griffiths, M.D.: The observational study of adolescent gambling in UK amusement arcades, 1991, S. 309–320.

18 Griffiths, M.D.: The role of cognitive bias and skill in fruit machine gambling, 1994, S. 351–369.

19 Monaghan, S.M. et al.: Do warning signs on electronic gaming machines influence irrational cognitions? 2009, S. 173–187 und Monaghan, S.M.; Blaszczynski, A.: Impact of mode of display and message content of responsible gaming signs for electronic gaming machines on regular gamblers, 2010, S. 67–88.

20 Gallagher, T. et al.: Effects of a video lottery terminal (VLT) banner on gambling, 2011, S. 126–133.

einer Verringerung fälschlicher Glaubensmuster bei Problem- als auch normalen Spielern führten. In einer anderen Studie[21] zeigte sich, dass animierte Informationsinhalte an Automaten dazu führen, dass Spieler vermehrt die vorher festgelegten persönlichen Limits einhalten. Bis heute wurden nur sehr wenige Studien mit echten Spielern durchgeführt. Monoghan[22] etwa führte ihre Beobachtungen in Spielstätten durch. Haefeli, Lischer and Schwarz[23] verwendeten auch Daten von Online-Anbietern für ihre Studie, in welcher sie frühe Anzeichen problematischen Spielens zu identifizieren versuchten.

Auer und Griffiths[24] führten bei einem österreichischen Online-Anbieter eine Studie über die Effektivität einer Pop-up-Nachricht bei Slotspielen durch. Bei diesem Betreiber erscheint während einer Spielsession nach 1.000 gespielten Slotspielen ein Pop-up-Fenster. Dieses Pop-up-Fenster macht die Spieler darauf aufmerksam, dass gerade 1.000 Slotspiele innerhalb dieser Session gespielt wurden. Die Spieler haben sodann die Möglichkeit weiterzuspielen oder die aktuelle Spielsession zu beenden. Das Ziel der Studie lag darin herauszufinden, ob Spieler durch das Pop-up vermehrt die aktuelle Spielsession beenden. Der Umstand, dass das Pop-up bei 1.000 Spielen erscheint, wurde aus anderen Studienergebnissen abgeleitet.[25] 1.000 Slotspiele korrespondieren in etwa mit einer Spielzeit von 60 Minuten, welche Ladoceur et al.[26] als effektivsten Zeitraum zur Reduktion der Spielzeit beschrieben haben.

Um die Effektivität des Pop-up-Fensters zu untersuchen wurden 400.000 Spielsessions vor der Einführung des Pop-ups und 400.000 Spielsessions nach der Einführung des Pop-ups untersucht. Es zeigt sich, dass etwa ein Prozent der Spielsessions vor, als auch nach der Einführung des Pop-ups mindestens 1.000 Slotspiele beinhalten; d. h. nur ein sehr kleiner Teil der Spieler zeigt überhaupt

---

21 Wohl, M.J. et al.: Animation-based education as a gambling prevention tool, 2010, 26, S. 469–486.

22 Monaghan, S.M.: Review of pop-up messages on electronic gaming machines as a proposed responsible gambling strategy, 2008, S. 214–222.

23 Haefeli, J. et al.: Early detection items and responsible gambling features for online gambling, 2011, S. 273–288.

24 Auer, M.; Griffiths M.D.: Is 'pop-up' messaging in online slot machine gambling effective a responsible gambling strategy? Journal of Gambling Issues, im Druck.

25 Ladoceur, R.; Sevigny, S.: Electronic gaming machines, 2009, S. 31–41 und Schrans, T. et al.: 2003 Nova Scotia Video Lottery Responsible Gaming Features Evaluation, 2004.

26 Ladoceur, R.; Sevigny, S.: Electronic gaming machines, 2009, S. 31–41.

ein solch intensives Spielverhalten. Von den 400.000 Spielsessions vor Einführung des Pop-up-Fensters beinhalteten 4.220 mindestens 1.000 Slotspiele und nur fünf Sessions stoppten bei genau 1.000 Slotspielen.

Von den 400.000 Spielsessions nach Einführung des Pop-up-Fensters beinhalteten 4.205 mindestens 1.000 Slotspiele und 45 Sessions stoppten bei genau 1.000 Slotspielen.

Abbildung 1 zeigt die Anzahl der Sessions vor und nach der Einführung des Pop-up-Fensters, welche zwischen 990 und 1.010 Slotspiele beinhalten. Aus dieser Grafik ist klar ersichtlich, dass die Einführung des Pop-ups die Tendenz, bei genau 1.000 Slotspielen die Session zu beenden, gesteigert hat. Dieser Schluss wird durch den Umstand, dass die einzige Spitze bei genau 1.000 Spielen aufscheint, klar untermauert. Die Wahrscheinlichkeit, bei 1.000 Slotspielen die Spielsession zu unterbrechen, wurde durch das Pop-up um das 9-fache erhöht. Durch die geringe Anzahl der Beobachtungen von Spielern, welche genau bei 1.000 Spielen die Session beenden, müssen die Resultate mit Vorsicht interpretiert werden. Jedoch handelt es sich hierbei um die einzige Studie, welche die Effektivität von Pop-up-Fenstern in einer echten Spielerumgebung analysiert hat. Um Pop-ups noch besser inhaltlich und grafisch zu gestalten sollten zukünftige Studien auch die Gedanken von Spielern erfassen. Jegliche Online-Betreiber haben die Möglichkeit, mit ihren Spielern durch Pop-ups zu kommunizieren. Diese Studie und auch viele andere wissenschaftliche Ergebnisse untermauern die Effektivität und Wichtigkeit dieser Vorgehensweise.

Abb. 1: Anzahl der Spielsessions mit 990 bis 1.010 Spielen vor und nach Einführung des Pop-up-Fensters

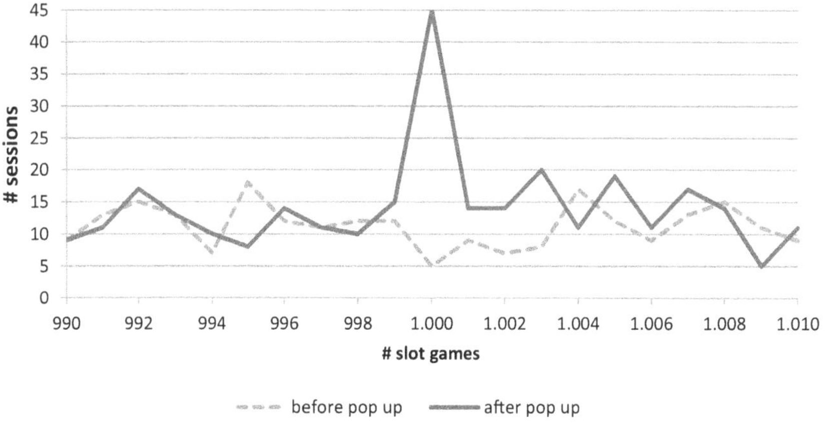

2.3 Personalisiertes Feedback

Dynamische Pop-up-Fenster und Möglichkeiten der Selbstlimitierung sind mittlerweile bei vielen Online-Anbietern anzutreffen. In zahlreichen wissenschaftlichen Studien wurde auch nachgewiesen, dass diese Responsible Gaming-Maßnahmen einen nachhaltigen Effekt auf das Spielverhalten haben.

Die Vielzahl an Informationen, welche Online-Anbieter über das individuelle Spielverhalten sammeln, können dazu genutzt werden, um sehr elaboriertes Feedback zur Verfügung zu stellen. Die Wirksamkeit von Feedback wurde ausführlich erforscht und hat sich in vielen Bereichen als wirksames Mittel zur Verhaltensänderung erwiesen. Stotts et al.[27] etwa fanden heraus, dass motivationale Gesprächsführung in Zusammenhang mit Ultraschallfeedback den Nikotinkonsum schwangerer Frauen senkte. In einer Gruppe von Universitätsstudenten konnte des Weiteren festgestellt werden, dass mit Hilfe von Textnachrichten der Nikotinkonsum gesenkt werden konnte.[28] In einer anderen Studie wurde die Wirksamkeit von Textnachrichten und visuellem Feedback biologischer Parameter in Zusammenhang mit der Senkung des Zuckerspiegels festgestellt.[29]

Mit Hilfe von personenbezogenen Verhaltensdaten, welche Online-Anbieter aufzeichnen, können viele Aspekte des Spielverhaltens beleuchtet werden, welche durch klassische Fragebögen nicht transparent werden. Mehrere Publikationen diskutieren die Vor- und Nachteile der Analyse verhaltensbezogener Daten im Vergleich zu den möglichen Aussagen klassischer Fragebögen.[30]

Die Autoren haben ein Responsible Gaming System namens „mentor" entwickelt, welches mehrere Anbieter ihren Spielern auf den entsprechenden Plattformen zur Verfügung stellen. Spieler, welche auf diesen Plattformen spielen, können mentor als Zusatzservice aktivieren. Das System stellt Spielern einerseits Informationen über ihr vergangenes und aktuelles Spielverhalten zur Verfügung und schickt ihnen andererseits personalisierte Nachrichten, falls signifikante Veränderungen im Verhalten auftreten. Abbildung 2 zeigt den Verlauf der Spieltage

---

27 Stotts, A.L. et al.: Ultrasound feedback and motivational interviewing targeting smoking cessation in the second and third trimesters of pregnancy, 2009, S. 961–968.

28 Obermayer J.L. et al.: College smoking-cessation using cell phone text messaging, 2004, S. 71–79.

29 Cho, J.H. et al.: Mobile communication using a mobile phone with glucometer for glucose control in Type 2 patients with diabetes, 2009, S. 77–82.

30 Griffiths, M.D.; Auer, M.: Approaches to understanding online versus offline gaming impacts, 2011, S. 45–48; Griffiths, M.D.; Whitty, M.W.: Online behavioural tracking in Internet gambling research, 2010, S. 104–117 und Delfabbro, P.H. et al.: Behavioural profiling of problem gamblers, 2012, S. 349–366.

für einen fiktiven Spieler. Der Spieler sieht, ob sich sein Verhalten verändert, wie er im Vergleich zu anderen Spielern spielt und wie viele Tage er in den letzten vier bzw. 24 Wochen gespielt hat. Alle diese Informationen helfen, das eigene Verhalten transparenter zu machen, besser zu verstehen und wenn notwendig zu verändern.

Falls etwa die Einsätze oder Einzahlungen auf das Spielkonto signifikant ansteigen, so werden Spieler über diesen Umstand spezifisch im Rahmen von konkreten Textnachrichten informiert. Die Kommunikation folgt dabei dem sogenannten „Stages of Change Model",[31] welches davon ausgeht, dass Verhaltensänderungen schrittweise erfolgen und für eine nachhaltige Veränderung Einsicht notwendig ist. Die personalisierten Nachrichten sind des Weiteren gemäß der Theorie der Motivationalen Gesprächsführung[32] aufgebaut und somit nicht konfrontativ, sondern motivierend und beinhalten Tipps und Ratschläge für den Spieler. Ein Beispiel für eine solche Nachricht lautet etwa: *„Im Laufe der letzten 6 Monate sind Ihre Ausgaben gestiegen. Haben Sie mehr Geld ausgegeben als Sie es vorhatten? Auf Ihrer mentor Profilseite können Sie Ihre Ausgaben einsehen. Des Weiteren können Sie unsere hilfreichen Responsible Gaming Services zur Festlegung von freiwilligen Limits verwenden."*

Im Rahmen der Studie haben die beiden Autoren Michael Auer und Mark Griffiths die Effektivität von drei unterschiedlichen Nachrichten auf die Intensität des Spielverhaltens untersucht.[33] Personalisierte Kommunikation wurde dabei in der Glücksspielforschung erstmals empirisch anhand von Echtdaten untersucht. Eine der untersuchten Nachrichten macht den Spieler darauf aufmerksam, dass die Einzahlungen auf das Spielkonto über die letzten 24 Wochen signifikant angestiegen sind. Die Nachricht lautet: *„Im Lauf der letzten 6 Monate sind die Beträge, die Sie auf Ihr win2day Spieldepot eingezahlt haben, gestiegen. Geben Sie mehr Geld aus, als Sie sich vorgenommen haben? Sie können die Beträge, die Sie für Glücksspiele aufgewendet haben, auf Ihrer Mentor Profilseite überprüfen und unsere hilfreichen win2day „Spiele mit Verantwortung"-Maßnahmen nutzen, um ein tägliches/wöchentliches/monatliches Limit zu setzen."*

---

31 Prochaska, J.O.; DiClemente, C.C.: Stages and processes of self-change of smoking, 1983, S. 390–395 und Prochaska, J.O.; Prochaska, J.M.: Why don't people change? Why don't continents move? 1991, S. 83–102.

32 Miller, W. R.; Rollnick, S.: Motivational interviewing: Preparing people for change, 2002.

33 Die Studie wurde bereits in einer englischsprachigen wissenschaftlichen Zeitschrift eingereicht, jedoch noch nicht publiziert.

Es wurde sodann ermittelt, wie viele Spieler ihr Verhalten als Folge der Nachricht im Vergleich zu einer Kontrollgruppe in die gewünschte Richtung verändert haben. Tabelle 1 zeigt, dass im Vergleich zur Kontrollgruppe 71 Prozent der Spieler das Einzahlungsverhalten gesenkt haben. Unter der Hypothese, dass die Nachricht keinen Einfluss auf das Verhalten hat, wäre eine 50-Prozent-Quote zu erwarten. Der Unterschied, welcher durch die Nachricht herbeigeführt wurde, ist statistisch signifikant. Nicht nur das Einzahlungsverhalten, auch die Spielzeit und die Einsätze haben sich signifikant verändert.

Diese Studie zeigt somit, dass personalisierte Nachrichten einen signifikanten Einfluss auf das Verhalten von Spielern haben und ist für den Bereich der Glücksspielforschung einzigartig. Betreiber sollten vermehrt die ihnen zur Verfügung stehenden personalisierten Verhaltensdaten nutzen, um Spieler gezielt und präventiv bei der Entscheidungsfindung in Bezug auf deren zeitliche und monetäre Ausgaben zu unterstützen. Wie bereits erwähnt wurde die Wirksamkeit personalisierter Kommunikation in anderen Bereichen in zahlreichen wissenschaftlichen Publikationen beschrieben. Viele Erkenntnisse können und sollten auf den Glücksspielbereich übertragen werden.

Tab. 1: Anteil der Spieler mit einer Verhaltensänderung als Folge einer personalisierten Nachricht

Spielverhalten	**Effekt**	**T**	**p**
Einzahlungsbetrag	71%	3.49	0.0004
Spielzeit	71%	3.49	0.0004
Theoretischer Verlust	68%	2.99	0.0019

3 Zusammenfassung

Responsible Gaming-Maßnahmen sind im Online-Glücksspiel mittlerweile weit verbreitet. Verschiedenste Zertifizierungsorganisationen wie etwa die World Lottery Association, European State Lotteries and Toto Association oder Gamcare setzen verschiedenste Maßnahmen für eine Zertifizierung voraus. In diesem Zusammenhang ist es jedoch wichtig, die Auswirkungen der Maßnahmen auf das Spielverhalten zu kennen, um bestmögliche Resultate zu erreichen. Im Rahmen dieses Kapitels wurden drei Studien präsentiert, welche gezielt präventive Maßnahmen im Online-Glücksspiel beschreiben. Aus den Ergebnissen geht hervor, dass gezielt auf das Spielverhalten eingewirkt werden kann. Anbieter sollten vermehrt solche empirisch fundierten Prozeduren implementieren, um den Spielern möglichst viele Entscheidungshilfen für ein gesundes Spiel zu bieten. Dabei können auch viele Erkenntnisse aus anderen Disziplinen, in denen durch personalisierte Informationsinhalte gezielte Verhaltensänderungen herbeigeführt werden, nützlich sein.

Literaturverzeichnis

AUER, M.; GRIFFITHS M.D.: Is 'pop-up' messaging in online slot machine gambling effective a responsible gambling strategy? Journal of Gambling Issues 2013.

AUER, M.; GRIFFITHS M.D.: Theoretical loss and gambling intensity: A simulation study. Gaming Law Review and Economics 16, 2012, 269–273.

AUER, M.; GRIFFITHS M.D.: Voluntary limit setting and player choice in most intense online gamblers: An empirical study of gambling behaviour. Journal of Gambling Studies 2013. DOI 10.1007/s10899-012-9332-y.

BERNHARD, B.J.; LUCAS, A.F.; JANG, D.: Responsible gaming device research report. University of Nevada, Las Vegas International Gaming Institute 2006.

BRODA, A.; LAPLANTE, D.A.; NELSON, S.E.; LABRIE, R.A.; BOSWORTH, L.B.; SHAFFER, H.J.: Virtual harm reduction efforts for Internet gambling: effects of deposit limits on actual Internet sports gambling behaviour. Harm Reduction Journal 5, 2008, S. 27.

CHO, J. H.; LEE, H.C.; LIM, D.J.; KWON, H.S.; YOON, K.H.: Mobile communication using a mobile phone with glucometer for glucose control in Type 2 patients with diabetes: as effective as an internet based glucose monitoring system. Journal of Telemedicine and Telecare 15, 2009, S. 77–82.

CUSACK, J.R.; MALANEY, K.R.; DEPRY, D.L.: Insights about pathological gamblers. ‚Chasing losses' in spite of the consequences. Postgraduate Medical Journal 93,1993, S. 169–176.

DELFABBRO, P.H.; KING, D.L.; GRIFFITHS, M.D.: Behavioural profiling of problem gamblers: a critical review. International Gambling Studies 12, 2012, S. 349–366.

FOCAL RESEARCH CONSULTANTS: Assessment of the behavioural Impact of the responsible Gaming Device (RGD) Features: Analysis of Nova Scotia Player-Card Data. The Windsor Trial. Report prepared for the Nova Scotia Gaming Corporation 2007.

GALLAGHER, T.; NICKI, R.; OTTESON, A.; ELLIOT, H.: Effects of a video lottery terminal (VLT) banner on gambling: A field study. International Journal of Mental Health and Addiction 9, 2011, S. 126–133.

GRIFFITHS, M.D.: The observational study of adolescent gambling in UK amusement arcades. Journal of Community and Applied Social Psychology 1, 1991, S. 309–320.

GRIFFITHS, M.D.: The role of cognitive bias and skill in fruit machine gambling. British Journal of Psychology 85, 1994, S. 351–369.

GRIFFITHS, M.D.; AUER, M.: Approaches to understanding online versus offline gaming impacts. Casino and Gaming International 7, 2011, S. 45–48.

GRIFFITHS, M.D.; WHITTY, M.W.: Online behavioural tracking in Internet gambling research: ethical and methodological issues. International Journal of Internet Research Ethics 3, 2010, S. 104–117.

GRIFFITHS, M.D.; WOOD, R.T.A.: Responsible gaming and best practice: How can academics help? Casino and Gaming International 4, 2008, S. 107–112.

GRIFFITHS, M.D.; WOOD, R.T.A.; PARKE, J.; PARKE, A.: Dissociative states in problem gambling. In C. ALLCOCK (Ed.): Current Issues Related To Dissociation. Australian Gaming Council, Melbourne 2006, S. 27–37.

GRIFFITHS, M.D.; WOOD, R.T.A.; PARKE, J.; PARKE, A.: Gaming research and best practice: Gaming industry, social responsibility and academia. Casino and Gaming International 3, 2007, S. 97–103.

HAEFELI, J.; LISCHER, S.; SCHWARZ, J.: Early detection items and responsible gambling features for online gambling, International Gambling Studies 11, 2011, S. 273–288.

INTERNATIONAL GAMING RESEARCH UNIT: The global online gambling report: An exploratory investigation into the attitudes and behaviours of internet casino and poker players. eCOGRA (e-Commerce and Online Gaming Regulation and Assurance) 2007.

JACOBS, D.F.: Evidence for a common dissociative-like reaction among addicts. Journal of Gambling Behavior 4, 1988, S. 27–37.

LADOCEUR, R.; SEVIGNY, S.: Electronic gaming machines: Influence of a clock, a cash display, and a precommitment on gambling time. Journal of Gambling Issues 23, 2009, S. 31–41.

MEYER, G.; HAYER, T.; GRIFFITHS, M.D.: Problem Gaming in Europe: Challenges, Prevention, and Interventions. New York: Springer 2009.

MILLER, W.R.; ROLLNICK, S.: Motivational interviewing: Preparing people for change. New York: Guilford Press. 2002.

MONAGHAN, S.M.: Review of pop-up messages on electronic gaming machines as a proposed responsible gambling strategy. International Journal of Mental Health and Addiction 6, 2008, S. 214–222.

Monaghan, S.M.; Blaszczynski, A.: Impact of mode of display and message content of responsible gaming signs for electronic gaming machines on regular gamblers. Journal of Gambling Studies 26, 2010, S. 67–88.

Monaghan, S.M.; Blaszczynski, A.; Nower, L.: Do warning signs on electronic gaming machines influence irrational cognitions? Psychological Reports 105, 2009, S. 173–187.

Obermayer, J.L.; Riley, W.T.; Asif, O.; & Jean-Mary, J.: College smoking-cessation using cell phone text messaging. Journal of American College Health 53, 2004, S. 71–79.

Parke, A.; Griffiths, M.D.: Beyond illusion of control: An interpretative phenomenological analysis of gambling in the context of information technology. Addiction Research and Theory 20, 2012, S. 250–260.

Prochaska, J.O.; DiClemente, C.C.: Stages and processes of self-change of smoking: toward an integrative model of change. Journal of Consulting and Clinical Psychology 51, 1983, S. 390–395.

Prochaska, J.O.; Prochaska, J.M.: Why don't people change? Why don't continents move? Journal of Psychotherapy Integration 9, 1991, S. 83–102.

Schrans, T.; Grace, J.; Schellink, T.: 2003 Nova Scotia Video Lottery Responsible Gaming Features Evaluation: Final Report. Focal Reseaerch Consultants Halifax, Nova Scotia 2004.

Stotts, A.L.; Groff, J.Y.; Velasquez, M.M.; Benjamin-Garner, R.; Green, C.; Carbonari, J.P.; DiClemene, C.C.: Ultrasound feedback and motivational interviewing targeting smoking cessation in the second and third trimesters of pregnancy. Nicotine & Tobacco Research 11, 2009, S. 961–968.

Wohl M.J.; Christie, K.L.; Matheson, C.; Anisman, H.: Animation-based education as a gambling prevention tool: Correcting erroneous cognitions and reducing the frequency of exceeding limits among slots players. Journal of Gambling Studies 2010, 26, S. 469–486.

Wood, R.T.A.; Griffiths, M.D.: Social responsibility in online gambling: Voluntary limit setting. World Online Gambling Law Report 9, 2010, S. 10–11.

Tobias Wild[1]

Unterbinden der Zahlungsströme für unerlaubte Glücksspiele im Internet[2]

1 Einleitung

§ 4 Abs. 1 Satz 2 des am 1. Juli 2012 in Kraft getretenen Glücksspielstaatsvertrags in der Fassung des Ersten Glücksspieländerungsstaatsvertrags vom 15. Dezember 2011 (im Folgenden: GlüStV) verbietet „die Mitwirkung an Zahlungen im Zusammenhang mit unerlaubtem Glücksspiel". Diese Verbotsnorm richtet sich vor allem an Kreditinstitute, E-Geld-Institute[3] und Zahlungsinstitute, aber auch an alle sonstigen am Zahlungsverkehr Beteiligten, wie beispielsweise Prozessoren[4]. Das Gesetz lässt die am Zahlungsverkehr Beteiligten bei der tatsächlichen und rechtlichen Einschätzung, ob eine Zahlung im Zusammenhang mit unerlaubtem Glücksspiel steht, jedoch nicht allein. § 9 Abs. 1 Satz 3 Nr. 4 GlüStV konkretisiert die generalklauselartige Ermächtigungsgrundlage des § 9 Abs. 1 Satz 2 GlüStV dahingehend, dass die zuständige Glücksspielaufsichtsbehörde im Einzelfall „den am Zahlungsverkehr Beteiligten, insbesondere den Kredit- und Finanzdienstleistungsinstituten, nach vorheriger Bekanntgabe unerlaubter Glücksspielangebote die Mitwirkung an Zahlungen für unerlaubtes Glücksspiel und an Auszahlungen aus unerlaubtem Glücksspiel untersagen" kann.[5] Letztlich ergibt sich aus dem öffentlich-rechtlichen

---

1 Dr. Tobias Wild ist Glücksspielreferent beim Senator für Inneres und Sport, Bremen, und stellvertretendes Mitglied im Glücksspielkollegium.

2 Dieser Beitrag erschien auch in der Zeitschrift für Wett- und Glücksspielrecht 2013, S. 236–242.

3 E-Geld-Institute sind in den Erläuterungen zum Ersten Glücksspieländerungsstaatsvertrag, Stand 7. Dezember 2011, S. 17, ausdrücklich erwähnt, auch wenn sie begrifflich weder Kreditinstitute noch Finanzdienstleistungsinstitute sind.

4 Prozessoren sind Dienstleister, die für kartenausgebende Banken (*Issuer*) und Banken der Händler (*Acquirer*) die Verwaltung der Kartentransaktionen übernehmen. Zu den Aufgaben gehören beispielsweise die Bereitstellung eines Rechenzentrums, die Autorisierung von Zahlungen und die Überwachung von Kreditlimits.

5 In der am 1. Januar 2008 in Kraft getretenen Ursprungsfassung des Glücksspielstaatsvertrags lautete diese Ermächtigungsgrundlage weniger weitgehend: „Die zuständige Behörde des jeweiligen Landes kann die erforderlichen Anordnungen im Einzelfall erlassen. Sie kann insbesondere [...] Kredit- und Finanzdienstleistungsinstituten die Mitwirkung an Zahlungen für unerlaubtes Glücksspiel und an Auszahlungen aus unerlaubtem Glücksspiel untersagen [...]".

Verbot des § 4 Abs. 1 Satz 2 GlüStV in Verbindung mit einer konkretisierenden ordnungsbehördlichen Verfügung gemäß § 9 Abs. 1 Satz 2 und 3 Nr. 4 GlüStV dann ein Rechtsgrund sowie eine Verpflichtung der Zahlungsdienstleister als verantwortliche Störer[6], bestimmte zivilrechtliche Zahlungsaufträge ihrer Kundinnen und Kunden nicht auszuführen.

Die folgenden Ausführungen dürften auch für Veranstalter und Vermittler von Glücksspielen im Internet von Interesse sein, da sich aufgrund der am 26. Februar 2013 in Kraft getretenen Änderung des Geldwäschegesetzes[7] gemäß § 2 Nr. 12 i. V. m. §§ 9a bis 9d GwG erhebliche Verpflichtungen für sie ergeben.[8]

2 Unterscheidung erlaubter und unerlaubter Glücksspiele im Internet

2.1 Grundsätzliches Verbot des Glücksspiels im Internet und Ausnahmen hiervon

Der am 1. Juli 2012 in Kraft getretene Glücksspielstaatsvertrag hält im Grundsatz an dem bereits nach alter Rechtslage[9] geltenden gesetzlichen Verbot von öffentlichen Glücksspielen im Internet fest (§ 4 Abs. 4 GlüStV). Eine entscheidende Neuerung liegt darin, dass die zuständige Glücksspielaufsichtsbehörde unter den Voraussetzungen des § 4 Abs. 5 GlüStV den Eigenvertrieb und die Vermittlung von Lotterien sowie die Veranstaltung und Vermittlung von Sportwetten im Internet erlauben kann. Eine Konzession zur Veranstaltung von Sportwetten gemäß §§ 4a bis 4e GlüStV[10] schließt gemäß § 10a Abs. 4 GlüStV unter bestimmten Voraussetzungen die Berechtigung ein, Sportwetten im Internet zu veranstalten und zu vermitteln.

Die Rechtslage ist demnach eindeutig: Das Veranstalten und das Vermitteln von Lotterien und Sportwetten im Internet ist nach deutschem Recht unter bestimmten Voraussetzungen erlaubnisfähig, während Online-Casinospiele,

---

6 Diese Wortwahl entstammt den Erläuterungen zum Ersten Glücksspieländerungsstaatsvertrag, Stand 7. Dezember 2011, S. 17 und 32.

7 Geändert durch das Gesetz zur Ergänzung des Geldwäschegesetzes vom 18. Februar 2013, BGBl. I S. 268.

8 Hierzu ausführlich *Brugger/Häberling*, „Nachahmung nicht empfohlen: Das Identifizierungserfordernis für Teilnehmer von Internetglücksspielen im ergänzten GwG", ZfWG 2013, S. 11–23.

9 Am 1. Januar 2008 in Kraft getretener Glücksspielstaatsvertrag (im Folgenden: GlüStV a. F.).

10 Das entsprechende Konzessionsverfahren gemäß §§ 4a ff GlüStV findet derzeit statt.

Online-Poker und Online-Wetten auf Lotterieergebnisse ausnahmslos verboten sind. Bekanntlich richten gleichwohl eine Vielzahl von Glücksspielveranstaltern, deren Angebote aus Sicht des deutschen Rechts nicht erlaubt und häufig auch nicht erlaubnisfähig sind, ihren Internetauftritt wissentlich und willentlich auf den deutschen Markt aus. So ist der Internetauftritt trotz des Sitzes des Glücksspielveranstalters im Ausland in deutscher Sprache verfügbar, und auch inhaltlich ist das Angebot auf deutsche Spieler ausgerichtet, indem beispielsweise Sportereignisse der Bundesliga oder Ziehungsergebnisse der von den deutschen Bundesländern veranstalteten staatlichen Lotterien bewettet werden können.

2.2 Räumlicher Anwendungsbereich des deutschen Glücksspielrechts

Aus § 3 Abs. 4 GlüStV ergibt sich, dass der Glücksspielstaatsvertrag auf ein bestimmtes öffentliches Glücksspiel anwendbar ist, wenn im territorialen Zuständigkeitsbereich der Glücksspielaufsichtsbehörde eines deutschen Bundeslandes „dem Spieler die Möglichkeit zur Teilnahme eröffnet wird".[11] Auf den Nachweis einer *tatsächlichen* Teilnahme eines Spielers mit Aufenthalt in diesem Bundesland kommt es nach dem Gesetzeswortlaut nicht an, sondern nur auf die Eröffnung der *Möglichkeit* zur Teilnahme.[12] Entscheidender Anknüpfungspunkt ist also der Aufenthaltsort der Zielgruppe der potentiellen Spielinteressenten zum Zeitpunkt einer möglichen Spielteilnahme, nicht der Sitz des Glücksspielveranstalters oder der Standort des Servers, auf dem die Glücksspielsoftware läuft.[13]

Für das Verbot gemäß § 4 Abs. 1 Satz 2 GlüStV und die Ermächtigungsgrundlage des § 9 Abs. 1 Satz 2 und 3 Nr. 4 GlüStV hat dies zur Folge, dass sämtliche Beteiligten am Zahlungsverkehr, ob inländisch oder ausländisch, in den Anwendungsbereich dieser Normen fallen, sofern das unerlaubte Glücksspiel selbst dem deutschen Recht unterliegt.

Um als Veranstalter eines Glücksspiels im Internet der Anwendbarkeit des deutschen Glücksspielrechts zu entgehen, dürfte es nicht ausreichend sein, die

---

11 Noch etwas weitergehend sieht § 10a Abs. 4 Satz 3 GlüStV vor, dass der Geltungsbereich einer Konzession gemäß §§ 4a bis 4e GlüStV auf das Gebiet der Bundesrepublik Deutschland und der Staaten, die die deutsche Erlaubnis für ihr Hoheitsgebiet anerkennen, beschränkt ist.

12 Der in diesem Zusammenhang einschlägige § 9a Abs. 2 Satz 2 GlüStV formuliert ebenfalls: „[b]ei unerlaubten Glücksspielen, die in mehr als einem Land *angeboten* werden, [...]" (Hervorhebung vom Verf.). Ein Angebot setzt nicht voraus, dass es von einem Spieler angenommen wird.

13 Ausführlich hierzu unter Bezugnahme auf die obergerichtliche Rechtsprechung: Begründung zum Glücksspielstaatsvertrag, Stand 14. Dezember 2006, Seite 12.

Teilnahmemöglichkeit für Spieler mit Aufenthalt oder Wohnsitz in Deutschland lediglich in den Teilnahmebedingungen rechtlich auszuschließen (mittels eines sogenannten „*Disclaimer*"). Dadurch allein entfiele nämlich nicht die tatsächliche Möglichkeit zur Spielteilnahme. Vielmehr müsste durch technische Maßnahmen wie Geolokalisierung des Spielinteressenten zum Zeitpunkt der beabsichtigten Spielteilnahme oder durch eindeutige Identifizierung bei der erstmaligen Registrierung ausgeschlossen werden, das Personen mit Aufenthalt oder jedenfalls Wohnsitz in Deutschland die Möglichkeit des Zugangs zum betreffenden Glücksspielangebot im Internet erhalten.

3 Anordnungsbefugnisse der deutschen Glücksspielaufsichtsbehörden

Hält sich ein Glücksspielveranstalter nicht an das für ihn geltende Verbot der Veranstaltung und Vermittlung von öffentlichen Glücksspielen im Internet, kann die zuständige Glücksspielaufsichtsbehörde auf der Grundlage des § 9 Abs. 1 GlüStV die erforderlichen Anordnungen im Einzelfall erlassen. In erster Linie wird dies eine Untersagungsverfügung gemäß § 9 Abs. 1 Satz 2 und 3 Nr. 3 GlüStV sein, die erforderlichenfalls mittels Verwaltungszwang durchgesetzt wird. In der Verwaltungspraxis erweist sich dieser Weg als steinig, weil viele Adressaten von Untersagungsverfügungen wegen unerlaubter Veranstaltung von Glücksspielen im Internet ihren Sitz im Ausland haben, beispielsweise auf Malta und in Gibraltar. So sehen sich die deutschen Glücksspielaufsichtsbehörden seit Jahren mit Zustellungs- und Vollzugsschwierigkeiten konfrontiert.

Schon der am 1. Januar 2008 in Kraft getretene Glücksspielstaatsvertrag sah vor diesem Hintergrund zur Konkretisierung der generalklauselartigen Ermächtigungsgrundlage des § 9 Abs. 1 Satz 2 GlüStV in § 9 Abs. 1 Satz 3 GlüStV zwei Regelbeispiele („insbesondere") vor, um die für das Glücksspiel im Internet unabdingbare Infrastruktur, nämlich die Zahlungsströme für das betreffende unerlaubte Glücksspiel[14] und den Zugang zum Internetauftritt[15], im Einzelfall zu blockieren.

---

14 Hierzu ausführlich *Brugger*, Abbruch der Zahlungsströme als Mittel zur Bekämpfung unerlaubter Internetglücksspiele, Frankfurt am Main, 2013, zugl. Konstanz, Univ., Diss., 2012; außerdem *Rock/Seifert*, „Abwicklung von Kreditkartenzahlungen für unerlaubtes Glücksspiel - ein Fall strafbarer Geldwäsche?", ZBB 2009, S. 377–387.

15 Hierzu ausführlich *Steegmann*, Die Haftung der Basisinfrastruktur bei rechtswidrigen Internetangeboten, Baden-Baden, 2010, zugl. Düsseldorf, Univ., Diss., 2009.

Der seit 1. Juli 2012 geltende Glücksspielstaatsvertrag konzentriert sich nur noch auf die Zahlungssperren[16] und hat das rechtliche Instrumentarium verfeinert und verschärft. Ergebnis der gesetzgeberischen Tätigkeit ist, im Vergleich zum Glücksspielstaatsvertrag von 2008:

- das bereits eingangs erwähnte Verbot der Mitwirkung an Zahlungen im Zusammenhang mit unerlaubtem Glücksspiel gemäß § 4 Abs. 1 Satz 2 GlüStV, wodurch erstmals die am Zahlungsverkehr Beteiligten eigenverantwortlich in die Pflicht genommen werden,[17]
- die Erweiterung des Regelbeispiels gemäß § 9 Abs. 1 Satz 2 und 3 Nr. 4 GlüStV auf die „am Zahlungsverkehr Beteiligten", so dass nicht – wie bisher – nur Kredit- und Finanzdienstleistungsinstitute, sondern auch E-Geld-Institute, Zahlungsinstitute, Prozessoren[18] und sonstige am Zahlungsverkehr Beteiligte erfasst sind und

---

16 Internetsperren werden in der neuen Fassung des Glücksspielstaatsvertrags nicht mehr als Regelbeispiel aufgeführt und könnten allenfalls auf die Generalklausel des § 9 Abs. 1 Satz 2 GlüStV gestützt werden.

17 *Brugger*, a. a. O., S. 215, kritisiert, dass § 4 Abs. 1 Satz 2 GlüStV n. F. die – möglicherweise neutrale – Mitwirkung an Zahlungen im Zusammenhang mit unerlaubtem Glücksspiel pauschal verbietet, als ordnungsrechtliche Störung qualifiziert und bei isolierter Betrachtung auf eine Stufe mit der Veranstaltung und Vermittlung unerlaubter Glücksspiele stellt. Sie geht darauf ein, dass sich aus den Erläuterungen zum Ersten Glücksspieländerungsstaatsvertrag, Stand 7. Dezember 2011, S. 17 und 32, ergibt, dass eine Inanspruchnahme als Störer auf der Grundlage des § 4 Abs. 1 Satz 2 i. V. m. § 9 Abs. 1 Satz 2 und 3 Nr. 4 GlüStV n. F. eine vorherige Bekanntgabe unerlaubter Glücksspielangebote voraussetzt, a. a. O., S. 215–217. *Brugger* empfiehlt die Streichung dieser Voraussetzung, um den Glücksspielaufsichtsbehörden einen größeren Ermessensspielraum für die Entscheidung zu verschaffen, ob und in welcher Weise eine Untersagung von Zahlungsdienstleistungen durchgesetzt wird, a. a. O., S. 217 f.

18 *Brugger*, a. a. O., S. 189 f., schlug zur Verbesserung des GlüStV a. F. vor, den Adressatenkreis der Ermächtigungsgrundlage § 9 Abs. 1 Satz 3 Nr. 4 GlüStV so zu erweitern, dass den Änderungen aufgrund des Zahlungsdiensteaufsichtsgesetzes Rechnung getragen werde durch die Formulierung „insbesondere Kredit- und Zahlungsinstituten …". Die nicht abschließende Nennung der Regelungsadressaten („insbesondere") beuge einer Umgehung durch die Wahl einer anderen Organisationsform oder Zwischenschaltung weiterer Dienstleister vor. Aufgrund der Wahl dieser Begriffe bliebe die Norm auch bei einer Änderung der bank- und zahlungsaufsichtsrechtlichen Vorgaben aktuell. Hinsichtlich des nunmehr in Kraft getretenen Änderung des § 9 Abs. 1 Satz 3 Nr. 4 GlüStV n. F. begrüßt Brugger die Erweiterung der bisherigen Ermächtigungsgrundlage um das Wort „insbesondere", kritisiert jedoch, dass die – wegen des Worts „insbesondere"

- die ländereinheitliche Zuständigkeit des Landes Niedersachsen gemäß § 9a Abs. 2 Satz 2 GlüStV „bei unerlaubten Glücksspielen, die in mehr als einem Land angeboten werden", was bei unerlaubten Glücksspielen im Internet in der Regel der Fall ist.[19]

Den Erläuterungen zum Ersten Glücksspieländerungsstaatsvertrag lässt sich entnehmen, dass die Inanspruchnahme eines am Zahlungsverkehr Beteiligten gemäß § 4 Abs. 1 Satz 2 i. V. m. § 9 Abs. 1 Satz 2 und 3 Nr. 4 GlüStV voraussetzt, „dass der Veranstalter oder Vermittler des unerlaubten Glücksspielangebotes zuvor vergeblich – insbesondere wegen eines Auslandsbezuges – in Anspruch genommen wurde." Bei der Störerauswahl soll demnach gestuft vorgegangen werden, wobei im konkreten Einzelfall zu entscheiden ist, ob das vorrangige Vorgehen gegen den Veranstalter oder Vermittler des unerlaubten Glücksspielangebotes als gescheitert betrachtet werden kann.

4 Abwicklung eines Glücksspiels im Internet

4.1 Überblick

Zum besseren Verständnis, wie Zahlungen für unerlaubte Glücksspiele identifiziert werden können und an welchen Punkten in die Zahlungsinfrastruktur eingegriffen werden kann, werden im Folgenden die tatsächlichen Abläufe und rechtlichen Rahmenbedingungen bei einem Glücksspiel im Internet näher beleuchtet. Hervorzuheben ist, dass das vom Glücksspielveranstalter[20] in seinem

---

trotzdem erfassten – Zahlungsin-stitute nicht ausdrücklich erwähnt werden (a. a. O., S. 213 f.). Ferner begrüßt sie die Beibehaltung der dynamischen Rechtsverweisung in § 9 Abs. 1 Satz 3 Nr. 4 GlüStV n. F. (a. a. O., S. 213). *Steegmann*, a. a. O., S. 212 f. ging bereits nach alter Rechtslage davon aus, dass sich eine ordnungsrechtliche Mithaftung von Kreditkarteninstituten gemäß § 9 Abs. 1 Satz 3 Nr. 4 GlüStV darauf stützen lasse, dass sie das unerlaubte Glücksspiel und damit einen Verstoß gegen § 4 Abs. 4 GlüStV im Sinne einer Mithaftung fördern; eine solche Maßnahme sei auch zumutbar und technisch realisierbar.

19 *Brugger*, a. a. O., S. 202 f. schlug zur Verbesserung des GlüStV a. F. vor, die Kompetenz der gemeinsamen Geschäftsstelle der obersten Glücksspielaufsichtsbehörden der Länder beim Hessischen Ministerium des Innern und für Sport um eine ländereinheitliche Zuständigkeit zum Erlass der zum Abbruch der Zahlungsströme notwendigen Maßnahmen zu erweitern. Sie begrüßt die Gesetzesänderung (a. a. O., S. 203, Fn. 291).

20 Zur Vereinfachung ist hier nur vom Glücksspielveranstalter die Rede. Die Ausführungen gelten entsprechend für Glücksspielvermittler.

IT-System für einen bestimmten Spieler errichtete Spielerkonto technisch und rechtlich von den bei Kredit-, Zahlungs- und E-Geld-Instituten geführten Zahlungskonten des Spielers und des Glücksspielveranstalters zu unterscheiden ist, über die der Zahlungsverkehr für das Glücksspiel im Internet abgewickelt wird.

4.2 Errichten eines Spielerkontos

a) Registrierung

Bietet ein Glücksspielveranstalter öffentliches Glücksspiel im Internet an, so hat der Server, auf dem das Softwaresystem des Glücksspielveranstalters läuft, einen über das Internet öffentlich zugänglichen und einen zugangsbeschränkten Bereich. Im öffentlich zugänglichen Bereich des Internetauftritts finden sich üblicherweise Informationen über das Glücksspielangebot, beispielsweise über das Wettprogramm, die Wettquoten und die Allgemeinen Geschäftsbedingungen, außerdem das Impressum, meist eine Unternehmensdarstellung sowie eine Aufklärung über die Gefahr der Glücksspielsucht.

Möchte ein Besucher der Website des Glücksspielveranstalters an einem Glücksspiel unter Einsatz von Echtgeld[21] teilnehmen, muss der Glücksspielveranstalter für diesen Benutzer ein Spielerkonto im zugangsbeschränkten Bereich des Servers errichten. Der Benutzer wird über ein Bildschirmformular aufgefordert, zur Registrierung einen frei wählbaren Benutzernamen und ein Passwort anzugeben. Üblicherweise muss der Benutzer beim Registrierungsverfahren darüber hinaus bestimmte personenbezogene Daten in das Formular eintragen, insbesondere Vorname, Name, Geburtsdatum, Anschrift, E-Mail-Adresse und in manchen Fällen die Mobiltelefonnummer. Das Softwaresystem des Glücksspielveranstalters legt mit diesen Daten auf dem Server ein Spielerkonto an, bei dem sich der Benutzer fortan mit dem gewählten Benutzernamen und Passwort anmelden (einloggen) kann. Ist der Benutzer im System angemeldet, kann er seine personenbezogenen Daten, eine etwaige Selbstlimitierung, die Teilnahme an einzelnen Glücksspielen und die hierfür erforderlichen Ein- und Auszahlungen von Echtgeld verwalten.

Soweit deutsches Recht auf das betreffende öffentliche Glücksspiel im Internet Anwendung findet, regeln § 9c Geldwäschegesetz (GwG) und § 4 Abs. 5 Nummer 1 und 2 GlüStV die Errichtung des Spielerkontos.

21 Im Gegensatz zu „Spielgeld", das beispielsweise bei einigen kostenlosen Pokerschulen im Internet eingesetzt wird.

b) Identifizierung

Ungeachtet der rechtlichen Vorgaben ist es für die technische Abwicklung des Glücksspiels im Internet nicht zwingend notwendig, dass der Glücksspielveranstalter die Identität des Spielers kennt, solange die Zahlungsabwicklung funktioniert. Es kommt dem Glücksspielveranstalter in erster Linie darauf an, dass die Spielerin oder der Spieler den Spieleinsatz bezahlt. Dem Spieler kommt es auf die Auszahlung eines etwaigen Gewinns an. Technisch genügt es, wenn der Spieler für die Registrierung im Internet ein Pseudonym verwendet. Eine anonyme Abwicklung von Zahlungen im Internet ist mittlerweile ebenfalls möglich.

Anonymes Glücksspiel im Internet ist im Geltungsbereich des deutschen Rechts jedoch unzulässig. Die Identifizierung des Spielers bei Glücksspielen im Internet ist bundesrechtlich in § 9b GwG und landesrechtlich in § 4 Abs. 5 Nr. 1 GlüStV vorgeschrieben.

Will ein bereits identifizierter Spieler zu einem späteren Zeitpunkt wieder auf sein Spielerkonto zugreifen, muss er sich gemäß § 4 Abs. 5 Nr. 1 GlüStV gegenüber dem IT-System des Glücksspielveranstalters authentifizieren (Log-in Vorgang). Hierdurch wird verhindert, dass sich unberechtigte Personen[22] Zugang zu einem bereits bestehenden Spielerkonto verschaffen, das ursprünglich für eine identifizierte, volljährige, nicht gesperrte Person errichtet worden war.

4.3 Abwicklung des Zahlungsverkehrs

a) Einzahlung von Echtgeld als Spielguthaben

Nach der Registrierung und Errichtung des Spielerkontos muss die Spielerin oder der Spieler zwecks Teilnahme am Glücksspiel im Wege des bargeldlosen Zahlungsverkehrs einen Geldbetrag an den Glücksspielveranstalter zahlen.

Das Spielerkonto ist technisch und rechtlich zu unterscheiden von Zahlungskonten, über die der Zahlungsverkehr zwischen dem Spieler und dem Glücksspielveranstalter abgewickelt wird. Zahlungskonten werden bei Kredit-, Zahlungs- und E-Geld-Instituten geführt. Es ist unüblich, dass der Spieleinsatz unmittelbar für ein konkretes Glücksspiel bezahlt wird.[23] Vielmehr wird der

---

22 Minderjährige oder im zentralen Sperrsystem gemäß §§ 8, 23 GlüStV eingetragene Spieler oder Personen, die sich mit strafbarer Schädigungsabsicht Zugang verschaffen.

23 *Rock/Seifert*, a. a. O., S. 377, 378 und 380, gehen davon aus, dass der Spieler den Einsatz für Glücksspiele im Internet nicht – wie üblich – aus einem zuvor eingezahlten Spielguthaben (*prepaid*-Guthaben) erbringt, sondern dass die Kreditkarte des Spielers, deren Daten er in seinem Spielerkonto hinterlegt hat, bei jeder Teilnahme an einem

Spieler aufgefordert, in einem ersten Schritt einen in bestimmten Grenzen frei wählbaren Betrag an den Glücksspielveranstalter zu zahlen, der in einem zweiten Schritt dazu verwendet werden kann, die Einsätze für die Teilnahme an mehreren Glücksspielen zu bestreiten. Glücksspielveranstalter verlangen üblicherweise Vorkasse, in wenigen Fällen genügt das Lastschriftverfahren. Sobald der von der Spielerin oder dem Spieler gezahlte Geldbetrag auf dem Zahlungskonto des Glücksspielveranstalters eingegangen ist, schreibt der Glücksspielveranstalter den Geldbetrag dem Spielerkonto als Spielguthaben gut. Das Echtgeld des Spielers wird weiterhin auf einem Zahlungskonto des Glücksspielveranstalters verwahrt. Den Teilnahmebedingungen oder Allgemeinen Geschäftsbedingungen ist zu entnehmen, ob und in welcher Form die Kundengelder getrennt von Unternehmensgeldern verwahrt werden. Der Spieler kann anhand des Spielerkontos die Ein- und Auszahlungen nachvollziehen und neue Zahlungsvorgänge veranlassen.

Für die Veranstaltung konzessionierter Sportwetten sieht § 4a Abs. 4 Satz 1 Nr. 3 lit. g GlüStV weitere Vorgaben für die Verwaltung des Spielguthabens vor. Insbesondere ist ein etwaiges Guthaben dem Spieler auf Wunsch jederzeit auszuzahlen. Zudem sind die Kundengelder vom sonstigen Vermögen getrennt zu verwalten und müssen jederzeit durch liquide Mittel gedeckt sein.

b) Einsatz des Spielguthabens zur Teilnahme am Glücksspiel

Mit dem an den Glücksspielveranstalter gezahlten Geld, das auf dem Zahlungskonto des Glücksspielveranstalters eingegangen ist und vom Softwaresystem als Spielguthaben im Spielerkonto des Spielers dargestellt wird, kann der Spieler Einsätze für einzelne Glücksspiele leisten.

Manche Glücksspielveranstalter verlangen neben Benutzername und Kennwort als zusätzliches Authentifizierungsmerkmal für die Teilnahme an einem konkreten Glücksspiel außerdem noch die korrekte Eingabe einer einmaligen Transaktionsnummer (TAN), die beispielsweise per SMS an eine bei der ursprünglichen Registrierung angegebene Mobilfunknummer übermittelt wird.

Glücksspiel jeweils einzeln belastet wird (*pay per use*). Die rechtlichen Schlussfolgerungen, die *Rock/Seifert* ziehen, müssen entsprechend abgewandelt werden, wenn der Veranstalter des Glücksspiels im Internet nach dem gängigen *prepaid*-Prinzip verfährt. Andere Schlussfolgerungen ergeben sich auch, wenn der Glücksspielveranstalter eine Spielteilnahme bereits erlaubt, obwohl das auf dem Spielerkonto aufgebuchte Spielguthaben erst noch mittels Lastschrift von einem Zahlungskonto des Spielers eingezogen werden muss.

Ein unberechtigter Benutzer hat keinen Zugriff auf das Mobiltelefon mit der SIM-Karte, deren Telefonnummer registriert worden war, und kann die TAN folglich nicht korrekt eingeben. Dies ist – ebenso wie im Online-Banking – ein zusätzlicher Schutz vor einem unberechtigten Zugriff auf das Spielerkonto.

c) Auszahlung von Gewinnen in Echtgeld

Technisch ist es möglich, etwaige Gewinne entweder mit dem Spielguthaben zu verrechnen oder auf Wunsch auszuzahlen. In Deutschland ist die Verrechnung mit dem Spielguthaben jedoch gemäß § 4 Abs. 5 Nr. 2 Satz 3 GlüStV gesetzlich verboten.

d) Für Ein- und Auszahlungen verwendete Zahlungsdienste

aa) Begriffe

Das Zahlungsdiensteaufsichtsgesetz (ZAG) unterscheidet beim Zahlungsgeschäft als Unterfall der Zahlungsdienste zwischen dem Lastschrift-, Überweisungs- und Zahlungskartengeschäft (§ 1 Abs. 2 Nr. 2 lit. a bis c ZAG). Daneben wird E-Geld in § 1a Abs. 3 ZAG definiert als „jeder elektronisch, darunter auch magnetisch, gespeicherte monetäre Wert in Form einer Forderung gegenüber dem Emittenten, der gegen Zahlung eines Geldbetrages ausgestellt wird, um damit Zahlungsvorgänge im Sinne des § 675f Abs. 3 Satz 1 des Bürgerlichen Gesetzbuchs durchzuführen, und der auch von anderen natürlichen oder juristischen Personen als dem Emittenten angenommen wird". Reine Bargeldzahlungen[24] und Zahlungsvorgänge, denen ein Scheck in Papierform[25] zugrunde liegt, sind gemäß § 1 Abs. 10 Nr. 1 und Nr. 6 lit. a ZAG keine Zahlungsdienste im Sinne des Zahlungsdienstegesetzes.

bb) Zahlungskarte

Der häufigste Zahlungsdienst für Glücksspiel im Internet ist die Kreditkarte. Kreditkartenzahlungen werden unter dem Dach einer Kreditkartenorganisation in einem Vier-Parteien-Modell abgewickelt. Dieses Gefüge besteht aus Kartenherausgeber, Karteninhaber, Händler und Acquirer. Die Kreditkarte wird vom

---

24 Bargeldzahlungen wären beim Glücksspiel im Internet zwar möglich mittels Postversand von Banknoten, sie sind aber nicht üblich und zudem nicht zulässig (§ 9c GwG). In Annahmestellen und Wettvermittlungsstellen ist hingegen Bargeld das bevorzugte Zahlungsmittel.

25 Schecks in Papierform werden beim Glücksspiel im Internet in Ausnahmefällen für die Auszahlung verwendet, sie sind jedoch nicht zulässig (§ 9c Abs. 3 und 6 GwG).

kartenherausgebenden Zahlungsdienstleister (*Issuer*) an den Karteninhaber herausgegeben. Der Kartenherausgeber ist nicht zwingend mit der Hausbank des Karteninhabers identisch. Zu unterscheiden ist das Kreditkartenkonto und das Verrechnungskonto des Karteninhabers. In regelmäßigen Abständen wird der auf dem Kreditkartenkonto aufgelaufene Saldo durch Belastung des Verrechnungskontos ausgeglichen. Die Kreditkarte kann bei Händlern eingesetzt werden, die sich über eine *Acquiring Bank* (*Aquirer*) dem Netz einer Kreditkartenorganisation angeschlossen haben. Setzt der Karteninhaber seine Kreditkarte zur Zahlung bei einem als Kartenakzeptanzstelle (*Point of Sale – POS*) zugelassenen Händler ein, wird eine Autorisierungsanfrage über ein elektronisches Netzwerk zum *Aquiring Prozessor* (Rechenzentrum) der *Acquiring Bank* und von dort weiter über das Autorisierungsnetz der Kreditkartenorganisation zum *Issuing Prozessor* (Rechenzentrum) der an der Kreditkartennummer zu erkennenden kartenherausgebenden Bank gesteuert („geroutet"). Im Rechenzentrum der kartenherausgebenden Bank durchläuft die Autorisierungsanfrage mehrere Prüfroutinen im Autorisierungsserver. Unter anderem werden die Stammdatenbank, das Belastungslimit, das Betrugsfrüherkennungssystem und eine etwaige Kartensperre wegen Verlusts abgefragt. An dieser Stelle könnte auch ein Eingriff zum Unterbrechen der Zahlung gemäß § 4 Abs. 1 Satz 2 i. V. m. 9 Abs. 1 Satz 2 und 3 Nr. 4 GlüStV stattfinden, wenn die notwendigen Voraussetzungen vorliegen. Werden alle Prüfroutinen erfolgreich absolviert, sendet der Autorisierungsserver eine positive Antwort über das Autorisierungsnetz der Kartenorganisation an das Rechenzentrum der *Acquiring Bank*, das die positive Antwort elektronisch an die Kartenakzeptanzstelle weitermeldet. Der Händler kann dann einen Vertrag mit dem Karteninhaber schließen, da die Zahlung gewährleistet ist. In der sekundenschnellen Freigabe der Zahlung liegt auch der herausragende Vorteil von Kreditkartenzahlungen, sowohl bei einem Einsatz im Ladengeschäft als auch im Internet.

Im Einsatz gegenüber kartenakzeptierenden Händlern und im technischen Ablauf nicht anders, rechtlich jedoch ausschließlich auf Guthabenbasis geführt, ist die sogenannte Prepaid Kreditkarte. Der Unterschied zur klassischen Kreditkarte liegt darin, dass auf das Kreditkartenkonto zunächst ein Betrag überwiesen werden muss, in deren Höhe die Prepaid Kreditkarte höchstens belastet werden kann. Anders als bei klassischen Kreditkarten findet keine nachgelagerte Belastung des Verrechnungskontos statt.

Da es beim Einsatz von Kreditkarten im Fernabsatz nur auf die korrekte Angabe des Karteninhabers, der Kartennummer, des Ablaufdatums und der Kartenprüfnummer ankommt, nicht hingegen auf das physische Vorhandensein der Plastikkarte, sind mittlerweile auch virtuelle Kreditkarten zugelassen.

Einen unmittelbaren Zugriff auf das Zahlungskonto (Girokonto) bieten bestimmte Debitkarten. Die beiden größten Kreditkartenorganisationen haben entsprechende Systeme entwickelt, die auch im Internet einsetzbar sind.

Die Deutsche Kreditwirtschaft betreibt darüber hinaus ein PIN-basiertes Debitkartensystem unter der Bezeichnung „*electronic cash*" (EC-Karte). Wegen des strikt PIN-basierten Verfahrens ist das „*electronic cash*"-System nur im stationären Handel verfügbar.

cc) Lastschrift

Manche Glücksspielveranstalter lassen auch Einzahlungen über das elektronische Lastschriftverfahren zu. Es ist von den Teilnahmebedingungen abhängig, ob bzw. bis zu welchem Limit eine Spielteilnahme bereits möglich ist, obwohl die mittels Lastschrift angeforderte Zahlung noch nicht beim Zahlungsdienstleister des Glücksspielanbieters eingegangen ist.

Bei der im Euro-Zahlungsverkehrsraum grenzüberschreitend möglichen SEPA-Lastschrift, die ab Februar 2014 die nationalen Lastschriftverfahren endgültig ablösen wird, hat jeder Lastschrifteinreicher (Zahlungsempfänger) eine individuelle Kennung zur Identifizierung, die sogenannte Gläubiger-Identifikationsnummer (*CI, Creditor Identifier*).[26] Diese Nummer und die vom Zahlungsempfänger jedem Mandat zuzuordnende Mandatsreferenz (z. B. Rechnungsnummer) ermöglichen dem Zahler einen einfachen Abgleich von Belastungen auf seinem Zahlungskonto.[27]

dd) Überweisung

Die klassische Überweisung ist geeignet, Spielguthaben an den Glücksspielveranstalter einzuzahlen und ebenso, um Gewinne an den Spieler auszuzahlen. Gemäß § 675s Abs. 1 BGB ist eine Überweisung in der Währung Euro im europäischen Wirtschaftsraum grundsätzlich bis zum Ablauf des folgenden Geschäftstags auszuführen. Dies ist beim Glücksspiel im Internet von Interesse, weil die Zahlungsdienstleister vieler Glücksspielveranstalter ihren Sitz nicht in Deutschland haben.

Gleichwohl ist vielen Spielern daran gelegen, sofort die Gelegenheit zur Spielteilnahme zu haben. Eine Abwicklung der Zahlung in Echtzeit ermöglichen die Systeme „*giropay*" und „Sofortüberweisung".

---

26 Informationen unter https://www.sepadeutschland.de/de/sepa-lastschrift (zuletzt abgerufen 12. Juli 2013).

27 Informationen unter https://www.sepadeutschland.de/de/sepa-lastschrift (zuletzt abgerufen 12. Juli 2013).

ee) E-Geld

E-Geld-Zahlungskonten sind für das Glücksspiel im Internet wegen der sofortigen Verfügbarkeit des gezahlten Geldbetrags gut geeignet. Auch eine Auszahlung von Gewinnen kann hierüber abgewickelt werden. Der Spieler muss jedoch zunächst bei einem E-Geld-Institut im Sinne des § 1 Abs. 1 Nr. 2 ZAG ein Zahlungskonto einrichten.

Technisch möglich ist auch der Einsatz von E-Geld, das von einem E-Geld-Emittenten im Sinne des § 1a Abs. 1 ZAG ausgegeben und vom Verbraucher gegen Barzahlung bei einem E-Geld-Agenten im Sinne des § 1a Abs. 6 ZAG, also einem selbständigen Gewerbetreibenden wie einem Kiosk oder einer Tankstelle, der bzw. die im Namen eines E-Geld-Instituts beim Vertrieb von E-Geld tätig ist, in Form eines auf Thermopapier ausgedruckten mehrstelligen Code erworben wird. Die Identität des Verbrauchers ist dem E-Geld-Institut bei dieser Zahlungsform nicht bekannt. Der Code kann vom Verbraucher sodann im Internet als anonymes Zahlungsmittel eingesetzt werden. Der Zahlungsempfänger erhält vom E-Geld-Emittenten den Gegenwert in Buchgeld erstattet und ist mangels Inkassorisiko ebenfalls nicht unbedingt an der Identität des Verbrauchers interessiert.[28] Damit wird die anonyme Abwicklung von Fernabsatzverträgen möglich, auch von Glücksspielen im Internet. Sogar die Auszahlung von Gewinnen über derartige Codes wird mittlerweile ungeachtet der geldwäscherechtlichen Implikationen von manchen Glücksspielveranstaltern angeboten.

e) Rechtliche Einschränkungen von Zahlungen für Glücksspiele im Internet

In Deutschland ergeben sich aus § 9c GwG Einschränkungen hinsichtlich der Zahlungswege und der Verwaltung der Kundengelder.

Konzessionsnehmer, die in Deutschland Sportwetten veranstalten, müssen Zahlungen nach Maßgabe des § 4a Abs. 4 Satz 1 Nr. 3 lit. e GlüStV über ein Konto im Inland oder bei einem in einem Mitgliedstaat der Europäischen Union beheimateten Kreditinstitut abwickeln.

28 Es handelt sich in diesem Fall zivilrechtlich um ein Geschäft für den, den es angeht. Beim Glücksspiel im Internet ergeben sich aus dem Geldwäschegesetz und dem Glücksspielstaatsvertrag jedoch öffentlich-rechtliche Verpflichtungen, den Vertragspartner zu identifizieren.

5 Rechtsvergleich

5.1 US-amerikanisches Recht

In den USA gilt der *Unlawful Internet Gambling Enforcement Act* von 2006 (UIGEA). Dieses Gesetz (31 U.S.C. §§ 5361–5367) verbietet es Glücksspielunternehmen, wissentlich Zahlungen in Verbindung mit einem unerlaubten Online-Glücksspiel von einer anderen Person anzunehmen. Diese Handlung steht unter Strafe. Das US-Recht stellt zudem jeden von der Haftung frei, der eine zu blockierende Finanztransaktion unterbindet.

Das FBI hat am 15. April 2011 die Internetdomains der drei größten Online-Poker-Veranstalter in den USA beschlagnahmt und die Sites geschlossen. Die Staatsanwaltschaft erhob gegen die Veranstalter Anklage wegen Verstoßes gegen § 5363 UIGEA, Veranstaltung unerlaubter Glücksspiele, Betruges unter Einsatz von Telekommunikationsmitteln, Bankbetruges und Geldwäsche.

5.2 Norwegisches Recht

Norwegen hat seine drei Glücksspielgesetze (*Lottery Act, Gaming Schemes Act und Totalisator Act*) mit Wirkung zum 1. Juli 2010 dahingehend geändert, dass es Banken und anderen Zahlungsdienstleistern untersagt werden kann, an Zahlungen an Unternehmen mitzuwirken, die in Norwegen ohne Erlaubnis Glücksspiele im Internet veranstalten. Verstöße können verwaltungs- und strafrechtlich geahndet werden.

Technisch stützt sich das System bei Kreditkartenzahlungen auf den *Merchant Category Code* (MCC) „7995" für Glücksspiel und den Ländercode für Norwegen.

Eine Evaluation durch die *Norwegian Gaming and Foundation Authority* (*Lotteri- og stiftelsestilsynet*) vom Februar 2012 kommt zum Ergebnis, dass die Wirkung der Maßnahmen nachlässt. Große Veranstalter von in Norwegen unerlaubten Glücksspielen im Internet haben Zahlungswege über Dritte eingerichtet.

5.3 Belgisches Recht

Belgien hat mit Gesetz vom 7. Mai 1999 (Glücksspielgesetz) die *Commission des Jeux de Hasard / Kansspelcommissie* (Glücksspielkommission) eingerichtet. Sie erteilt Erlaubnisse für Glücksspiele im Internet und verfolgt Verstöße strafrechtlich und verwaltungsrechtlich. Seit 1. Januar 2011 sind auch Glücksspiele im Internet vom Anwendungsbereich des Gesetzes erfasst.

Die Glücksspielkommission entwickelt „*White lists*" für Internet-Sites von in Belgien erlaubten Glücksspielveranstaltern und eine „*Black list*" für Internet-Sites von illegalen Glücksspielveranstaltern. Die Listen werden im *Belgisch Staatsblad / Moniteur Belge* und im Internet veröffentlicht.

Die Glücksspielkommission hat mit der Vereinigung der Internet-Service-Provider (ISPA) ein Protokoll beschlossen, wonach illegale Internet-Sites ab Januar 2012 zu blockieren sind. Die Glücksspielkommission hat mit der *Fédération belge du secteur financier* (Febelfin), die aus 265 Mitgliedern besteht, ein vergleichbares Protokoll über die Nichtausführung von Zahlungsaufträgen geschlossen.

6 Ausblick

Das rechtliche Instrumentarium des Glücksspielstaatsvertrags zum Unterbinden von Zahlungsströmen für unerlaubte Glücksspiele ist in entscheidenden Punkten verbessert worden. Erstmals rücken Kreditinstitute, Zahlungsinstitute, E-Geld-Institute und andere am Zahlungsverkehr Beteiligten schon von Gesetzes wegen in die Rolle eines Störers, wenngleich von einer unmittelbaren Verantwortlichkeit grundsätzlich erst dann auszugehen ist, wenn die zuständige Glücksspielaufsichtsbehörde angeordnet hat, die Zahlungen an einen oder mehrere bestimmte Veranstalter oder Vermittler unerlaubter Glücksspiele zu unterbinden. Der Staat gewinnt im Vollzug des Verbots unerlaubter Glücksspiele im Internet auch deshalb an Schlagkraft, weil Sachverhalte, die mehr als ein Bundesland betreffen, nun ländereinheitlich durch die Glücksspielaufsichtsbehörde in Niedersachsen bearbeitet werden. Die Behörden können sich die Erfahrungen anderer Staaten beim Errichten von Zahlungssperren zu Nutze machen. Mittelfristig werden die zu erwartenden Vollzugserfolge zu einem verbesserten Jugend- und Spielerschutz und einer höheren Normakzeptanz insgesamt führen. Eine vollständige Unterbindung aller Zahlungsströme für unerlaubte Glücksspiele wird allerdings wohl nicht erreicht werden, da hartnäckige Veranstalter unerlaubter Glücksspiele bemüht sein werden, anonyme oder zumindest verschleierte Zahlungswege offen zu halten. Vor diesem Hintergrund ist es umso erfreulicher, dass die Bundesländer Schützenhilfe erhalten durch die Einschränkung der für Glücksspiele im Internet zulässigen Zahlungsvorgänge gemäß § 9c Abs. 3 und 6 GwG, wonach die Verpflichteten anonyme E-Geld-Zahlungen im Zusammenhang mit Glücksspiel weder annehmen noch tätigen dürfen.

Christina Brugger[1] und George Häberling[2]

Die Identifizierungsvorgaben für Teilnehmer von Internetglücksspielen im deutschen GwG

1 Einleitung[3]

Die Frage, wie eine wirksame Geldwäscheprävention im Bereich der Internetglücksspiele gewährleistet werden kann, ist hochaktuell. War die Thematik „Geldwäschebekämpfung bei Onlineglücksspielen" noch bis vor wenigen Jahren im deutschen wie auch im europäischen Recht kaum präsent, rückt sie seit kurzer Zeit so stark wie noch nie in den Fokus. Anfang 2013 trat die Novelle des deutschen Geldwäschegesetzes (GwG) in Kraft,[4] das erstmals spezifische Sorgfaltspflichten für den Onlineglücksspielsektor vorsieht. Die Aufnahme von Anbietern von Internetglücksspielen[5] in den Kreis der Verpflichteten nach dem GwG[6] begründete der Gesetzgeber mit der Liberalisierung des Sportwettenmarktes, die nach dem Totalverbot eine erlaubte Wirtschaftstätigkeit ermöglicht.[7] Hierin erkennt er eine Voraussetzung für ein erfolgreiches Geldwäschedelikt:

---

1 Dr. Christina Brugger, Zürich (CH), hat u.a. ihre Dissertation zu einer glücksspielrechtlichen Fragestellung verfasst. Sie arbeitet als Unternehmensjuristin in der Schweiz.

2 Dr. George Häberling, Zug (CH), ist selbstständiger Rechtsanwalt mit Schwerpunkt Geldspielrecht, Mitglied der Arbeitsgruppe für die Zulassung und Regulierung des Online-Geldspiels in der Schweiz sowie Berater der Regierung des Fürstentums Liechtenstein für die Geldspielgesetzesnovelle.

3 Der Redebeitrag lehnte sich an den Aufsatz der Autoren an: Brugger/Häberling, Nachahmung nicht empfohlen: Das Identifizierungserfordernis für Teilnehmer von Internetglücksspielen im ergänzten GwG, ZfWG 2013, 11 ff. Für den vorliegenden Beitrag konnten einige neue Entwicklungen in der Zeitspanne bis zur Drucklegung noch berücksichtigt werden.

4 Eingefügt durch: Gesetz zur Ergänzung des Geldwäschegesetzes (GwGErgG), G. v. 18.02.2013, BGBl. I S. 268 (Nr. 9), Geltung ab 26.02.2013.

5 Vgl. die Begriffsdefinition in § 1 Abs. 5 GwG: „Glücksspiele im Internet im Sinne dieses Gesetzes sind Glücksspiele, die mittels Telemedien im Sinne des § 1 Absatz 1 Satz 1 des Telemediengesetzes veranstaltet oder vermittelt werden."

6 Gem. § 2 Abs. 1 Nr. 12 GwG.

7 BReg, GwGErgGE vom 10.08.2012, BR-Drs. 459/12, S. 2.

eine Plattform für das Einschleusen „schmutzigen" Geldes in den legalen Wirtschaftskreislauf.[8]

Damit kam der deutsche Gesetzgeber sogar der EU zuvor, deren Entwurf zur Vierten Geldwäscherichtlinie vom 5. Februar 2013 (Vierte GW-RL-E)[9] erstmals nicht nur Spielbanken, sondern den gesamten Glücksspielsektor und damit auch die Internetglücksspiele[10] expliziten Regelungen – und die Mitgliedstaaten ihrer sekundärrechtlichen Umsetzungspflicht – unterwirft.[11] Dabei stellt er klar, dass Glücksspiele wie Lotterien, Kasinospiele, Pokerspiele und Wetten generell erfasst sind, ungeachtet ob sie „an einem physischen Ort oder auf beliebigem Wege aus der Ferne, auf elektronischem Wege oder über eine andere kommunikationserleichternde Technologie und auf individuelle Anfrage eines Diensteempfängers angeboten werden".[12] Eine „Teilschuld" an dem steigenden politischen Interesse hat sicherlich die FATF, die als Gremium der OECD allgemeingültige Standards zur Geldwäschebekämpfung definiert. Sie gibt den Regulierungen des Glücksspielmarktes zunehmend mehr Raum.[13]

Die Kehrseite dieses „Aufholprozesses" sind die fehlenden eigenen Erfahrungswerte, auf die insbesondere der deutsche Gesetzgeber zurückgreifen konnte. Anders als in Deutschland sind geldwäscherechtliche Vorgaben in einigen anderen EU-Mitgliedstaaten längst gesetzgeberische Realität. Auch die Schweiz, die

---

8 Zu den drei „klassischen" Stufen eines Geldwäschedelikts aus Placement, Layering und (Re-)Integration: Pieth, Die Praxis der Geldwäscherei, S. 11 (14), in: Trechsel, Geldwäscherei – Prävention und Massnahmen zur Bekämpfung, 1997.

9 Unter: http://eur-lex.europa.eu/LexUriServ/LexUriServ.do?uri=COM:2013:0045:FIN:DE:PDF. Für einen Überblick über die Novelle siehe: www.gsk.de/uploads/media/GSK_Update_4._EU-Geldwaesche-Richtlinie.pdf; https://www.pwc.com/at/de/newsletter/financial-services/2013/77-vierte-geldwaescherichtlinie.pdf.

10 Gem. Art. 2 Nr. 1 (3) (f), 3 Abs. 10 Vierte GW-RL-E.

11 Die Dachorganisation der staatlichen Lotterie- und Sportwettanbieter, The European Lotteries, begrüßt den erstmaligen Einbezug aller Glücksspielformen in die Vierte GW-RL. Unter: https://www.european-lotteries.org/announcement/european-commission-presents-new-anti-money-laundering-directive-proposal.

12 Art. 3 (10) Vierte GW-RL-E.

13 Siehe die jüngste Revision der 40 Empfehlungen mit Stand von 02/2012, unter: www.fatf-gafi.org/media/fatf/documents/recommendations/pdfs/FATF_Recommendations.pdf. Dort liegt der Fokus allerdings noch immer auf "Casinos". Zur Anwendung des geldwäschepräventiven Grundprinzips des risikobasierten Vorgehens auf den Glücksspielsektor äussert sich die FATF bereits dezidiert in ihrem RBA Guidance for Casinos vom 23.10.2008, unter: www.fatf-gafi.org/media/fatf/documents/reports/RBA%20for%20Casinos.pdf.

sich nicht mit einer zeitnahen Verpflichtung zur Umsetzung europäischen Sekundärrechts konfrontiert sieht,[14] greift die Thematik in einem langfristig angelegten Gesetzgebungsprozess auf.

2 Untersuchungsgegenstand und Grundlagen

Der vorliegende Beitrag widmet sich einer Kernregelung der deutschen GwG-Novelle, der Pflicht zur Identifizierung der Spieler durch den Anbieter des Onlineglücksspiels in § 9b GwG, und unterzieht diese einer kritischen Würdigung. Die Identifizierung des Kunden bildet in allen geldwäscherelevanten Wirtschaftsbereichen den ersten und oft entscheidenden Prüfschritt. Ihr Ziel ist es, dem Veranstalter Kenntnis über die Person des Kunden und etwaiger weiterer Akteure im Hintergrund zu verschaffen. Die Identifizierungsvorgaben sind kompliziert und verdienen daher ungeteilte Aufmerksamkeit. Aus diesem Grund werden alle weiteren geldwäscherechtlichen Vorgaben für Onlineglücksspiele aus dem (Rede-)Beitrag ausgeklammert.[15]

Die Vorgaben im deutschen GwG stellen derzeit noch eine Umsetzung der dritten EU-Geldwäscherichtlinie aus dem Jahr 2005 dar (Dritte GW-RL).[16] Mangels spezifischer Vorgaben für den Onlineglücksspielsektor bilden die allgemeinen Regelungen für alle der Richtlinie unterstellten Wirtschaftsbereiche den Auslegungsmaßstab für die deutsche Norm. Diese Grundstruktur wird auch die Vierte GW-RL beibehalten. Für den Zeitpunkt und Umfang der Identifizierungspflichten wird sich insoweit nichts ändern. Zu beachten sind allerdings weiterhin Schwellenwertgrenzen, auf die an dieser Stelle nicht eingegangen werden soll.[17]

---

14 Scherrer/Muresan, Handbuch zum schweizerischen Lotterie- und Wettrecht, 2014, S. 206.

15 Wie Maßnahmen, die zu einem späteren Zeitpunkt greifen (§ 3 Abs. 1 Nr. 2 bis 4 GwG), spezifische Pflichten von Zahlungsdienstleistern (§§ 9a Abs. 7, 9c, 9d GwG) und ihre Aufgabenteilung mit den Veranstaltern sowie der Einbezug weiterer Beteiligter (Vermittler, wirtschaftlich Berechtigte). Für einen umfassenden Überblick über §§ 9a bis 9d GwG siehe Riege, in: Streinz/Liesching/Hambach, Glücks- und Gewinnspielrecht in den Medien, 2014, § 9a bis d GwG.

16 Richtlinie 2005/60/EG des Europäischen Parlaments und des Rates vom 26.10.2005 zur Verhinderung der Nutzung des Finanzsystems zum Zwecke der Geldwäsche und der Terrorismusfinanzierung, ABl. EU Nr. L 309, unter: http://eur-lex.europa.eu/LexUriServ/LexUriServ.do?uri=OJ:L:2005:309:0015:0015:DE:PDF.

17 Artikel 10 (d) Vierte GW-RL-E schreibt die Erfüllung der allgemeinen Sorgfaltspflichten, worunter auch die Identifizierung des Kunden fällt, vor „im Zusammenhang mit Anbietern von Glücksspieldiensten bei Abwicklung gelegentlicher Transaktionen

Die im deutschen und europäischen Recht enthaltenen Grundregeln gehen von einem zweistufigen Verfahren für die Identifizierung der Kunden aus. Der Identitätsfeststellung durch Erhebung von Angaben des Kunden,[18] die dieser regelmässig selbst tätigt, folgt eine Überprüfung der Identität anhand eines Beweisdokuments oder durch Nutzung weiterer Informationsquellen.[19] Bei § 9b GwG wurde versucht, diese Grundstruktur zwar beizubehalten, sie aber bereichsspezifisch zu modifizieren.

Die Identifizierung ist eines der wichtigsten Anwendungsfelder für den sog. risikobasierten Ansatz. Er bildet das Grundprinzip moderner geldwäscherechtlicher Regelungen und findet sich auf allen Regelungsebenen – FATF-Dokumente,[20] EU-Recht,[21] nationales Recht[22] – wieder.[23] Anstelle eines starren Regelungskonstrukts erhalten im ersten Schritt der Normgeber selbst und im zweiten auch der Rechtsanwender einen Beurteilungsspielraum, um Risiken selbst zu evaluieren und ihnen mit einem adäquaten Abwehrdispositiv zu begegnen.[24]

Die Grundregel, zu welchem Zeitpunkt die vollständige Identifizierung erfolgt sein muss, ist in § 4 Abs. 1 S. 1 GwG, der Art. 9 Abs. 1 Dritte GW-RL ins deutsche Recht transferiert, enthalten: Danach haben die Verpflichteten ihre „Vertragspartner … bereits vor Begründung der Geschäftsbeziehung … zu

in Höhe von 2,000 EUR oder mehr, und zwar auch dann, wenn die Transaktion in mehreren Teilen erfolgt und es Anhaltspunkte dafür gibt, dass zwischen diesen eine Verbindung besteht". Als Vorgängernorm regelt bereits Art. 10 (1) Dritte GW-RL die Identifizierung eines Kasinobesuchers bei einem Kauf von Spielmarken im Wert von über 2,000 Euro.

18 § 1 Abs. 1 Nr. 1 GwG.

19 § 1 Abs. 1 Nr. 2 GwG.

20 Vgl. die FATF-Empfehlung 1 einschliesslich der Interpretative Notes, unter: www.fatf-gafi.org/media/fatf/documents/recommendations/pdfs/FATF_Recommendations.pdf. Zum risikobasierten Vorgehen im Glücksspielsektor siehe: RBA Guidance for Casinos vom 23.10.2008, unter: www.fatf-gafi.org/media/fatf/documents/reports/RBA%20for%20Casinos.pdf.

21 Vgl. beispielsweise die Erwägungen Nr. 22, 24 und 47 zur Dritten GW-RL sowie Art. 8 Abs. 2 S. 1 Dritte GW-RL.

22 Vgl. § 3 Abs. 4 GwG.

23 Näher dazu insbesondere unter Einbezug der Neuerungen unter dem Vierten GW-RL-E: Warius, in: Herzog, GwG, 2. Aufl. 2014, § 1, Rn. 4.

24 Vgl. die Interpretative Notes Nr. 2, 5 und 6 zu FATF-Empfehlung 1, unter: www.fatf-gafi.org/media/fatf/documents/recommendations/pdfs/FATF_Recommendations.pdf.

identifizieren."[25] Eine Geschäftsbeziehung, deren Begriffsdefinition sich in § 1 Abs. 3 GwG findet,[26] wird regelmässig dann als begründet angesehen, wenn es zum Abschluss des maßgeblichen Vertrags kommt.[27]

Im Rahmen des risikobasierten Ansatzes bleibt Raum für eine Erleichterung hinsichtlich des Identifizierungszeitpunktes. So kann bei einem geringeren Geldwäscherisiko gem. § 4 Abs. 1 S. 2 GwG die Identifizierung auch noch „während der Begründung der Geschäftsbeziehung abgeschlossen werden". Datenfeststellung und -überprüfung können mithin zeitlich auseinanderfallen. Diese Norm stellt eine – verkürzte – Umsetzung des Art. 9 Abs. 2 Dritte GW-RL dar. Demgegenüber bleibt es bei einem erhöhten Geldwäscherisiko nach § 6 GwG bei dem frühen Identifizierungszeit nach § 4 Abs. 1 GwG. Weiterhin vergrössert sich der Identifizierungsaufwand. Ein erhöhtes Risiko spricht der Gesetzgeber nach § 6 Abs. 2 Nr. 2 GwG in Umsetzung des Art. 13 Abs. 2 Dritte GW-RL den Distanzgeschäften zu, bei denen die Begründung des Vertragsverhältnisses ohne persönlichen Kontakt zwischen Anbieter und Kunde erfolgt. Neben den ausdrücklich genannten Fällen bleibt dem Gesetzgeber und -anwender ein Einschätzungsspielraum, weitere Fallgestaltungen den verstärkten Sorgfaltspflichten zu unterwerfen.[28]

3 Die glücksspielrechtlichen Identifizierungsvorgaben des GwG

Die Identifizierungsvorgaben sind das Endprodukt eines Gesetzgebungsprozesses in zwei Schritten, namentlich der Entwurfsfassung (unter 3.1), die auf so erhebliche Kritik stiess, dass sie für die Endfassung (unter 3.2) um einen entscheidenden Absatz angepasst werden musste. Dieser soll im Anschluss einer

---

25 Die zweite Variante des § 4 Abs. 1 S. 1 GwG, die Durchführung einer Transaktion, spielt für Glücksspiele keine Rolle. Zum Ausschlussverhältnis zwischen laufender Geschäftsbeziehung und isolierter Transaktion näher: Fischbeck, in: Schimansky/Bunte/Lwowski, Bankrechts-Handbuch, 4. Aufl. 2011, § 42, Rn. 166.

26 Danach ist eine Geschäftsbeziehung „jede geschäftliche oder berufliche Beziehung, die unmittelbar in Verbindung mit den geschäftlichen oder beruflichen Aktivitäten der Verpflichteten unterhalten wird, und bei der beim Zustandekommen des Kontakts davon ausgegangen wird, dass sie von gewisser Dauer sein wird." Die Definition lehnt sich eng an die des Art. 3 Nr. 9 Dritte GW-RL an.

27 Beispiele und nähere Ausführungen finden sich bei: Fischbeck, in: Schimansky/Bunte/Lwowski, Bankrechts-Handbuch, 4. Aufl. 2011, § 42, Rn. 164.

28 § 6 Abs. 2 GwG ist ausdrücklich nicht als abschliessende Liste ausgestaltet: „Insbesondere in den folgenden Fällen…".

rechtlichen Würdigung unterzogen werden (unter 3.3), die eine erhebliche Schwäche der Regelung und eine mögliche Korrektur an einem unerwarteten Ort (unter 3.4) zeigt.

3.1 Der ursprüngliche Entwurf

Der Gesetzentwurf regelte in seinem ersten Entwurf die Identifizierung ausschliesslich in § 9b Abs. 1 S. 1 HS 1 GwG. Danach ist der Spieler „vor der Teilnahme an Glücksspielen im Internet und der Errichtung eines beim Verpflichteten nach § 2 Absatz 1 Nummer 12 geführten Spielerkontos .... nach Maßgabe des § 3 Absatz 1 Nummer 1, des § 4 Absatz 3 und 4 und des § 6 Absatz 2 Nummer 2 Satz 1 zu identifizieren". An dieser Stelle soll keine umfangreiche Abgrenzung der beiden Anknüpfungspunkte – Teilnahme und Kontoerrichtung – erfolgen.[29] Nur so viel: Es ist davon auszugehen, dass der Gesetzgeber die Struktur der Grundnorm des § 4 Abs. 1 S. 1 GwG so weit wie möglich beibehalten wollte.[30] Sieht man den Beginn einer Spielteilnahme in der Widmung des Einsatzes und die Errichtung des Spielerkontos in dem Registrierungsvorgang, so findet die Kontoerrichtung zu einem früheren Zeitpunkt statt. Da gem. § 9c Abs. 1 GwG die Teilnahme an einem Onlineglücksspiel ohne bestehendes Spielerkonto aber ohnehin unzulässig ist, bleibt die praktische Bedeutung der ersten Tatbestandsvariante fraglich.

Mit Blick auf den relevanten Zeitpunkt der Kontoerrichtung bedeutete die Vorgabe des § 9b Abs. 1 GwG, dass die vollständige Überprüfung der Spielerdaten mittels qualifizierter Dokumente wie einem Ausweis oder dessen beglaubigter Kopie oder unter Nutzung einer qualifizierten elektronischen Signatur bereits vor einer Errichtung eines Spielerkontos oder einer Teilnahme erfolgt sein musste.

Im Rahmen der Öffentlichen Anhörung[31] im federführenden Finanzausschuss des Bundestags im Oktober 2012 wurde der Entwurf in mehreren Stellungnahmen von Seiten der Glücksspielbranche als praxisfern und kontraproduktiv

29 Dazu eingehend: Brugger/Häberling, ZfWG 2013, 11 (15).

30 Zu einer – ggf. unbeabsichtigten Verschärfung – hinsichtlich des Identifizierungszeitpunktes gegenüber der Grundnorm des § 4 Abs. 1 GwG: Brugger/Häberling, ZfWG 2013, 11 (15).

31 Das komplette Verzeichnis der Stellungnahmen kann unter Nutzung der Webarchiv-Funktion (z. B. mit Stand 30.11.2012) auf der Seite des Bundestags abgerufen werden (Aufruf über: Bundestag-Ausschüsse-Finanzen-Öffentliche Anhörungen): www.bundestag.de.

beanstandet.[32] Die Kritik richtete sich gegen den Versuch des Gesetzgebers, den Onlineglücksspielen die Regeln aus dem Finanzaufsichtsrecht überzustülpen und die Bedürfnisse dieses spezifischen Marktes außer Acht zu lassen. Anders als beispielsweise bei der Eröffnung eines Bankkontos akzeptiere ein Kunde nämlich vor der Teilnahme an einem Internetglücksspiel regelmäßig weder eine mehrtägige Prüfung noch einen Medienbruch durch ein aufwändiges Offline-Identifizierungsverfahren, bei dem er sich in eine Filiale des Wettanbieters begeben muss.[33] Solle aber gerade eine Marktkanalisierung in ein legales Internetglücksspielangebot gelingen, so dürften an Spieler und Anbieter keine derart scharfen und zugleich wettbewerbshemmenden Anforderungen gestellt werden.[34]

Die Ursache des „Übels“ in Form der Hindernisse, die ein Spieler ausnahmslos vor einer ersten Spielteilnahme überwinden muss, liegt letztlich in der falschen Prämisse, die der Gesetzgeber seinem Regelungsansatz zugrunde gelegt hatte. Er griff richtigerweise die Grundwertung des EU-Rechts auf, nach der Distanzgeschäfte und mithin auch Onlineglücksspiele als Bereiche mit erhöhtem Risiko anzusehen sind. Diese interpretierte er aber mit der Verpflichtung zu einer vollständigen Face-to-Face-Identifizierung bereits vor Einrichtung eines Spielerkontos mehr als starre Feststellung und weniger als regulatorischen Auftrag zur Risikoabsenkung. Überdies hatte die Bundesregierung in der Entwurfsbegründung Onlineglücksspielen generell ein erhöhtes Geldwäscherisiko zugesprochen und sich dabei selbst zur Einhaltung besonderer Sicherheitsvorkehrungen verpflichtet.[35] Die Regierung bezog sich dabei auf eine Studie von Levi, der jedoch selbst gerade die Möglichkeit und Notwendigkeit einer differenzierten Betrachtung hervorgehoben hatte.[36] Seiner Ansicht nach ist es bei Internetglücksspielen sogar besonders gut möglich, technische Kontrollmechanismen vorzusehen und diese in ihrer Intensität der Gefährdungssituation anzupassen.

32 Siehe hierzu die Stellungnahmen der Betfair Group plc vom 18.10.2012; des BITKOM vom 24.09.2012; von bwin.party vom 22.10.2012 sowie ferner von Frank Consultancy Services vom 19.10.2012.

33 Hierzu: bwin.party, Stellungnahme vom 22.10.2012, S. 5 f.

34 Vgl. Betfair Group plc, Stellungnahme vom 18.10.2012, S. 3; bwin.party, Stellungnahme vom 22.10.2012, S. 6 f.

35 BReg, GwGErgG-E vom 24.09.2012, BT-Drs. 17/10745, S. 2.

36 Levi, Money Laundering Risks and E-Gaming: A European Overview and Assessment; Final Report mit Stand von 09/2009 abrufbar unter: www.egba.eu/pdf/Levi_Final_Money_Laundering_Risks_egaming%20280909.pdf. Eine übersichtliche Präsentation der Kernaspekte der Studie aus dem Jahr 2010 findet sich unter: www.responsiblegamingday.eu/downloads/2010/presentations/Dr_Levi_Online_Gambling_and_Money_Laundering_Risks.pdf.

3.2 Die finale Fassung des § 9b GwG

Der Gesetzgeber reagierte auf die Kritik, indem er der Regelung eine neue Richtung gab. Er ließ den bisherigen § 9b Abs. 1 GwG unverändert stehen, schuf aber einen zusätzlichen Abs. 2,[37] der eine vollkommen andere Struktur als die bisherigen Identifizierungsvorgaben im GwG aufweist. Der Normtext des § 9b Abs. 2 GwG lautet:

> *„Ist der Spieler zur Feststellung der Identität nicht persönlich anwesend, kann der Verpflichtete anstelle von § 6 Absatz 2 Nummer 2 Satz 1 die Identität des Spielers auch anhand einer elektronisch oder in Schriftform übersandten Kopie eines Dokuments im Sinne des § 4 Absatz 4 Satz 1 Nummer 1 überprüfen. § 6 Absatz 2 Nummer 2 Satz 2 gilt entsprechend. Der Verpflichtete hat unverzüglich nach Begründung der Geschäftsbeziehung die Überprüfung der Identität des Spielers*
> 1. *nach Maßgabe des § 6 Absatz 2 Nummer 2 Satz 1 Buchstabe a, b, c oder d zu wiederholen und dabei im Falle des Satzes 1 Buchstabe d die Vorgaben des § 6 Absatz 2 Nummer 2 Satz 3 einzuhalten oder*
> 2. *auf der Grundlage von zusätzlichen Dokumenten, Daten oder Informationen zu ergänzen, die von einer glaubwürdigen und unabhängigen Quelle stammen und für die Überprüfung geeignet sind.“*

Zusammengefasst bedeutet die Vorschrift Folgendes: Nach der Feststellung der Kundendaten anhand der eigenen Angaben des Spielinteressenten muss dieser nicht sogleich dem Veranstalter ein Original oder eine beglaubigte Kopie seines Ausweises zusenden. Vielmehr genügt eine einfache Kopie, die der Kunde beispielsweise als Scandatei per Mail schicken kann. Erst zu einem späteren Zeitpunkt, nämlich „unverzüglich nach Begründung der Geschäftsbeziehung“ sind die umfassenderen Nachweise nach § 6 Abs. 2 Nr. 2 S. 1 GwG beizubringen. Alternativ oder ergänzend kann der Veranstalter gem. § 9b Abs. 2 S. 3 GwG eine Erweiterung der provisorischen Überprüfung „auf der Grundlage von zusätzlichen Dokumenten, Daten oder Informationen, die von einer glaubwürdigen und unabhängigen Quelle stammen und für die Überprüfung geeignet sind“, vornehmen. Als Beispiele wurden die Internetadresse und Telefonnummer des Kunden, aber auch eine Nutzung des Post-Ident-Verfahrens genannt.[38]

Damit sieht die Neuregelung eine Aufgleisung des Identifizierungsvorgangs von zwei auf drei Stufen vor: Nach der Datenerhebung erfolgt zuerst eine Art

---

37 Der bisherige § 9b Abs. 2 der Entwurfsfassung wurde zu Abs. 3.

38 Bericht des Finanzausschusses vom 08.11.2012, BT-Drs. 17/11416, S. 4, 9 und 13. Zum dreistufigen Vorgehen auch: Achtelik, in: Herzog, GwG, 2. Aufl. 2014, § 9b, Rn. 2.

„Überprüfung light" und erst im Anschluss die abschließende Verifizierung der Kundendaten. Da sich der Gesetzgeber entschieden hatte, die Regelung des § 9b Abs. 1 GwG auch in der finalen Fassung des § 9b GwG beizubehalten, stellt sich die Frage nach dem Verhältnis der Absätze 1 und 2 zueinander. Aus Sicht des Finanzausschusses bildet die vollständige Identifizierung nach den strengen Vorgaben des § 9b Abs. 1 GwG weiterhin eine Option[39] für Distanzgeschäfte. Die Praxisrelevanz dürfte aber wegen der kritisierten erheblichen Zeitverzögerung und des Medienbruchs eher gering sein. Eine Anwendung käme im Wesentlichen nur in Betracht, wenn die Anbieter von Internetglücksspielen zugleich über terrestrische Verkaufspunkte verfügten und die „Vor-Ort-Identifizierung" für die Onlinesparte als Service angeboten und nachgefragt würde.

3.3 Rechtliche Würdigung des § 9b Abs. 2 GwG

Welche Zeitspanne der Begriff „unverzüglich nach Begründung der Geschäftsbeziehung" umfasst, ist gesetzlich nicht definiert. In der Verlagerung des finalen Überprüfungszeitpunktes liegt jedenfalls eine Lockerung gegenüber den herkömmlichen Identifizierungsregelungen. Mit dieser wollte der Gesetzgeber der Glücksspielbranche und den Spielteilnehmern entgegenkommen. Beginnt eine Geschäftsbeziehung nach dem herkömmlichen geldwäscherechtlichen Verständnis mit Abschluss des maßgeblichen Vertrags, so umfasste eine Phase bis „unverzüglich nach der Begründung" nicht nur den Abschluss des Spielvertrags, sondern auch darüber hinausgehende Tätigkeiten. Die einzig denkbare Handlung, die als Lockerung durch Spieler und Anbieter empfunden wird, ist eine – zumindest – begrenzte Spieltätigkeit. Auf die möglichen Folgen dieser Unsicherheit bei der Definition der Zeitphase und der darin erlaubten Tätigkeiten wird der Beitrag sogleich zurückkommen.

Zuvor stellt sich allerdings die Frage, ob eine zeitliche Streckung überhaupt im Einklang mit dem Unionsrecht steht. Während der nationale Gesetzgeber gem. Art. 5 Dritte GW-RL befugt ist, eine Verschärfung des nationalen Rechtsstandards gegenüber dem Sekundärrecht vorzusehen, müssen Erleichterungen so gestaltet sein, dass die dortigen Grundwertungen für ein risikobasiertes Instrumentarium nicht unterlaufen werden. Wie bereits skizziert,[40] erlaubt das EU-Recht nur dann Erleichterungen wie eine Verzögerung der Identitätsprüfung, wenn der Sachverhalt ein lediglich geringes Geldwäscherisiko aufweist. Nur wenn ein

39 So die Wortwahl von Sänger (früherer MdB, FDP), BT-Plenarprotokoll 17/204 vom 08.11.2012, S. 24948.

40 Siehe oben unter 2.

geringes Risiko vorliegt, können es die Mitgliedstaaten nach Art. 9 Abs. 2 Dritte GW-RL „zulassen, dass die Überprüfung der Identität des Kunden und des wirtschaftlichen Eigentümers während der Begründung einer Geschäftsbeziehung abgeschlossen wird, wenn sich dies als erforderlich erweist, um den normalen Geschäftsablauf nicht zu unterbrechen, und sofern ein geringes Risiko der Geldwäsche oder der Terrorismusfinanzierung besteht. In diesem Fall werden die betreffenden Verfahren möglichst bald nach dem ersten Kontakt abgeschlossen." In das nationale Recht wurde Art. 9 Abs. 2 Dritte GW-RL durch den sehr knapp gefassten § 4 Abs. 1 S. 2 GwG überführt. Danach kann „die Identifizierung … noch während der Begründung der Geschäftsbeziehung abgeschlossen werden, wenn dies erforderlich ist, um den normalen Geschäftsablauf nicht zu unterbrechen, und ein geringes Risiko der Geldwäsche oder der Terrorismusfinanzierung besteht". Das GwG greift in § 9 b Abs. 2 diese Regelung nicht nur im Sinne einer lex specialis für Onlineglücksspiele auf, sondern geht dabei mit seiner Verschiebung des Identifizierungsabschlusses auf einen Zeitpunkt „unverzüglich nach Begründung der Geschäftsbeziehung" sogar noch einen Schritt weiter.

An der Bewertung des europäischen Gesetzgebers, dass es sich bei Internetglücksspielen als Distanzgeschäfte um eine Fallgestaltung mit erhöhtem Risiko handelt, lässt sich aber nicht rütteln. Dies stellt § 6 Abs. 2 Nr. 2 S. 1 GwG in Umsetzung des Art. 13 Abs. 2 Dritte GW-RL unmissverständlich klar. Hinzu kommt die angreifbare Wertung, bei Internetglücksspielen liege generell ein Bereich mit erhöhtem Risiko vor, mit der sich der Gesetzgeber selbst in die Pflicht genommen hat. Dieser Widerspruch ist nur auflösbar, wenn er die Bewertung als Bereich mit erhöhtem Risiko ansieht als das, was sie ist: Keine in Stein gemeißelte Feststellung, sondern vielmehr ein Handlungsauftrag, die unvorteilhafte Risikoverschiebung wieder ins Lot zu bringen.

Das bedeutet nichts anderes, als dass der Begründungszeitraum bei Internetglücksspielen rechtlich so ausgestaltet werden muss, dass das per Gesetz als erhöht eingestufte Risiko bis an die „magische Grenze" eines geringen Risikos abgesenkt wird. Hat der Gesetzgeber nun geeignete Maßnahmen ergriffen, um diese Senkung zu erreichen? Dies erscheint zweifelhaft. Er erkannte zwar die Möglichkeit einer Risikosenkung, indem er in der Entwurfsbegründung zu § 9b Abs. 2 GwG unter Verweis auf Art. 13 Abs. 2 Dritte GW-RL ausführte: „Diesem hohen Risiko kann jedoch nach diesen europarechtlichen Vorgaben mit zusätzlichen Maßnahmen begegnet werden, indem u.a. die Kundenidentität durch zusätzliche Dokumente, Daten oder Informationen nachgewiesen wird …"[41].

41 Bericht des Finanzausschusses vom 08.11.2012, BT-Drs. 17/11416, S. 13.

Allerdings dienen diese Maßnahmen dem Abschluss der Identifizierung. Was aber tut der Gesetzgeber, um die durch § 9 b Abs. 2 GwG verlängerte Begründungsphase zu entschärfen, in der diese Informationen noch gar nicht vorliegen?

In der Theorie ist dies ganz einfach: Will man dem Veranstalter und den Teilnehmern entgegengekommen und eine Spielteilnahme vor Abschluss der Überprüfung gestatten, muss diese Phase in einem besonders geldwäschesicheren Umfeld stattfinden.

Die FATF-Empfehlungen erkennen diese Herausforderung. Sie nennen als konkrete Maßnahmen etwa, die Dauer dieser „Vorphase" bis zur vollständigen Identifizierung, das Volumen der involvierten Gelder oder deren Verwendungszweck zu begrenzen. Derartige Einschränkungen finden sich aber ebenso wenig im GwG selbst wie auch in der Entwurfsbegründung. Auch eine konkretisierende Verordnung sucht man vergebens. Daraus ergibt sich – zumindest auf Gesetzesebene – das Paradoxon, dass gerade der Zeitraum, in dem die Identität des Kunden noch nicht vollständig geprüft wurde, die geringste Regelungsdichte für den Spielbetrieb aufweist. Dies ist ein Ergebnis, das mit dem Prinzip risikoadäquater Regulierung nur schwer in Einklang zu bringen ist.

3.4 Korrektur auf anderem Wege?

Zwar mangelt es bislang an Regelungen auf Gesetzesebene, sei es im GwG selbst oder in einer Ausführungsverordnung. Doch findet sich an ganz anderer Stelle ein Anhaltspunkt für das „Ob und Wie" von Onlinespielaktivitäten in der Eröffnungsphase. Denn eine zuverlässige Spieleridentifizierung bildet nicht nur ein geldwäscherechtliches Erfordernis, sondern ebenfalls ein allgemeines glücksspielrechtliches. So verlangt der dem Spielerschutz dienende § 4 Abs. 5 Nr. 1 GlüÄndStV eine Identifizierung und Authentifizierung, um den Ausschluss minderjähriger und gesperrter Spieler zu gewährleisten.[42] Für die Vergabe der gem. § 10a Abs. 3 GlüÄndStV festgelegten Höchstzahl von 20 Sportwettlizenzen enthalten die Ausschreibungsbedingungen des zuständigen Hessischen Ministeriums des Innern und für Sport in der Verfahrensstufe 2[43] Vorgaben für

42 Zu weiteren Spielerschutzbelangen siehe auch: LSG Bayern, Praxishandbuch Glücksspiel, 2.2. Rechtliche Vorgaben zum Spielerschutz, unter: www.lsgbayern.de/fileadmin/user_upload/lsg/Praxishandbuch_neu/10_Vorgaben_Spielerschutz.pdf.

43 Hess. Min. des Innern und für Sport, Erteilung von Konzessionen zur Veranstaltung von Sportwetten Verfahrensstufe 2, Antragsverfahren, Az: II 5 – 21v08-01-12/002, Mindestanforderungen an die Konzepte, S. 2/V6 (Dokument nicht veröffentlicht, nachfolgend zitiert als: Mindestanforderungen).

die Identifizierung der Spieler.[44] Das Ministerium greift dabei auf die durch die Kommission für Jugend- und Medienschutz (KJM)[45] entwickelten Standards zurück. Diese sehen beispielsweise eine Nutzung von bereits zu einem früheren Zeitpunkt erfolgten Face-to-Face-Kontrollen sowie Mechanismen für eine Authentifizierung durch eine sichere Zustellung der Zugangsdaten etwa per Einschreiben oder E-Post-Brief mit m-Tan-Verfahren vor.[46]

In welchem Verhältnis die glücksspiel- und die geldwäscherechtlichen Identifizierungsvorgaben zueinander stehen und wie insbesondere ein Synergieeffekt anstelle einer wenig praktikablen Doppelung erzielt werden kann, soll an dieser Stelle nicht näher erörtert werden. Ein Detail ist viel bemerkenswerter: Das Gremium für die Vergabe der Wettlizenzen definiert nämlich Eckdaten für ein „vorläufiges Spiel" vor Abschluss der Authentifizierung, die den strengen Spielerschutzerfordernissen genügen sollen. Bis zur Zustellung der Zugangsdaten an den Spieler kann diesem eine Spielteilnahme bis zu einem Einsatzlimit von 150 Euro gestattet werden, wenn eine Gewinnauszahlung erst nach vollständiger Authentifizierung erfolgt und weitere Sicherheitsvorgaben eingehalten werden (Registrierung der IP-Adresse und Mobilfunknummer, erster Log-In innerhalb von 14 Tagen).[47] Diese Ausführungen bestätigen die Annahme, dass zumindest aus spielerschutzrechtlicher Sicht in der Übergangsphase zwischen Datenfeststellung und Authentifizierung eine Aufnahme der Spieltätigkeit erlaubt ist. Allerdings wären klar gefasste Grenzen wünschenswert für alle Glücksspielformen und auf einer verbindlichen und der Öffentlichkeit zugänglichen Regelungsebene.

4 Blick über die Grenzen

Anderen europäischen Staaten ist der Spagat zwischen praktikablen Vorgaben in der Eröffnungsphase eines Spielvertrags und risikoadäquatem Verhalten bereits auf Gesetzesebene offensichtlich besser gelungen.

So muss ein Spieler in Dänemark zwar ebenfalls einen aufwändigen Identifizierungsprozess durchlaufen.[48] Doch erhält er die Möglichkeit, ein temporäres

---

44 Mindestanforderungen, Teil B, S. 13.

45 Unter: www.kjm-online.de.

46 Mindestanforderungen, Teil B, S. 13.

47 Mindestanforderungen, Teil B, S. 14.

48 Zu den Vorgaben siehe Bekendtgørelse nr. 67 af 25. januar 2012 om onlinekasino (Verordnung zu Online Casinos), englische Version abrufbar unter der Lasche „Legislation" unter: www.spillemyndigheden.dk; sowie den Guide on betting and online

Spielerkonto innerhalb maximal eines Monats[49] unter der Voraussetzung zu nutzen, dass er nicht mehr als 10,000 DKK (ca. 1,340 Euro) einsetzen[50] und keine Rückzahlungen oder Gewinnausschüttungen erhalten kann.[51] Spieler in Frankreich dürfen ebenfalls vor Abschluss der Identifizierung über einen Link auf ein provisorisches Spielerkonto zugreifen und dieses mit einer Einsatzgrenze von 750 Euro bis zu 30 Tage nutzen.[52] In Großbritannien stehen Anbieter vor der Wahl, ob sie die Identität ihrer Spieler vor einer Teilnahme vollständig überprüfen oder diese Sorgfaltspflichten erst bei Erreichen eines Schwellenwertes für Spieleinsätze ab 2,000 Euro unter Nutzung eines behördlich genehmigten Prüfverfahrens erfüllen möchten.[53]

Wer die turbulente und noch längst nicht abgeschlossene Liberalisierung des deutschen Glücksspielmarktes mit Spannung verfolgt, sollte es keinesfalls verpassen, auch einen Blick über die südlichen Landesgrenzen zu werfen. In der Schweiz sind Internetglücksspiele zwar derzeit noch verboten, doch steht deren Zulassung unmittelbar in Vorbereitung. Am 30. April 2014 wurde der Entwurf für ein neues Geldspielgesetz[54] in die öffentliche Vernehmlassung gegeben.[55] Die Vorlage soll die bisherigen, bei unterschiedlichen Kompetenzträgern angesiedelten Regelungen[56] für Spielbankenspiele, Lotterien und Wetten auf Basis

casinos vom 23.09.2011, unter: www.skat.dk/getFile.aspx?ID=87943. Zur dänischen Regelung vgl. auch: C. Hambach/Riege, in: Streinz/Liesching/Hambach, Glücks- und Gewinnspielrecht in den Medien, GwG (Vorbem.), Rn. 12.

49 Sec. 7 par. 2 der Verordnung zu Online Casinos.

50 Sec. 7 par. 3 der Verordnung zu Online Casinos.

51 Sec. 7 par. 4 der Verordnung zu Online Casinos.

52 Loi no 2010-476 du 12 mai 2010 relative à l'ouverture à la concurrance et à la régulation du secteur des jeux d'argent et de hasard en ligne, Art. 17 Abs. 1, 3, unter: www.legifrance.gouv.fr/affichTexte.do?cidTexte=JORFTEXT000022204510&dateTexte=&categorieLien=id. Vgl. hierzu die Bewertung durch die FATF, Rapport d'évaluation mutuelle vom 25.02.2011, unter: www.fatf-gafi.org/media/fatf/documents/reports/mer/MER%20France%20ful.pdf.

53 United Kingdom, The Money Laundering Regulations vom 24.07.2007, Reg. 10 Abs. 1 f., unter: www.legislation.gov.uk/uksi/2007/2157/contents/made.

54 Kritisch zur Reichweite des neu eingeführten Geldspielbegriffs: Scherrer/Muresan, Handbuch zum schweizerischen Lotterie- und Wettrecht, 2014, S. 28 f.

55 Siehe dazu die Medienmitteilung vom 30.04.2014, abrufbar unter: www.admin.ch/aktuell/00089/index.html?lang=de&msg-id=52801 sowie den Erläuternden Bericht zum Gesetzentwurf mit selbem Datum, abrufbar unter: www.ejpd.admin.ch/content/dam/data/gesellschaft/gesetzgebung/geldspielinitiative/vn-ber-d.pdf.

56 Scherrer/Muresan, Handbuch zum schweizerischen Lotterie- und Wettrecht, 2014, S. 27 ff.

einer konkurrierenden Gesetzgebung sinnvoll zusammenführen. Im Zuge dieser Vereinheitlichung werden neben den Spielbanken neu auch die Lotterien dem Geldwäschereigesetz[57] unterstellt. Hierzu zählen branchenspezifische Identifizierungsregelungen beispielsweise für den Verkauf von Papierlosen am Kiosk.[58] Bei den Internetglücksspielen soll für die Spielbanken- und die Lotteriespiele auch im Bereich der Geldwäschebekämpfung eine einheitliche Regulierung gelten. Gestützt auf die Empfehlungen der von den Bundesbehörden eingesetzten Arbeitsgruppe stuft der Gesetzgeber das Geldwäscherisiko bei Internetglücksspielen im Rahmen der vorgeschlagenen strengen Regulierung[59] insgesamt geringer ein als bei den landbasierten Casinos. In Anwendung des risikobasierten Ansatzes werden deshalb gewisse Erleichterungen der Sorgfaltspflichten vorgesehen. Insbesondere werden die Eröffnung des Spielerkontos und der Beginn der Spielteilnahme auf Basis von Angaben des Spielers zu seiner Identität erfolgen können („Selbstdeklaration"). Erst wenn die monatlichen Einsätze des Spielers oder die von ihm erzielten einzelnen bzw. innerhalb eines Monats erzielten Gewinne einen vom Eidgenössischen Polizei- und Justizdepartement (EJPD) festzulegenden Schwellenwert übersteigen, muss der Spieler nach Art. 3 Abs. 1 GwG vollständig identifiziert werden.[60]

5 Zusammenfassung und Ausblick

Der deutsche Gesetzgeber ist mit der umfassenden Unterstellung der Glücksspielunternehmer unter den geldwäscherechtlichen Sorgfaltspflichtenkatalog

---

57 Bundesgesetz über die Bekämpfung der Geldwäscherei und der Terrorismusfinanzierung im Finanzsektor (Geldwäschereigesetz, GwG) vom 10. Oktober 1997 (zul. geändert: 01.11.2013), SR 955.0, abrufbar unter: www.admin.ch/opc/de/classified-compilation/19970427/201311010000/955.0.pdf.

58 Es liegt auf der Hand, dass der Kioskverkäuferin nicht zugemutet werden kann, eine GwG-konforme Identifizierung des Loskäufers vorzunehmen. Deshalb wird die Lotteriegesellschaft die Identifizierung erst bei Auszahlung von Gewinnen oberhalb eines vom Eidg. Justiz- und Polizeidepartement (EJPD) festzulegenden Schwellenwerts vorzunehmen haben.

59 Einschliesslich: keine Spielteilnehmer mit Wohnsitz ausserhalb der Schweiz, keine Bargeschäfte, lückenlose Transaktionskontrollen, Auszahlungen nur auf Schweizer Bank- oder Postkonto, nur ein Spielerkonto pro Spieler, Pflicht zum sofortigen Abbruch der Geschäftsbeziehung bei falschen Angaben des Spielers zu seiner Identität etc.

60 Dies bedeutet mit Einsichtnahme in ein Ausweispapier und dessen Speicherung sowie mit Feststellung der wirtschaftlich berechtigten Person.

der europäischen Richtliniennovelle zuvorgekommen. Damit ist er freiwillig in ein Haifischbecken eingetaucht. So hat die Glücksspielbranche bereits mit ihrer Kritik am Gesetzentwurf unmissverständlich deutlich gemacht, dass sie nicht bereit ist, aus ihrer Sicht praxisferne Ansätze zu akzeptieren. Problematisch könnte auch die bisherige Fokussierung des deutschen GwG auf Onlineglücksspiele sowie Kasinospiele werden. Hier zeichnet sich bereits ein Ergänzungsbedarf nach Inkrafttreten der Vierten Geldwäscherichtlinie ab, die terrestrische wie auch online angebotene Glücksspiele erfasst.[61]

Ob die EU auch die Sorgfaltspflichten nach § 9a ff. GwG, darunter insbesondere die Identifizierungsvorgaben, als vorgezogene Umsetzung des neuen Sekundärrechts für gut heißen wird, wird sich zeigen. Ein erster, wichtiger Schritt wäre es zweifelsohne, wenn der heiklen Identifizierungsphase bis „unverzüglich nach Begründung der Geschäftsbeziehung" deutliche Konturen durch zeitliche und inhaltliche Grenzen verliehen würden. Dies sollte nicht in Form eines Anforderungskatalogs in einem ohnehin nicht reibungslosen Ausschreibungsverfahren, sondern verbindlich und transparent auf Normebene erfolgen.

Literaturverzeichnis

Brugger C.; Häberling G.:, Nachahmung nicht empfohlen: Das Identifizierungserfordernis für Teilnehmer von Internetglücksspielen im ergänzten GwG, ZfWG 2013, 11.

Herzog F. (2014):, GwG – Geldwäschegesetz, 2. Auflage, München.

Pieth, M.: Die Praxis der Geldwäscherei, in: Trechsel, S. (1997), Geldwäscherei – Prävention und Massnahmen zur Bekämpfung, Zürich, S. 11.

Scherrer, U.; Muresan, R. (2014): Handbuch zum schweizerischen Lotterie- und Wettrecht, Zürich/St. Gallen.

Schimansky H.; Bunte H.-J.; Lwowski H. J. (2011): Bankrechts-Handbuch, 4. Auflage, München.

Streinz R.; Liesching M.; Hambach W. (2014): Glücks- und Gewinnspielrecht in den Medien, München.

61 Hierauf weisen C. Hambach/Riege, in: Streinz/Liesching/Hambach, Glücks- und Gewinnspielrecht in den Medien, 2014, GwG (Vorbem.), Rn. 5, unter Bezugnahme auf Art. 3 Abs. 10 Vierte GW-RL-E hin.

Internetquellen

Betfair Group PLC: Stellungnahme vom 18.10.2012 zum „Entwurf eines Gesetzes zur Ergänzung des Geldwäschegesetzes (GwGErgG)" – Drucksache 17/10745.

BITKOM: Stellungnahme vom 24.09.2012 zum Regierungsentwurf für ein Ergänzungsgesetz zum Geldwäschegesetz.

bwin.party digital entertainment: Gesetzentwurf zur Ergänzung des Geldwäschegesetzes (GwG-E – Drs. 17/10745): Kanalisierung des Grau- und Schwarzmarktes beim Online-Glücksspiel nicht durch praxisferne Regelung der Spieleridentifizierung gefährden, Stellungnahme vom 22.10.2012 für den Finanzausschuss des Deutschen Bundestages im Vorfeld der Öffentlichen Anhörung am 22.10.2012.

Eidgenössisches Justiz- und Polizeidepartement (EJPD): Neues Gesetz für alle Geldspiele: Bundesrat eröffnet Vernehmlassung, Medienmitteilung vom 30.04.2014. Verfügbar unter: www.admin.ch/aktuell/00089/index.html?lang=de&msg-id=52801.

Frank Consultancy Services: Finanzausschuss des Deutschen Bundestages, Stellungnahme vom 19.10.2012 zur öffentlichen Anhörung der Sachverständigen am 22.10.2012 zum Gesetzentwurf der Bundesregierung „Entwurf eines Gesetzes zur Ergänzung des Geldwäschegesetzes (GwGErgG) – Drucksache 17/10745 vom 19.10.2012.

GSK Update vom 22.05.2013: 4. Geldwäscherichtlinie – Vorschlag zur Neufassung der Richtlinie 2005/60/EG. Verfügbar unter: www.gsk.de/uploads/media/GSK_Update_4._EU-Geldwaesche-Richtlinie.pdf.

Levi, M. (2009): Money Laundering Risks and E-Gaming: A European Overview and Assessment; Final Report mit Stand von 09/2009, Verfügbar unter: www.egba.eu/pdf/Levi_Final_Money_Laundering_Risks_egaming%20280909.pdf.

Levi, M. (2010): Online Gambling and Money Laundering Risks: the Evidence, Responsible Gaming Day Seminar, European Parliament, Brussels. Präsentation verfügbar unter: www.responsiblegamingday.eu/downloads/2010/presentations/Dr_Levi_Online_Gambling_and_Money_Laundering_Risks.pdf.

LSG Bayern: Praxishandbuch Glücksspiel, 2.2. Rechtliche Vorgaben zum Spielerschutz, verfügbar unter: www.lsgbayern.de/fileadmin/user_upload/lsg/Praxishandbuch_neu/10_Vorgaben_Spielerschutz.pdf.

PWC: Financial Services aktuell, Die Vierte Geldwäscherichtlinie, Ausgabe 77, Stand: Juli/August 2013. Verfügbar unter: https://www.pwc.com/at/de/newsletter/financial-services/2013/77-vierte-geldwaescherichtlinie.pdf.

The European Lotteries: The European Commission presents new Anti-Money Laundering Directive proposal, Artikel vom 05.02.2013. Verfügbar unter: https://www.european-lotteries.org/announcement/european-commission-presents-new-anti-money-laundering-directive-proposal.

Rechtsquellenverzeichnis

Bundesrat, Gesetzentwurf der Bundesregierung, Entwurf eines Gesetzes zur Ergänzung des Geldwäschegesetzes (GwGErgG) vom 10.08.2012, BR-Drs. 459/12.

Bundestag, Bericht des Finanzausschusses (7. Ausschuss) zu dem Gesetzentwurf der Bundesregierung – Drucksachen 17/10745, 17/10798, Entwurf eines Gesetzes zur Ergänzung des Geldwäschegesetzes (GwGErgG) vom 08.11.2012, BT-Drs. 17/11416.

Bundestag, Plenarprotokoll vom 08.11.2012, BT-Plenarprotokoll 17/204.

Dänemark, Bekendtgørelse nr. 67 af 25. januar 2012 om onlinekasino (deutsch: Verordnung zu Online Casinos vom 25.01.2012). Englische Version verfügbar unter der Lasche „Legislation“ unter: www.spillemyndigheden.dk.

Dänemark, Guide on betting and online casinos vom 23.09.2011. Verfügbar unter: www.skat.dk/getFile.aspx?ID=87943.

Eidgenössisches Justiz- und Polizeidepartement (EJPD): Erläuternder Bericht zum Entwurf des Bundesgesetzes über Geldspiele (Geldspielgesetz, BGS) vom 30.04.2014. Verfügbar unter: www.ejpd.admin.ch/content/dam/data/gesellschaft/gesetzgebung/geldspielinitiative/vn-ber-d.pdf.

Europäische Kommission, Vorschlag für eine Richtlinie des Europäischen Parlaments und des Rates zur Verhinderung der Nutzung des Finanzsystems zum Zwecke der Geldwäsche und der Terrorismusfinanzierung vom 05.02.2013. Verfügbar unter: http://eur-lex.europa.eu/LexUriServ/LexUriServ.do?uri=COM:2013:0045:FIN:DE:PDF.

EU, Richtlinie 2005/60/EG des Europäischen Parlaments und des Rates vom 26.10.2005 zur Verhinderung der Nutzung des Finanzsystems zum Zwecke der Geldwäsche und der Terrorismusfinanzierung, ABl. EU Nr. L 309. Verfügbar unter: http://eur-lex.europa.eu/LexUriServ/LexUriServ.do?uri=OJ:L:2005:309:0015:0015:DE:PDF.

FATF, International Standards on Combating Money Laundering and the Financing of Terrorism & Proliferation, The FATF Recommendations, Stand: 02/2012. Verfügbar unter: www.fatf-gafi.org/media/fatf/documents/recommendations/pdfs/FATF_Recommendations.pdf.

FATF, RBA Guidance for Casinos vom 23.10.2008, verfügbar unter: www.fatf-gafi.org/media/fatf/documents/reports/RBA%20for%20Casinos.pdf.

FATF, Rapport d'évaluation mutuelle vom 25.02.2011 (zu Frankreich). Verfügbar unter: www.fatf-gafi.org/media/fatf/documents/reports/mer/MER%20 France%20ful.pdf.

Frankreich, Loi no 2010-476 du 12 mai 2010 relative à l'ouverture à la concurrance et à la régulation du secteur des jeux d'argent et de hasard en ligne, Art. 17 Abs. 1, 3. Verfügbar unter: www.legifrance.gouv.fr/affichTexte.do?cid Texte=JORFTEXT000022204510&dateTexte=&categorieLien=id.

Gesetz zur Ergänzung des Geldwäschegesetzes (GwGErgG), Gesetz vom 18.02.2013, BGBl. I S. 268 (Nr. 9), Geltung seit 26.02.2013.

Groβbritannien, The Money Laundering Regulations vom 24.07.2007. Verfügbar unter: www.legislation.gov.uk/uksi/2007/2157/contents/made.

Hessisches Ministerium des Innern und für Sport, Erteilung von Konzessionen zur Veranstaltung von Sportwetten Verfahrensstufe 2, Antragsverfahren, Az: II 5 – 21v08-01-12/002, Mindestanforderungen an die Konzepte. (Dokument nicht veröffentlicht).

Schweiz, Bundesgesetz über die Bekämpfung der Geldwäscherei und der Terrorismusfinanzierung im Finanzsektor (Geldwäschereigesetz, GwG) vom 10.10.1997 (zul. geändert: 01.11.2013), SR 955.0. Verfügbar unter: www.admin.ch/opc/de/classified-compilation/19970427/201311010000/955.0.pdf.

Friedrich Stickler[1]

Der Aktionsplan Online-Glücksspiel der EU-Kommission

Aktionsplan der EU-Kommission: allgemein

- **Aktionsplan (="Mitteilung") der Kommission:** Präsentation der nächsten Schritte, die die Kommission zu unternehmen gedenkt
- Nicht-legislatives Dokument, das die Basis für die weiteren Initiativen der EU-Kommission enthält
- Verbindlich vor allem für die Kommission selber
- Wird vom gesamten Kollegium der Kommissare angenommen
- Wird den anderen EU-Institutionen 'kommuniziert', die auf eigene Initiative politische Stellungnahmen dazu verabschieden

---

1 DI Friedrich Stickler ist Vorstand der Österreichische Lotterien und Präsident der European Lotteries.

Vom Grünbuch 2011 zum Aktionsplan Online-Glücksspiel 2012

Grünbuch Online-Glücksspiel
(März 2011)

Konsultation
(Juli 2011)

Resolution des Europäischen Parlaments
(November 2011)

Stellungnahme Wirtschafts- und Sozialausschuss
(Oktober 2011)

Aktionsplan Online-Glücksspiel

(Oktober 2012)

Bestandteile des Aktionsplans

15-seitiger Aktionsplan mit 5 Kapiteln:

- Vereinbarkeit der nationalen Regulierungsrahmen mit EU-Recht
- Verwaltungszusammenarbeit
- Verbraucherschutz/Werbung
- Vorbeugung gegen Betrug/Geldwäsche
- Integrität des Sports

Die wichtigsten Initiativen des Aktionsplans:

THE EUROPEAN LOTTERIES
FOR THE BENEFIT OF SOCIETY

- Durchsetzen des Respekts der Vertragsprinzipien durch die Mitgliedsstaaten
- **Empfehlungen der EU-Kommission** in den Bereichen Verbraucherschutz und Werbung im **Herbst 2013**
- Einrichten einer Expertengruppe
- Abkommen der Regulatoren
- Stakeholder-Konferenz in 2013
- Empfehlung Sportintegrität (2014)
- EU-Standard gambling equipment
- Ausweitung Anti-Geldwäsche Richtlinie

EL-Weißbuch Forderungen (Juli 2012)

THE EUROPEAN LOTTERIES
FOR THE BENEFIT OF SOCIETY

- Klare Anerkennung der vorrangigen Kompetenz der Mitgliedsstaaten im Bereich Glücksspiel
- Informationsaustausch der MS, gemeinsame Bekämpfung illegaler Betreiber
- Verbraucherschutz durch effiziente Rechtsdurchsetzunsmaßnahmen
- "Prinzip des unlauteren Betreibers"
- Ausweitung der Anti-Geldwäsche-Richtlinie
- Annerkennung der grundlegenden Beiträge der Lotterien für die europäische Gesellschaft
- Maßnahmen zur Erhaltung der Integrität des Sports

THE EUROPEAN LOTTERIES
FOR THE BENEFIT OF SOCIETY

Reaktion der EL zum Aktionsplan

- Keine Vorschläge für stärkere Rechtsdurchsetzungsmaßnahmen = Mangel an Ambition
- Keine Anerkennung der Beiträge der Lotterien an die Gesellschaft (mehr als EUR 25 Milliarden in Europa)
- Positiv: Kampf gegen den Wettbetrug und neue Schritte zur Bekämpfung der Geldwäsche
- Die EU-Kommission schlägt **keine** sektorale Richtlinie vor- ist kohärent mit der Rechtssprechung des EuGH und der politischen Positionierung des EU-Parlaments
- Dialog mit den Mitgliedsstaaten wird Übereinstimmung der nationalen Regulierungsrahmen mit den Vertragsprinzipien der EU aufzeigen

THE EUROPEAN LOTTERIES
FOR THE BENEFIT OF SOCIETY

Die nächsten Schritte: Erwartungen der EL

Erforderliche weitere Maßnahmen:

= Effiziente Rechtsdurchsetzungsmaßnahmen
= Starke Reaktion der MS auf Fragen der öffentlichen Ordnung:
  -administrative Zusammenarbeit
  -Informationsaustausch

Aufruf der EU-Institutionen um zu einem starken **Schutz der Verbraucher gegen das illegale Angebot** beizutragen:
= Einrichten von 'black lists' und 'white lists'
= Aktionen gegen illegale Werbung
=IP/DNS-Blockierungsmechanismen
=Erarbeitung von Zahlungslösungen und Blockierungsmaßnahmen Transaktionen
=Kampf gegen Geldwäsche

Institutioneller Prozess

EU-Kommission: Expertengruppe mit Vertretern der Mitgliedsstaaten (seit Herbst 2012): **Empfehlungen** zu **Verbraucher-schutz** und **Werbung** im Herbst 2013012)

Resolution des Europäischen Parlaments (vrs. Juni/Juli 2013)

Stellungnahme Wirtschafts-und Sozialausschuss (vrs. Juli 2013)

Danke für Ihre Aufmerksamkeit

Anhang

SYMPOSIUM GLÜCKSSPIEL 2013
Universität Hohenheim, 7. und 8. März

Sucht-, Betrugs- und Gefährdungspotential von Glücksspielen

Donnerstag, 7. März

10:30 Uhr **Eröffnung**
Prof. Dr. Dirk Hachmeister, Dekan der Fakultät Wirtschafts- und Sozialwissenschaften, Universität Hohenheim
Dr. Wolfgang G. Crusen, Vorsitzender des Beirats der Forschungsstelle Glücksspiel, Universität Hohenheim
Prof. Dr. Tilman Becker, Geschäftsführender Leiter der Forschungsstelle Glücksspiel, Universität Hohenheim

11:00 Uhr **Spielen mit Verantwortung: Herausforderungen für eine staatliche Lotteriegesellschaft**
Marion Caspers-Merk, Geschäftsführerin der Staatlichen Toto-Lotto-GmbH Baden-Württemberg
Spielerschutz mit Tradition: Staatliche Spielbanken Baden-Württemberg
Dr. Uwe Kniesel, Prokurist der Baden-Württembergischen Spielbanken GmbH & Co. KG und ***Günther Zeltner***, Leiter Dienste für Prävention, Beratung und Behandlung, Evangelische Gesellschaft Stuttgart e. V.
Entwicklung und Umsetzung von Spielerschutzmaßnahmen im gewerblichen Automatenspiel
André Schmidt, Hazelnut Consulting GmbH
Diskussionsleitung: *Hans-Joachim Abstein*, Stv. Vorsitzender der Landesstelle für Suchtfragen der Liga der freien Wohlfahrtspflege in Baden-Württemberg e.V

13:00 Uhr ** Mittagsbüffet **

14:00 Uhr **Effekte von Präventionsmaßnahmen**
Dr. Jens Kalke, Zentrum für Interdisziplinäre Suchtforschung der Universität Hamburg
Geldflüsse für Prävention und Therapie
Prof. Dr. Iver Hand, Sarah Kegat, Verhaltenstherapie Falkenried, Hamburg
Identifikation pathologischer Online-Pokerspieler an Hand ihres Spielverhaltens
Ann-Christin Wilcke, Universität Hamburg, Institut für Recht der Wirtschaft
Diskussionsleitung: *Prof. Dr. Ihno Gebhardt*, Leiter a. D. der für das Glücksspielwesen zuständigen Stabstelle im brandenburgischen Innenministerium

15:30 Uhr ** Kaffeepause **

16:00 Uhr **Spielstätten und urbaner Verfall – kriminologisch-kriminalpräventive Aspekte**
Prof. Dr. Rüdiger Wulf, Eberhard-Karls-Universität Tübingen, Institut für Kriminologie
Sportwettbetrug: eine aufstrebende Form der Organisierten Kriminalität – dargestellt anhand eines Bochumer Ermittlungsverfahrens
Erster Kriminalhauptkommissar Friedhelm Althans, Leiter der Dienststelle zur Bekämpfung Organisierter Kriminalität beim Polizeipräsidium Bochum
Diskussionsleitung: *Dr. Hans-Ulrich Stühler*, Leiter des Rechtsamts Reutlingen

17:00 Uhr **Staatliche Einnahmen durch Glücksspiel**
Dr. Dietmar Barth, Universität Hohenheim
Spielverhalten Jugendlicher
Dr. Wolfgang Haß, Bundeszentrale für gesundheitliche Aufklärung
Spielerschutzmaßnahmen im Onlineglücksspiel
Michael Auer, neccton, Wien
Diskussionsleitung: *Patrick Moser*, Lotterie- und Wettkommission (comlot), Verantwortlicher Spielsuchtprävention

19:00 Uhr Empfang in der Mensa der Universität Hohenheim mit anschließendem Abendessen

Freitag, 8. März

09:00 Uhr **Sperren im Internet?**
Helmut Kafka, Präsident des Automatenverbandes, Wien
Unterbrechen von Zahlungsströmen
Dr. Tobias Wild, Glücksspielreferent beim Senator für Inneres und Sport Bremen
Die neue Geldwäscheregelung für Online-Glücksspiele
Dr. Christina Brugger und ***Dr. George Häberling***, Rechtsanwalt, Mitglied des Schweizerischen Anwaltsverbandes
Online-Glücksspiel und Geldwäsche
Andreas Frank, Consultant beim Europarat
Diskussionsleitung: ***Prof. Dr. Holger Kahle***, Universität Hohenheim, Institut für Financial Management

11:00 Uhr ** Kaffeepause **

11:30 Uhr **Action Plan der Kommission und Auswirkungen auf Europa**
DI Friedrich Stickler, Vorstand der Österreichische Lotterien, Präsident der European Lotteries
Glücksspielregulierung in Belgien
Paul De Vocht, Consultant bei der Belgian Gaming Commission
Erfahrungen aus Schleswig-Holstein
Guido Schlütz, Leiter der Glücksspielaufsicht im Schleswig-Holsteinischen Innenministerium
Diskussionsleitung: ***Michael Burkert***, Geschäftsführer der Saarland-Sporttoto GmbH, Sprecher des Deutschen Lotto- und Totoblocks (DLTB)

13:00 Uhr ** Mittagsbüffet **

14:00 Uhr **Von den vier Säulen zum Würfelmodell der Gesundheitspolitik**
François van der Linde, Facharzt für Prävention und Gesundheitswesen, Präsident der Eidgenössischen Kommission für Drogenfragen (bis Ende 2011)

14:30 Uhr **Podiumsdiskussion: Wie lässt sich ein Dach auf die vier Säulen der Gesundheitspolitik bauen?**
Dr. Marianne Engeser, Sucht- und drogenpolitische Sprecherin der Landtagsfraktion der CDU Baden-Württemberg
Josef Frey, Sprecher für Suchtpolitik der Landtagsfraktion der Grünen Baden-Württemberg
Heinz Gerstlauer, Vorstandsvorsitzender der Evangelischen Gesellschaft Stuttgart e. V.

	Jochen Haußmann, Sozialpolitischer Sprecher der Landtagsfraktion der FDP
	Florian Wahl, Gesundheits- und suchtpolitischer Sprecher der Landtagsfraktion der SPD Baden-Württemberg
	Diskussionsleitung: *Prof. Dr. Tilman Becker*
16:00 Uhr	**Schlussworte**
	Prof. Dr. Tilman Becker
16:15 Uhr	** Ausklang mit Kaffee und Kuchen **

Schriftenreihe zur Glücksspielforschung

Herausgegeben von Tilman Becker

- Band 1 Tilman Becker / Christine Baumann (Hrsg.): Gesellschaft und Glücksspiel: Staatliche Regulierung und Suchtprävention. Beiträge zum Symposium 2005 der Forschungsstelle Glücksspiel. 2006.
- Band 2 Tilman Becker / Christine Baumann (Hrsg.): Glücksspiel im Umbruch. Beiträge zum Symposium 2006 der Forschungsstelle Glücksspiel. 2007.
- Band 3 Tilman Becker (Hrsg.): Der Staatsvertrag zum Glücksspielwesen und dessen Umsetzung. Beiträge zum Symposium 2007 und 2008 der Forschungsstelle Glücksspiel. 2009.
- Band 4 Tilman Becker: Glücksspielsucht in Deutschland. Prävalenz bei verschiedenen Glücksspielformen. 2009.
- Band 5 Tilman Becker: Werbung für Produkte mit einem Suchtgefährdungspotential. Tabak-, Alkohol- und Glücksspielwerbung aus rechtlicher, ökonomischer und psychologischer Sicht. 2010.
- Band 6 Tilman Becker (Hrsg.): Glücksspiel im Internet. Beiträge zum Symposium 2009 der Forschungsstelle Glücksspiel. 2011.
- Band 7 Tilman Becker: Soziale Kosten des Glücksspiels in Deutschland. 2011.
- Band 8 Tilman Becker (Hrsg.): Zwischenbilanz zum Glücksspielstaatsvertrag für Lotterien und Sportwetten. Beiträge zum Symposium 2010 der Forschungsstelle Glücksspiel. 2011.
- Band 9 Tobias Hayer: Jugendliche und glücksspielbezogene Probleme. Risikobedingungen, Entwicklungsmodelle und Implikationen für präventive Handlungsstrategien. 2012.
- Band 10 Tilman Becker (Hrsg.): Neueste Entwicklungen zum Glücksspielstaatsvertrag. Beiträge zum Symposium 2011 der Forschungsstelle Glücksspiel. 2012.
- Band 11 Christina Brugger: Abbruch der Zahlungsströme als Mittel zur Bekämpfung unerlaubter Internetglücksspiele. 2013.
- Band 12 Tilman Becker (Hrsg.): Der neue Glücksspielstaatsvertrag. Beiträge zum Symposium 2012 der Forschungsstelle Glücksspiel. 2014.
- Band 13 Tilman Becker (Hrsg.): Sucht-, Betrugs- und Kriminalitätsgefährdungspotential von Glücksspielen. Beiträge zum Symposium 2013 der Forschungsstelle Glücksspiel. 2015.

www.peterlang.com

www.ingramcontent.com/pod-product-compliance
Ingram Content Group UK Ltd.
Pitfield, Milton Keynes, MK11 3LW, UK
UKHW021855290926
8980IPUK00005B/841

9 783631 660270